SANTOS

María Jimena Duzán

SANTOS

Paradojas de la paz y del poder

DEBATE

Título: *Santos*

Primera edición: agosto de 2018

Diseño de cubierta: Penguin Random House / Paula A. Gutiérrez
Fotografía de cubierta: AFP

www.megustaleerenespanol.com

ISBN: 978-1-947783-87-4

Impreso en Estados Unidos - *Printed in USA*

Penguin
Random House
Grupo Editorial

A Matilde Acevedo, mi hija.

Contenido

CAPÍTULO 1: La antesala de la victoria 11

CAPÍTULO 2: Dinastía 33

CAPÍTULO 3: El otro Pablo 57

CAPÍTULO 4: Sus alfiles 77

CAPÍTULO 5: Fase secreta 95

CAPÍTULO 6 : La entrada de Leyva 115

CAPÍTULO 7: Mi nuevo mejor amigo 137

CAPÍTULO 8: Los códigos de honor de la guerra 149

CAPÍTULO 9: La debacle 165

CAPÍTULO 10: Cónclave 185

CAPÍTULO 11: A tientas… 205

CAPÍTULO 12: El peso de la derrota 227

CAPÍTULO 13: El Uribe conciliador 249

Capítulo 14: El último intento 267

CAPÍTULO 15: La noche de los generales 283

CAPÍTULO 16: Los generales del fin de la guerra 309

CAPÍTULO 17 : Un nobel sin paz 331

CAPÍTULO 18: Parir para la lucha 351

CAPÍTULO 19: La salida 381

Epílogo 399

Capítulo 1

La antesala de la victoria

Una semana antes del plebiscito del 2 de octubre del 2016, me encontré con el presidente Juan Manuel Santos en un almuerzo en la revista *Semana.* En plena sobremesa le pregunté si abrigaba alguna duda de ganar el plebiscito.

Tomó un sorbo de *whisky*, su trago preferido; levantó las cejas y antes de responder se llevó el cigarrillo a la boca; lo aspiró con el deleite propio de los fumadores y tras expirar una bocanada de humo de manera tan pausada que dejó una estela de círculos que se fueron desvaneciendo, dijo con esa arrogancia que tienen los tímidos:

—Vamos a ganarlo… No por mucho, pero vamos a ganarlo, no le quepa la menor duda.

Eran las tres y media de la tarde del domingo 2 de octubre cuando el presidente Santos salió de su dormitorio y bajó las escaleras rumbo a su biblioteca, con paso confiado, como si los hechos a punto de ocurrir estuviesen ya escritos en piedra. A las cuatro empezaría a llegar un grupo de personas, entre amigos cercanos y funcionarios, invitados por él y su esposa María Clemencia a la casa privada para que los acompañaran a ver los resultados del plebiscito y quería aprovechar unos minutos para estar solo.

Vestía el mismo atuendo con el que lo habíamos visto por la mañana en la Plaza de Bolívar, depositando su voto por el acuerdo de paz que había firmado con las Farc tras cinco años de arduas negociaciones en La Habana y que creía imbatible en las urnas porque ponía fin a un conflicto de más de cincuenta años. Los vestidos de paño inglés que tanto lo caracterizaban, cortados y hechos a su medida en la Savile Row de Londres, los había reemplazado por un *blazer* azul oscuro y unos pantalones casuales de color gris de Arturo Calle, un exitoso almacén de ropa de precios asequibles. Sus intentos por parecer un colombiano promedio no le habían traído muchos réditos y ni siquiera vestido como se viste la clase media lograba neutralizar el halo distante e impenetrable que siempre rodeaba a su figura pública. Su verdadera condición quedaba expuesta en otros detalles de su indumentaria: la fina camisa inglesa Harvey & Hudson de color perla que usaba —sin corbata— debajo del *blazer*, y los mocasines italianos que su esposa María Clemencia había escogido como parte de su atuendo para este gran día.

Antes de entrar en su estudio le dio instrucciones al personal que ultimaba los preparativos de la pequeña recepción de no ser interrumpido por nadie. María Clemencia, de manera deliberada, había dispuesto que los invitados fueran directo al gran salón acondicionado con dos pantallas de televisión, lo suficientemente retirado de la biblioteca para que él pudiera mantenerse aislado en la intimidad de su estudio.

El gran festejo estaba reservado para más tarde, en el emblemático salón del Hotel Tequendama donde tenía previsto trasladarse a eso de las siete de la noche con el propósito de dar el parte de victoria ante cerca de quinientos seguidores y más tarde hacer su esperada alocución presidencial, que sería transmitida por la televisión nacional para cerca de treinta millones de colombianos.

Se sentó en la silla de su escritorio y prendió un cigarrillo, como suele hacerlo siempre que se siente tranquilo y a gusto, lejos de las miradas escrutadoras y de las cámaras que tras seis años en el poder lo seguían intimidando. Ante la inminencia del triunfo quería estar solo para procesar lo que estaba a punto de suceder. En momentos como estos siempre ha preferido recogerse como lo hacen los boxeadores cuando se quedan en su camerino, antes de salir al cuadrilátero. Y esa tarde, en la intimidad de su estudio, Juan Manuel Santos era consciente de que tenía que mitigar su ansiedad y calmar sus nervios. No estaba de ánimo para recibir saludos ni abrazos efusivos, que tanto lo perturban, porque necesitaba concentrarse en buscar las ideas para su discurso del triunfo. Necesitaba el silencio de su biblioteca.

Se sentía a gusto rodeado de los recuerdos placenteros que le habían dejado sus movidos años de gobierno, de sus viajes oficiales, de fotos familiares que le traían a la mente momentos entrañables y de las innumerables biografías de Winston Churchill que se había devorado. Allí, en ese ambiente solaz, se sentía a salvo del bullicio que ya empezaba a colársele por el pasillo y que lo alertaba del poco tiempo que le quedaba a su soliloquio.

Para explicar la figura política de Juan Manuel Santos no se puede utilizar la lógica convencional. Santos es un hombre hermético, difícil de descifrar, que no se esfuerza por agradar. No es cálido en el trato ni expresivo cuando se deja abordar. El nobel de la paz tampoco es un político arrollador, capaz de impactar a primera vista, y su temperamento es demasiado sincrético y lineal para un país acostumbrado a presidentes autoritarios y monolíticos, como si creyera que para preservar su autoridad fuera mejor no ejercerla.

El presidente Santos era también un gobernante asediado por sus propios fantasmas y con el tiempo se vio obligado a reconocer a regañadientes sus falencias. Su altivez tuvo que convivir con muy bajos niveles de aprobación en las encuestas, injustos para un presidente que estaba demostrando tener la llave de la paz, y su incapacidad de suscitar emociones entre sus gobernados contrastaba con la convicción racional de poner punto final a una guerra de más de cincuenta años.

Sin embargo, ese domingo 2 de octubre por fin sentía que la hazaña de haber firmado la paz con una guerrilla como las Farc era suficiente para demostrarles a sus enemigos que, pese a sus debilidades, él iba a ganar el plebiscito: "Yo no gobierno para las encuestas, sino para la historia", era la respuesta que el presidente Santos les daba a quienes preveían los peligros que implicaba adelantar una campaña por el "Sí" con unos índices tan bajos de popularidad.

Quienes dicen conocerlo bien —que son muy pocos— coinciden en afirmar que detrás de esa aparente arrogancia y de la impenetrabilidad que lo caracterizan se esconde la timidez heredada de su madre, una mujer callada pero de armas tomar, de la que también aprendió el valor de la disciplina. Aunque Santos intenta camuflarla con toda suerte de hipérboles, su timidez siempre sale a flote en la excesiva parquedad de sus formas, en cierta torpeza social que disimula con una actitud distante y en un leve tartamudeo heredado de su padre —quizá origen también en parte de su timidez— que ha ido menguando gracias a su implacable disciplina de Demóstenes; su tenacidad por sobreponerse al gagueo es tan fuerte que este solo resurge en los momentos de máxima tensión. Su combate contra la tartamudez comenzó muy pronto, a mediados de la década del setenta, cuando ocupaba en Londres el lustroso cargo de representante de Colombia ante la Organización Mundial de Café y ya sospechaba que su vida iba a estar atada más a la política que al periodismo. A sabiendas de que su tartamudez podía ser un serio obstáculo para sus ambiciones políticas, decidió buscar ayuda en un centro especializado en problemas del habla, donde se sometió a las mismas rutinas de ejercicios que hizo el rey Jorge VI, quien padecía una tartamudez mucho más agresiva que la suya. Al igual que el monarca inglés, Juan Manuel tuvo que ponerse patas arriba y hacer toda suerte de piruetas y contorsiones. Con el tiempo fue reforzando esas rutinas con una fonoaudióloga cubana que contrató cuando era aliado político de Álvaro Uribe y fue nombrado ministro de Defensa, en 2006.

Consciente de que nunca llegaría a ser un gran orador ni un hombre con facilidad de palabra —dos cosas que le sobraban a Álvaro Uribe, su némesis en la política, con quien siempre lo iban a comparar—, Santos decidió mitigar sus debilidades llevando escritos sus discursos para no dejar nada al azar. En lugar de leer con las hojas enfrente, aprendió a utilizar el *telepronter*, una plataforma que ha logrado dominar con tal desparpajo que a veces resulta difícil saber si está improvisando o no.

Santos trabaja en sus discursos pero no los escribe. Esa tarea le corresponde al grupo de escritores que trabaja bajo la batuta de Juan Carlos Torres, un abogado bogotano que conoció cuando se desempeñaba como el *speach writer* del presidente Andrés Pastrana. Torres, además de ser una buena pluma, tiene el curioso mérito de ser uno de los pocos colombianos eruditos que ha ganado el concurso de "¿Quién quiere ser millonario?".

El presidente Santos giró su cabeza hacia un gran ventanal que da a un pequeño patio adornado con materas de barro en las que se veían unas orquídeas imponentes. Sacó un bloc de hojas blancas de uno de los cajones de su escritorio y empezó a apuntar las ideas para su discurso. Tenía que entregarle las ideas a Juan Carlos antes de la cinco de la tarde para que pudiera darle una primera revisada al discurso a eso de las seis. De esa forma alcanzaría a hacerle los ajustes pertinentes y tendría el tiempo justo, no solo para releer —esta vez en voz alta con el propósito de ir acomodando las palabras—, sino para realizar los ejercicios de calentamiento indicados por su fonoaudióloga, antes de hacer su entrada triunfal en el Hotel Tequendama.

Buscando las ideas para su discurso, recordó que ese ritual de recogimiento era el mismo que había llevado a cabo el 7 de diciembre de 1993, cuando recibió la noticia de que el Congreso lo había elegido como nuevo designado a la presidencia, una figura parecida a la de vicepresidente. Esa fue no solo la primera elección que ganó Juan Manuel Santos sino la única a la que se había sometido antes de llegar a la presidencia en el 2010. Santos tiene el mérito de ser el primer presidente de Colombia en llegar al Palacio de Nariño sin haber sido elegido antes por votación popular.

En aquel entonces buscó refugio en su despacho de ministro de Comercio exterior, no sin antes ordenar que nadie lo interrumpiera. Así, en solitario, se sentó a esperar el resultado, como lo estaba haciendo ahora, veinticinco años después. Juan Manuel Santos había estampado el sello con el que marcaría su paulatino pero firme ascenso hacia el poder. Los pronósticos aseguraban que William Jaramillo, el candidato favorito, lo iba a masacrar. No solo lo aventajaba en carisma y en el manejo de la palabra, sino que además tenía la experiencia electoral de la que él carecía. Jaramillo había sido concejal, diputado, representante a la Cámara y senador. Santos en cambio nunca se había medido en las urnas y su carrera política era vista más como un capricho de niño consentido que como una apuesta seria.

Sin embargo, el advenedizo terminó derrotando de manera apabullante al curtido político. Sin que nadie lo sospechara, Santos movió sus fichas por lo alto, haciendo valer un arma que no tenía su contrincante: su innegable linaje, una estirpe de gran peso en la política colombiana. Su tío abuelo, Eduardo Santos Montejo

—propietario desde 1913 del periódico *El Tiempo*, el diario fundado en 1911 que se convertiría en el más influyente de Colombia, ícono del establecimiento— había sido presidente de la República por el partido liberal entre 1938 y 1942.

Juan Manuel Santos demostró que su vocación era la política y no el periodismo el día en que el entonces presidente César Gaviria le ofreció el ministerio de Comercio exterior, en 1992. Pese a que llevaba siete años como subdirector de *El Tiempo* y estaba comprometido, junto con toda su familia, a que ninguno de ellos que hubiese sido nombrado en un cargo directivo del periódico podía irse a la política, Juan Manuel decidió aceptar la oferta convencido de que estaba dando su primer paso en su carrera política. Eso sí: se cuidó de no perder influencia sobre el periódico, la cual ejercía tras bambalinas.

Al año de estar en ese ministerio, y sin que nadie lo esperara, decidió lanzar su nombre para la elección del nuevo designado de la presidencia. En vista de su escasa trayectoria política, su postulación fue considerada casi un chiste por muchos columnistas y analistas de la época, que lo bautizaron como el "candidato aguacate", el único que "maduraba a punta de periódico".

Si bien no contaba con experiencia política ni con el carisma que impone su ejercicio, Santos eclipsó a los pesos pesados de los dos partidos tradicionales y logró que la gran mayoría de los más cuestionados caciques políticos votara por él. Aquella tarde del 2 de octubre, ya frente a su escritorio, Santos por fin sentía que había derrotado a quienes siempre menospreciaron su capital político.

Su llegada al poder no le había resultado fácil pese a ser quien era.

Como el personaje de una tragedia clásica que logra vencer la adversidad para cumplir con su destino, Santos consiguió, contra todo pronóstico, lo que sus antecesores sin excepción intentaron de manera infructuosa: luego de cinco años de arduas negociaciones en La Habana se firmaba un acuerdo de paz con las Farc, probablemente una de las últimas guerrillas comunistas del mundo, que ponía fin a una guerra de más de cincuenta años.

Por primera vez las Fuerzas Armadas Revolucionarias de Colombia se comprometían a dejar las armas, abandonar el narcotráfico y a resarcir, con sus bienes y con la verdad, a sus víctimas. A cambio, el Gobierno se obligaba a impulsar una serie de reformas dirigidas a modernizar el campo, democratizar el país y permitir que las Farc ingresaran a la política.

El acuerdo se había firmado en medio de una fastuosa ceremonia en Cartagena de Indias hacía apenas seis días y su instinto le decía que esa ceremonia había cumplido todas las expectativas. Al acto no solo asistieron cerca de dos mil quinientas personalidades de todo el mundo, entre ellos los mandatarios de diecisiete países latinoamericanos, veintisiete cancilleres, el secretario general de las Naciones Unidas y el secretario de Estado de los Estados Unidos, John Kerry. Santos también invitó a todos los políticos de la coalición de Gobierno y a los gremios de empresarios y los puso en las primeras filas de los invitados especiales, sabía que necesitaba sus votos y su influencia para ganar el plebiscito.

El espectáculo en Cartagena fue más importante que la paz. En las primeras filas se sentaron los políticos —los honestos y los corruptos— al lado de celebridades de la farándula colombiana, mientras que las víctimas fueron relegadas a una tarima situada detrás de los invitados V. I. P.

Yo misma tuve que cederle mi puesto a una cuestionada líder política de la costa que tenía pendiente una investigación por su relación con los grupos paramilitares, recién salida de la cárcel. Vi cómo su séquito desplazaba de los asientos a varias de las víctimas invitadas al acto, que tuvieron que ser reubicadas.

Todas estas sutilezas, que en realidad no lo eran, no fueron registradas ni por los medios colombianos ni por los extranjeros, impactados por la manera como la comunidad internacional había rodeado el acuerdo; el acto quedó registrado como un gran acontecimiento mundial. Las cámaras siguieron paso a paso el evento que ponía fin a una guerra cuyo saldo rondaba los trescientos cincuenta mil muertos, más de siete millones de víctimas y cerca de sesenta mil desaparecidos, y poco importó que la "coalición del No", liderada por Álvaro Uribe, hubiese brillado por su ausencia.

Confiado en que los beneficios de firmar la paz eran más grandes que la guerra eterna a la que nos habíamos acostumbrado, Santos sintió que con el acto de Cartagena el triunfo en el plebiscito era ya un hecho irreversible. ¿Qué colombiano podría no estar de acuerdo con un pacto que acaba una guerra que nos degradó a todos? El presidente estaba seguro de que ese acto había convencido a los incrédulos y a quienes pensaban que a última hora este acuerdo no iba a cuajar. Para Santos, el solo hecho de haber visto a los jefes de las Farc vestidos de civil, sin sus armas, sin sus trajes de fatiga, diciéndole al mundo que estaban dispuestos a abandonar para siempre la guerra y a emprender el camino de la paz, era una imagen poderosa e imbatible. ¿Cómo no iba a ganar el plebiscito después de un acto en que había quedado claro que esta paz no tenía reversa?

Aquella noche en Cartagena, él mismo se había dejado contagiar de la importancia del momento, y se dio la licencia de entrar, así fuera por unos instantes, en el reino de las emociones. Al final de su discurso utilizó una frase del himno nacional de Colombia: "¡cesó la horrible noche!"; de repente su voz se quebró y se le aguaron los ojos. Si hasta él, que era un hombre de sangre fría por fin se había conmovido ante la fuerza de los hechos, no tenía ninguna duda de que ese fogonazo también lo había sentido la mayoría de los colombianos. O ganaba o ganaba, pensó para sus adentros porque hasta ahora no había conocido ningún pueblo que se negara a darle la bienvenida a la paz.

La ceremonia de Cartagena catapultó la figura de Juan Manuel Santos a la escena mundial, hecho que despertó los celos de sus adversarios, una enfermedad que en Colombia ha ocasionado más de una guerra. ¿Cuántos presidentes podían anunciarle al mundo que una guerra de más de cincuenta años se había acabado? Desde ese momento su nombre se empezó a mencionar entre los favoritos para ganarse el premio Nobel de la Paz. Nada podía salir mal.

Esa estela de buenos augurios dejada por el acto de Cartagena lo acompañaba aquella tarde en que, inmerso en el cómodo silencio de su biblioteca, ordenaba las ideas que quería plasmar en el discurso que tenía previsto dar esa noche.

Nervioso, miró de nuevo su reloj: en quince minutos quedarían cerradas las mesas de votación. Respiró profundo y exhaló el aire de su pecho con alivio. Por fin estaba empezando a dejar atrás la dura campaña del plebiscito que tanto dividía al país en los últimos dos meses entre los partidarios del acuerdo de paz —los del Sí—, y los del No, encabezados por su némesis, el expresidente Álvaro Uribe Vélez; ese seductor de masas que tanto lo había atormentado.

Un opositor de las dimensiones del expresidente Álvaro Uribe no ha debido ser fácil para un presidente como Santos, dueño más bien de un alma política tímida, poco dada a la espontaneidad y a la que se le suma una arrogancia flemática, característica de los políticos que se sienten predestinados a llegar a los más altos estrados del poder.

Aunque esta tarde del 2 de octubre no era el momento para recordar sus karmas, era evidente que el hecho de haber tenido que enfrentar un enemigo de ese tamaño, había sido para Juan Manuel Santos una especie de castigo shakespeariano, de esos que convierten a los gobernantes de cuna noble en seres imperfectos, atormentados, débiles ante las tentaciones, forzados a pagar sus errores y su exceso de soberbia.

Si el destino le había puesto de enemigo político al contrincante más implacable que presidente colombiano alguno hubiese podido tener en las últimas cinco décadas, esta era la hora de su desquite. Consciente de que había llegado su momento, Santos recurrió a la única arma con la que creía podía derrotar a su poderoso enemigo político: su audacia para crear estratagemas que su adversario no pudiera anticipar. ¿Qué mejor escenario para derrotar a su archienemigo que el plebiscito? Así le costara aceptarlo en público, era evidente que, para Santos, el plebiscito no solo servía para legitimar aún más el acuerdo de paz, sino para el propósito acaso menos altruista de derrotar a Álvaro Uribe. Hizo caso omiso de la historia, de lo sucedido en países como Guatemala, en donde los acuerdos de paz habían sido derrotados en un plebiscito y se concentró en la jugada a tres bandas que estaba a punto de tacar. Resguardado por los libros de su biblioteca, miró el reloj: eran las cuatro de la tarde, hora prevista para el cierre de las urnas. Con la tranquilidad de quien confía en el triunfo, tomó el mando de la televisión y la prendió.

El primer anillo

En el área social de la casa privada los primeros invitados eran recibidos por la primera dama, María Clemencia Rodríguez, y sus tres hijos, Martín, María Antonia y Esteban.

Tutina —como la llaman sus más cercanos— es una mujer de rostro anguloso, de mucho porte, con quien Santos se había casado en segundas nupcias. Era evidente que su presencia en palacio se había vuelto cada vez más importante a medida que los años de gobierno fueron enconchando al presidente. A él, que tenía piel de cocodrilo, le preocupaba que Tutina fuera tan sensible a las críticas, pero le agradecía la fiereza con que lo defendía.

Ese domingo se la veía contenta y de muy buen ánimo. Saludó a sus invitados, sin dejar de estar pendiente de lo que pasaba en la biblioteca. Cerca de ella permanecía Martín, el mayor de sus tres hijos, un apuesto joven de 27 años, quien durante el último año se había convertido en el escudero del presidente.

Martín, abogado de la Universidad de los Andes, reconocida por formar a la dirigencia nacional, pasó su infancia en los salones del exclusivo Country Club, al igual que su padre. Los años transcurridos en la Casa de Nariño pusieron a prueba a Martín, un joven tan sensible y telúrico como su madre. Aún tiene fresco el día en que su padre, mientras daba un discurso en una tarima en Barranquilla en medio de la campaña por la reelección en el 2014, sufrió un embarazoso percance de incontinencia urinaria derivado de una intervención quirúrgica hecha año y medio atrás por cuenta de un cáncer de próstata descubierto a tiempo. De inmediato el video del discurso fue subido a las redes sociales por seguidores del uribismo que lo hicieron rodar hasta convertirlo en tendencia nacional en cuestión de minutos. Al momento de terminar su discurso ya circulaban *memes* ofensivos por toda la red, insinuando que la salud del presidente estaba seriamente comprometida. No le quedó más remedio que salir al otro día a desmentir que su salud fuera impedimento para aspirar a la reelección. Custodiado por el jefe de su cuerpo médico, se refirió al percance y afirmó que ese accidente de incontinencia era normal luego de ese tipo de intervenciones y que su recuperación, pese a lo que decía la oposición, había sido exitosa.

No debió de ser fácil para un presidente tímido como Juan Manuel Santos, siempre tan distante de los comunes, abordar públicamente un asunto tan personal, que tocaba su dignidad masculina. Sin embargo, Santos no titubeó ni se lo vio incómodo. Ese día Martín salió a acompañarlo, al lado de su madre y de su hermana María Antonia. La polarización del país aumentaba con la cercanía del plebiscito y también se iba incrementando la pugnacidad entre los partidarios de los acuerdos y los que se oponían a ellos. La agresiva campaña y el discurso de la oposición calaban mucho más que los del Sí. El presidente Santos, convencido de que el plebiscito se ganaba con maquinaria, cometió el error de delegar en los políticos con rabo de paja la estrategia de la campaña, hecho que le permitió al No apoderarse del discurso político apelando a los miedos y a la indignación que en muchos colombianos suscitó la posibilidad de ver en el Congreso a los guerrilleros de las Farc.

Para Martín era claro que las cosas estaban cambiando en los estratos altos después de dos reformas tributarias que aumentaron considerablemente los impuestos a las empresas. La reacción fue tan virulenta que incluso varios de sus amigos dejaron de serlo y se volvieron en su contra. Esa tarde del 2 de octubre el hijo del presidente llevaba puesta una camiseta que le regaló un joven diseñador antioqueño que decidió contratar en su taller a mujeres desplazadas por la guerra, algo que le parecía un gesto digno de resaltar en este importante día. Era su manera de decirle a su padre que lo admiraba y que le agradecía su valentía y tenacidad por darles a las futuras generaciones un mejor país.

Martín se veía nervioso. Iba y venía con información fresca y la compartía con varios de los ministros que ya empezaban a llegar. Su nerviosismo, sin embargo, no era por el temor de que fueran a perder —lo que nunca se le hubiera pasado por la cabeza—, sino por el temor de que el huracán que en la madrugada había azotado el norte del país llegara a influir en una baja votación y le preocupaba además que no se lograra el umbral electoral que requería el Sí para que los votos fueran válidos. Pese a todas estas vicisitudes de última hora, no tenía la menor duda de que esa noche iba a ser memorable.

María Antonia, más de bajo perfil, era la que menos había estado cerca de su padre en estos años en el poder. Había estudiado neurociencias en la Brown University de Nueva York, y era la única de sus hijos desconectada de la política. Aunque el parecido físico con su madre es innegable, es la más parecida a su padre. Su "patojita", como le dice cariñosamente, es la más racional de los tres.

Esteban, el menor (nació en 1994), es menos impetuoso que su hermano mayor y su seriedad y aplomo no reflejan su edad. Como su padre, prestó servicio militar y el año que estuvo en el Ejército aprendió más de su país y de lo que significa la guerra que en todos sus años en el San Carlos, el mismo colegio en el que también estudiaron sus hermanos.

En Colombia no es común que los hijos de las familias adineradas presten el servicio militar, y menos el hijo de un presidente. Aunque la ley dice que el servicio militar es obligatorio, en la práctica son muy pocos los hijos de familias de clase alta y media que cumplen con ese mandato. La mayoría de los jóvenes que terminan prestando el servicio militar proviene de familias campesinas que no tienen los recursos para obtener la libreta militar, que es el certificado que se les da a los jóvenes luego de que pagan el servicio militar. El hecho de que la mayoría de los soldados caídos en los años de conflicto hubieran sido campesinos humildes, es una de las razones que explican el por qué esta guerra ha sido una de las más largas del mundo.

A quien fuera miembro de clubes de golf, reconocido por ser un imbatible jugador de póker, la soledad del poder lo había convertido en un hombre refugiado en su familia. Además de un pequeño grupo de amigos que le quedaban, María Clemencia, Martín, María Antonia y Esteban eran hoy para Juan Manuel Santos su guardia pretoriana.

HURACÁN

Mientras salía el primer informe de la Registraduría, el presidente Santos recordó todos los obstáculos que había remontado ese día y sintió que la suerte estaba de su lado. Levantado a las seis de la mañana, una hora más temprano que de costumbre, había podido constatar por la luz opaca que traspasaba su habitación que Bogotá amanecía bajo una tímida pero constante lluvia.

Hizo media hora de ejercicio en la trotadora, se desayunó frugalmente, leyó periódicos y escuchó su dosis de radio de la mañana. Desde la madrugada, varias emisoras estaban registrando la noticia de cuatro departamentos de la costa norte anegados por cuenta del coletazo del huracán Mathew.

La noticia no lo sorprendió: personalmente estuvo al frente de esa situación desde que el viernes por la tarde su secretario general lo puso al tanto de una novedad que lo dejó fuera de base: el huracán Mathew venía directo hacia la costa norte de Colombia y, según los pronósticos, tocaría suelo en la madrugada del 2 de octubre, horas antes de que se abrieran las urnas electorales. El que por primera vez una de estas trombas fuera a impactar el litoral norte, que había estado a salvo de esos vientos tempestuosos, era para los colombianos un evento insólito. De acuerdo con los expertos, este hecho sin precedentes se debía a los efectos derivados del calentamiento global. Lo que no tenía explicación era que el huracán hubiera "escogido" impactar suelo colombiano justo el día en que nos disponíamos a refrendar el acuerdo de paz.

Sin embargo, para un hombre tan racional y pragmático como Santos, esta pérfida convergencia de acontecimientos no fue registrada como un mal augurio, ni leída como una señal premonitoria. Churchill, ese político que tanto admira, decía que con el espíritu sucedía lo mismo que con el estómago: sólo puede dársele aquello que puede digerir. Y el espíritu del presidente Santos no digiere ni los lenguajes esotéricos de los astros, ni las conjuras de los brujos. Él, que no actúa sin planear, no cree en la buena o en la mala suerte, sino en el poder de la estrategia.

Confiado en que todo iba bien encarrilado, enfrentó esta inesperada emergencia como una crisis por resolver y en eso invirtió las últimas 48 horas.

El sábado por la mañana, en un acto de bienvenida en palacio a la misión electoral llegada para verificar las elecciones, el presidente fue hasta donde su ministro del Interior, Juan Fernando Cristo, y le dejó claro una vez más, que esta emergencia era la prioridad número uno.

—Los pronósticos del tiempo son un desastre —le dijo una vez se terminó el evento—. Parece que mañana llega el huracán y tenemos que estar pendientes si pasa algo grave.

No obstante, el sábado por la noche las noticias mejoraron de repente. El ministro Cristo lo llamó a informarle que, mermados sus vientos, el huracán tocaría el domingo la costa colombiana convertido en tormenta tropical. La buena nueva lo reconfortó y se fue a la cama seguro de que ni siquiera un huracán podía cambiar el rumbo de las cosas. De todas maneras, varios departamentos de la costa norte, considerados fortín electoral del presidente Santos, amanecieron inundados por cuenta del coletazo del huracán. Algo desconsolado constató que, mientras en la costa norte llovía a cántaros, y en Bogotá seguía lloviznando, en zonas como Antioquia y la zona cafetera, fortines del No, había un sol resplandeciente.

Sin que se le alterara el buen ánimo, pidió que lo comunicaran con el ministro Cristo para que le diera el último reporte sobre el duro temporal que estaba azotando a la costa norte desde la madrugada.

—¿Cómo van las cosas? —le preguntó—. Me dicen que anoche la tormenta que hubo en la costa fue terrible…

—Sí, presidente, el reporte que tengo es que la tormenta tropical fue muy fuerte. Ya me han llamado varios alcaldes y gobernadores de la costa a decirme que todavía sigue lloviendo muy duro en los departamentos del Magdalena y La Guajira. La buena nueva es que no hubo desastres que lamentar.

A pesar de la buena noticia, la posibilidad de que se fuera a registrar una baja votación por cuenta del vendaval revivió la única preocupación por la que podía perder esta elección: el temor de no alcanzar el umbral estipulado por la ley, que era de cinco millones de votos. Si no se conseguía esa votación, por más de que superara al No en votos, el triunfo quedaba anulado. La sola posibilidad de que se pudiera perder el plebiscito por no alcanzar el umbral lo puso súbitamente muy nervioso.

—Hay que mirar si es factible ampliar la jornada electoral en esas zonas en donde la gente no va a poder votar —le dijo a Cristo en esa forma cordial pero tajante con que impartía sus órdenes.

Se bañó rápidamente y se vistió con el atuendo que su esposa María Clemencia le había sacado para tan importante día. A las siete y cuarenta y cinco bajó por el ascensor dorado de la casa privada en compañía de su esposa y de sus tres hijos hasta la primera planta. Varios de sus colaboradores más cercanos lo estaban esperando para estrecharle la mano. Él los saludó con su característico protocolo y sin que en su rostro se pudiera notar nada parecido a una emoción. La nube de escoltas que siempre lo acompaña se activó inmediatamente se abrieron las puertas del ascensor, pero se fue disipando a la medida que el presidente y su familia iniciaban a pie su caminata rumbo a la Plaza de Bolívar a cumplir su cita con la historia.

A su paso por la carrera Séptima varias personas se le acercaron a demostrarle su apoyo y lo vitorearon por haber conseguido el acuerdo de paz con las Farc. A pesar de que su dura piel le impedía demostrar su estado de ánimo, estas expresiones de apoyo redoblaron su optimismo y su confianza. A las ocho en punto, asediado por las cámaras de medios nacionales e internacionales que no lo abandonaron ni un segundo, depositó su voto en la mesa electoral 001, en la que tradicionalmente votan los presidentes. Allí, en medio de reporteros y del bullicio de la plaza, se encontró de nuevo con su ministro Cristo y le volvió a decir que lo mantuviera al tanto de cualquier novedad. De la Plaza de Bolívar salió rumbo a la Capilla de la Virgen de la Milagrosa, a cumplir con el ritual familiar al que acude cada vez que enfrenta una nueva elección. Bajo la imagen tutelar de la Virgen de la Milagrosa, de la que su mujer es fiel devota, la familia presidencial y toda la familia de la primera dama asistieron a una misa en la que el padre les pidió a Dios y a la Virgen que iluminaran al presidente.

María Clemencia Rodríguez proviene de una familia antioqueña de origen conservador y muy católica. Sus padres, sin embargo, decidieron matricular a sus hijas en el colegio San Patricio —en el que yo también estudié—, de avanzada para su época porque educaba a las mujeres para que aportaran a la sociedad y al país. María Clemencia era de todas sus hermanas la más devota. No solo iba a misa religiosamente sino que tenía por costumbre guardar en su billetera, y en la de sus hijos, efigies de la Virgen de la Milagrosa como si fueran amuletos de la buena suerte. Aunque Santos no era tan devoto como su esposa, le gustaba la insistencia con que ella la mantenía presente y la manera como le llenaba de estampitas religiosas su billetera.

A la salida de la capilla se despidió de su esposa, de Martín y de María Antonia y partió en compañía de Esteban rumbo a una sinagoga para asistir a otro acto religioso con la comunidad judía, en donde también fue felicitado de manera efusiva por varios de los asistentes. No obstante su mente seguía más pendiente del nuevo reporte del ministro que de los saludos que recibía. Antes de subirse de nuevo al vehículo que lo llevaría de vuelta al palacio presidencial, recibió una llamada de Juan Fernando Cristo que lo dejó muy inquieto. Le informó que los ocho gobernadores de la costa norte le habían enviado una carta al Consejo Nacional Electoral pidiendo que se ampliaran las elecciones unas horas en sus departamentos porque un gran porcentaje de votantes no había podido salir a votar. "Esto está más grave de lo que pensamos", le dijo.

Ante estos nuevos acontecimientos decidió citar a una reunión de urgencia en el Palacio de Nariño a su ministro del Interior y a su secretario general, quienes llegaron a la una de la tarde. Callado, como solía estarlo cuando se enfrentaba a estas situaciones de crisis, escuchó a sus colaboradores sin inmutarse. Luis Guillermo Vélez, su secretario general, un hombre de finos modales que siempre estaba vestido de manera impecable, era partidario de que se ampliara el horario de elecciones en esas regiones y sostenía que jurídicamente tenía las herramientas para hacerlo porque existía un fallo de la Corte Constitucional que lo permitía. Sin embargo, la posibilidad de ampliar el horario electoral se fue cerrando cuando intervino el ministro del Interior, un hombre curtido en política cuyos consejos el presidente solía atender. Según sus consultas, iba a ser muy difícil justificar legalmente una extensión del horario electoral. Los reportes llegados a su despacho informaban que todas las mesas electorales se encontraban instaladas sin novedad, con excepción de unas cuantas en el Magdalena. "Va a ser difícil decir que por el vendaval no se abrieron las mesas", le dijo al presidente.

Ni siquiera los magistrados del Consejo Nacional Electoral, también consultados por él, estaban de acuerdo con extender el horario electoral en esas zonas. Tampoco lo estaba el registrador, quien consideraba que una carta de unos gobernadores no era motivo suficiente para ampliarlo.

El argumento más convincente lo expuso al final Juan Fernando Cristo: la propuesta de extender el horario de elecciones en aquellos departamentos, reconocidos fortines políticos del presidente, era políticamente insostenible y un *boccato di cardinale* para que la oposición que lideraba el No los señalara de manipular los resultados electorales. Como ya tenían informaciones de que la oposición estaba lista para no reconocer el triunfo y alegar manipulación de los votos, era evidente que una decisión como esa les daba municiones.

Con la intención de saber si el tema del umbral seguía en riesgo, el presidente dirigió su mirada de nuevo al ministro y le preguntó:

—¿Hay algún reporte de cómo ha sido el nivel de votación hasta ahora?

Como sabía que ese era uno de los temas que más atribulado lo tenía desde la mañana, el ministro le dio con gusto la buena noticia:

—Los últimos reportes que me ha dado la Registraduría es que la votación ha sido mayor de lo que se esperaba. Un reporte más concluyente lo tendré a eso de las tres pero, lo que se ve en este momento, es que el tema del umbral no será problema y que lo vamos a alcanzar.

Al saber que el umbral estaba a salvo, el secretario general decidió no insistir más en la tesis de ampliar el cierre. Y no lo hizo porque, entre otras razones, se sentía tranquilo con las mediciones de las encuestas internas que él mismo manejaba, y que pronosticaban que el Sí ganaría por casi un millón de votos. Si de ese millón se perdían algo más de doscientos mil votos por cuenta del vendaval, todavía les quedaba un colchón de cerca de setecientos mil votos.

—Esta elección no la podemos perder —les dijo el presidente Santos a modo de conclusión al término de la reunión, en la que era ya evidente que había quedado descartada la tesis de la ampliación de las elecciones.

Cuando bajaban en el ascensor para buscar la salida de la casa privada, el ministro Cristo —pensando en un escenario remoto—, le preguntó a Luis Guillermo Vélez:

—¿Y qué pasa si perdemos por cincuenta mil votos?

—Eso no va a pasar —le respondió Vélez con tono de total certeza.

Capítulo 2

Dinastía

En la Biblioteca de Historia Familiar de Salt Lake City, reconocida por ser el centro de estudios genealógicos más grande del mundo, la dinastía Santos aparece como una de las más completas de América Latina.

Con Juan Manuel Santos son cuatro los presidentes de Colombia que provienen de ese linaje: por la línea de su madre, Clemencia Calderón Nieto, el presidente José Joaquín Camacho (1814-15) y Clímaco Calderón, quien en 1882 fue presidente por un día.

Por línea paterna viene el tercer presidente de esta dinastía, Eduardo Santos Montejo (1938-1942), su tío abuelo.

La dinastía Santos también tiene en su haber a un vicepresidente de la República, primo hermano doble de Juan Manuel: Francisco Santos Calderón, vicepresidente de Álvaro Uribe (2002 a 2010), administración de la que el propio Juan Manuel Santos formó parte como ministro de Defensa, cargo al que renunció en el 2009 para emprender la campaña presidencial que lo llevó al poder en el 2010, setenta años después de que su tío abuelo hubiera ocupado el mismo cargo.

En el 2010 el país estuvo a punto de tener a dos miembros de la dinastía Santos compitiendo por la nominación del candidato que llevaría las banderas del uribismo, en representación de la derecha, pero a último momento Francisco Santos Calderón declinó su candidatura. En las elecciones del 2014 intentó de nuevo ser el candidato de la oposición frente a la relección del presidente Juan Manuel Santos, pero su partido, el Centro Democrático, no lo eligió.

Aunque el poder de los Santos sobre los medios decreció de forma sustancial desde que la familia vendiera sus acciones de *El Tiempo* en 2006 al Grupo Planeta de España, su presencia en el periodismo se mantiene luego de un siglo: Roberto Pombo, casado con Juanita Santos Calderón, hermana de Francisco, sucedió en la dirección de *El Tiempo* a Rafael Santos Calderón y a Enrique Santos Calderón, primo hermano doble y hermano del presidente, respectivamente, incluso luego de que el magnate colombiano Luis Carlos Sarmiento Angulo le comprara el periódico a Planeta en el 2012.

Otro miembro de la dinastía Santos que nunca se ha salido del ejercicio periodístico es Alejandro Santos Rubino, sobrino del presidente y director de la revista *Semana* desde el año 2000, medio para el que yo trabajo hace una década.

Historias familiares

La historia de la familia Santos no solo es un retrato de la génesis del poder en Colombia sino una radiografía de nuestra clase dirigente, de su talante y de sus fortalezas; de sus temores y de su desconfianza frente a los cambios y las reformas que explican por qué un hombre del establecimiento como Juan Manuel Santos decidió jugarse su prestigio como gobernante para hacer todo lo contrario a lo que había prometido hacer cuando fue elegido.

Su linaje se remonta a los tiempos de la Colonia, cuando el virreinato de la Nueva Granada incluía el espacio territorial que hoy corresponde a Colombia, Venezuela, Ecuador y Panamá.

Su antepasado, don Pedro Santos (1737-1810), fue uno de los hacendados criollos que se unió a la primera insurrección contra la corona española en la población de El Socorro en el año de 1781. Hastiados de trabajar para el rey español, un grupo importante de artesanos, apoyados por prósperos comerciantes y hacendados criollos, entre los que se encontraba don Pedro, se negaron a pagar los tributos que les exigía la corona.

Esta sublevación conocida como "la rebelión comunera", fue duramente aplastada por las tropas españolas. Los líderes de la revuelta fueron apresados y fusilados en la plaza de El Socorro como escarnio público y a don Pedro le tocó volver a su hacienda a repensar sus ideas independentistas.

Su hija Antonia creció bajo la influencia de las ideas emancipadoras y de historias épicas que recordaban a los mártires comuneros. Cuando supo que un general llamado Simón Bolívar había emprendido una campaña libertadora, Antonia, que ya era una mujer hecha y derecha de 34 años, decidió, sin dudarlo, luchar por la independencia desde el comienzo del Régimen del Terror, en 1816.

Antonia Santos conformó un grupo guerrillero que se conoció como "La guerrilla de Coromoro", aunque muchos también la llamaron "La guerrilla de los Santos". Su centro de operaciones fue la hacienda El Hatillo, que era propiedad de su ya difunto padre, y desde allí se organizaban las operaciones de hostigamiento contra las tropas del rey, se diseñaban las acciones para entorpecer las actividades civiles y administrativas y se preparaban las estrategias para propiciar la fuga de los patriotas de las cárceles.

La guerrilla de los Santos también interceptaba las comunicaciones de las tropas realistas y les bloqueaba las remesas.

Para abastecer al ejército rebelde robaban víveres y ganados y además mantenían informados a los ejércitos rebeldes de todos los movimientos realistas. Estas guerrillas eran herederas de las que en España habían luchado por la independencia del imperio napoleónico.

Fue tan eficaz este grupo insurgente liderado por Antonia que pronto se convirtió en uno de los principales dolores de cabeza del virrey y en uno de sus más grandes desafíos.

Para infortunio de Antonia y de la familia Santos, a comienzos de julio de 1819 las tropas españolas detectaron su presencia en El Hatillo y la apresaron junto con su hermano Santiago, su sobrina Helena Santos Rosillo y dos esclavos.

Cuando el virrey Sámano supo de su detención ordenó su fusilamiento inmediato, llevado a cabo en la plaza principal de El Socorro el 28 de julio de 1819, diez días antes de la batalla de Boyacá y apenas tres después del Pantano de Vargas. Cuenta la leyenda que María Antonia subió al cadalso, se quitó sus zarcillos de oro y un relicario y le regaló uno de sus anillos al comandante del pelotón de fusilamiento para que le apuntaran al corazón. La multitud congregada en la plaza la lloró en silencio.

Las operaciones del grupo guerrillero liderado por Antonia Santos fueron cruciales para menguar las fuerzas realistas que enfrentaron a Bolívar en la batalla de Boyacá, que selló la independencia de España.

Juan Manuel Santos siempre se ha preciado de ser descendiente de esta mártir de la independencia y le puso a su hija Antonia en homenaje a la memoria de su valiente antepasada.

Uno de los hermanos de la mártir, José María Santos Plata, se casó con Facunda Galvis y de esa unión nacieron tres hijos, uno de los cuales fue Francisco, el primero de la dinastía en construir su vida pública entre el periodismo y la política. Francisco Santos estudió Derecho en la Universidad del Rosario en Bogotá y fundó varios semanarios y diarios desde donde alentó las ideas del liberalismo radical que esgrimían los gobiernos radicales de la época, tribunas que le sirvieron para que lo nombraran en importantes cargos públicos.

Los liberales radicales eran políticos progresistas, adelantados para su época, que removieron las bases de una sociedad tradicional y profundamente católica.

Su talante anticlerical impulsó ideas que hasta ese momento eran consideradas herejías. Los liberales radicales eran partidarios de la independencia del Estado de la Iglesia católica, consideraban que la educación debía ser un derecho y eran partidarios de la libertad de pensamiento, de expresión y de movimiento. Propugnaban por el mantenimiento de las libertades individuales de manera absoluta y en economía eran los grandes partidarios del *laissez faire*.

Su concepción de Estado quedó estampillada en la Constitución de Rionegro de 1863, que estableció un sistema federal con el objeto de fortalecer las autonomías regionales. El país se organizó bajo nueve Estados soberanos que tenían su propio ejército y su propio presidente y la unidad nacional giraba alrededor de la política exterior, el comercio exterior, el crédito público y el Ejército nacional.

El periodo radical duró 23 años, de 1863 a 1886, al cabo del cual los conservadores retomaron el poder y proclamaron una nueva constitución en 1886, aboliendo el sistema federado y reimplantando el sistema heredado de la época de la Colonia; la Constitución del 86 reversó muchos de los logros obtenidos durante los gobiernos radicales en materia de derechos y de libertades públicas: entronizó de nuevo un Estado clerical con el favor de los comerciantes y exportadores que se vieron afectados durante la época del radicalismo por la inestabilidad del mercado internacional y la competencia con los productos importados.

Dicen los relatos de la época que la caída del radicalismo —a la que se sumaron las aulagas de una quiebra financiera— produjo en Francisco Santos una fuerte depresión que agravó una condición siquiátrica que ya traía consigo. A la edad de 51 años, en un enero de 1900, tomó la decisión de suicidarse en el pueblo de Curití. La víspera, le escribió una carta a su madre, doña Facunda Galvis, en la que además de pedirle perdón por lo que iba a hacer, le dio instrucciones precisas sobre cómo debía ser su sepelio. "Sin cura, con la banda del pueblo y a las 5 de la tarde, he de ser enterrado al finalizar la calle principal de Curití", decía en uno de sus apartes.

Sus deseos se cumplieron al pie de la letra, pero hasta hoy su suicidio forma parte de las leyendas negras de Curití. Tras su muerte, aseguran los relatos que todavía rondan en el pueblo, que unos partidarios suyos le hicieron un busto en su memoria que fue puesto en el centro de la hermosa plaza. Sin embargo, algunos años después, algún alcalde conservador decidió reubicar el busto de don Francisco debido a que los católicos del pueblo reprobaron el hecho de que se estuviera honrando la memoria de un suicida. Hasta hoy el busto de Francisco Santos Galvis sigue "escondido" en una esquina de la plaza de Curití.

Uno de los cinco hijos que dejó Francisco Santos Galvis fue el presidente Eduardo Santos, tío abuelo de Juan Manuel.

Al igual que su padre, Eduardo Santos Montejo estudió Derecho en la prestigiosa Universidad del Rosario en Bogotá y gracias a una fortuna que le había dejado su padre, pudo complementar su formación en la Universidad de París en donde estudió Sociología y Literatura. En la Ciudad Luz, además de aprender el francés a la perfección, también recitaba en perfecto italiano a los grandes poetas de ese país al tiempo que sorprendía a todos los que lo conocían por su donaire y sus grandes dotes de orador.

Eduardo Santos representaba a esa nueva burguesía liberal en ascenso, más moderna, más cosmopolita, cuyo poder e influencia no estaban asidos a la tierra. No era un liberal radical como su padre sino un demócrata que se había puesto al lado de los republicanos en la Guerra Civil española en contra del franquismo.

A su regreso de París, en 1910, se casó con la señorita Lorenza Villegas Restrepo, de una importante familia antioqueña, con la que solo tuvo una hija que murió de escarlatina a los tres años. En ese mismo momento de su vida decide incursionar en política y participar en la fundación de la Unión Republicana, una coalición entre los liberales y conservadores inspirada por varios dirigentes políticos entre los que se encontraba su cuñado, Alfonso Villegas, dueño de *El Tiempo,* un pequeño periódico con problemas económicos fundado por él en 1911.

La Unión Republicana había sido creada con el propósito de abrirle un compás a la reconciliación que le permitiera al país superar la crisis derivada de los estragos dejados por la guerra de los Mil Días y por el trauma causado por la separación de Panamá en 1903. El líder de esa coalición, Carlos E. Restrepo, fue elegido presidente en 1910 y nombró a Eduardo Santos —quien ya descollaba como pugnaz periodista desde que, a la temprana edad de 24 años, en 1913, le había comprado por cinco mil pesos oro, el diario *El Tiempo* a Alfonso— en algunos cargos intermedios del ministerio de Relaciones Exteriores.

Probablemente ese afán por conciliar lo labró a la brava, cuando siendo aún muy joven se fue a visitar la tumba de su padre en Curití y tuvo que ver la devastación producida por la guerra de los Mil Días, un encarnizado conflicto entre conservadores y liberales que dejó cerca de cien mil muertos entre 1899 y 1902. Durante esos tres años, un ejército liberal mal acondicionado se enfrentó a las fuerzas del gobierno conservador que había llegado al poder para abolir la constitución radical e imponer la Constitución de 1886. Los pocos historiadores que se han interesado por la figura de Eduardo Santos cuentan que ese viaje produjo un gran impacto en él y en su talante conciliador, que luego lo caracterizaría.

Desde que adquirió *El Tiempo*, Eduardo Santos se las ingenió para mantener la dirección del diario mientras impulsaba su carrera política. Aunque había nacido como un periódico partidario de las pautas conciliatorias de la Unión Republicana, Eduardo Santos lo convirtió más tarde en un medio adscrito a la doctrina del partido liberal y desde esa trinchera comenzó a agitar la candidatura de Enrique Olaya Herrera, hecho que le mereció el nombramiento de director de su campaña presidencial con miras a ganar las elecciones en 1930 y terminar con las más de cuatro décadas continuas de gobiernos conservadores.

Tras la llegada del liberalismo al poder, en 1930, la carrera política de Eduardo Santos se catapultó. El presidente Olaya Herrera le asignó la cartera de Relaciones Exteriores y al año siguiente la gobernación de Santander. Tras ser representante a la Cámara y senador, fue nombrado en 1934 por el nuevo presidente liberal, Alfonso López Pumarejo, elegido en 1938, como representante de Colombia ante la Sociedad de las Naciones. Para entonces, *El Tiempo* no solo era ya un éxito económico, sino una gran influencia en el ideario del partido liberal, al extremo de que desde el despacho de su director se manejaban los designios del partido liberal.

No obstante su influencia en el liberalismo, Eduardo Santos llegó a la presidencia en 1938 de manera accidental. Su candidatura surgió a última hora debido a la muerte del candidato oficial del liberalismo, el expresidente Enrique Olaya Herrera, sucedida en Roma, donde se desempeñaba como embajador ante la Santa Sede. En vista de que el presidente saliente López Pumarejo había asustado a las élites más retardatarias con una serie de reformas que se conocieron como la Revolución en Marcha, el liberalismo había optado por Olaya Herrera, un político moderado, para que calmara las aguas y redujera la polarización política. Tras la muerte de Olaya, el liberalismo puso sus ojos en Santos por su talante conciliador, ya demostrado en la época de la Unión Republicana.

La Revolución en Marcha implantó una serie de reformas sociales y económicas de gran envergadura que buscaban modernizar el Estado y alarmaron profundamente a las élites políticas y económicas. Las reformas del 36 le permitieron al Estado intervenir, por primera vez, en la explotación de las industrias y empresas públicas con el fin de racionalizar la producción y proteger los derechos de los trabajadores; se creó el impuesto a la renta, medida que produjo el rechazo de los más altos círculos empresariales; se reformularon las relaciones entre el Vaticano y el gobierno a favor del Estado y se dispusieron medidas para hacer más laica la educación, un golpe directo a las élites conservadoras que mantenían una fuerte alianza con la Iglesia católica.

Pero fue su propuesta de reforma agraria lo que más inquietó a los representantes del *statu quo*. La reforma le otorgaba a la tierra una función social y establecía mecanismos para la expropiación de tierras de engorde, bajo el principio de la utilidad pública. Para las élites conservadoras y liberales, en su mayoría grandes propietarias de tierras, esta reforma era una afrenta contra el orden establecido que acababa con la propiedad privada.

Eduardo Santos, un político liberal pero moderado, también veía con cierta suspicacia esta ola reformista que López Pumarejo había impulsado dentro del partido liberal. Cuando llegó a la presidencia, en 1938, el país estaba prácticamente en llamas. De un lado, los liberales y las clases trabajadoras impulsaban las reformas del 36 y, del otro, los conservadores, la Iglesia, los empresarios y los terratenientes se oponían a ellas. Santos creyó que había que apaciguar las aguas y que si se buscaba preservar la armonía política en el país había que bajarle el voltaje a la Revolución en Marcha de López Pumarejo. Como presidente impulsó la modernización del país pero su anticomunismo protuberante nunca le permitió ser un reformista. De hecho, en su gobierno se produjo un giro hacia la derecha que frenó el impulso dado por las reformas del 36.

Por esa razón al cuatrienio de Eduardo Santos se lo conoce como el gobierno de La Gran Pausa. Todavía entre los historiadores no hay consenso sobre si esta decisión de ponerles freno a las reformas la tomó porque consideraba que deberían implementarse más despacio para no desatar la furia del establecimiento o porque en el fondo era un contrarreformista.

Eduardo Santos fue, por muchas razones, la antítesis de su antecesor, López Pumarejo, con quien por lo demás nunca tuvo muy buenas relaciones. Mientras López Pumarejo fue un presidente que estimuló la creación de los sindicatos, la protesta social y que mantuvo una política exterior más independiente de los Estados Unidos, Eduardo Santos fue un presidente más amigo de los industriales que de la protesta social, decididamente proestadounidense y a quien le correspondió tomar partido por los aliados en la Segunda Guerra Mundial.

Para ser justos con su legado, Eduardo Santos no frenó del todo las reformas del 36. En materia educativa impulsó la libertad de ideas; creó el Ministerio del Trabajo, el Instituto de Crédito Territorial (ICT) y el Banco Central Hipotecario, las primeras instituciones establecidas con el propósito de fomentar la vivienda rural y urbana de las clases menos favorecidas, todo ello echando mano de su tono conciliador, su gran aporte, que mitigó el clima de polarización al darle garantías al partido conservador para que saliera de la abstención.

De cualquier manera, su estrategia política también sirvió para alentar al ala reformista del partido liberal, que se impuso de nuevo al llevar a Alfonso López Pumarejo por segunda vez a la presidencia, en las elecciones de 1942. Su llegada al poder revivió la premonitoria frase del líder de la oposición conservadora, Laureano Gómez, quien afirmó en el Senado que si López

Pumarejo volvía a ocupar la presidencia "¡[...] llegaremos hasta la acción intrépida y el atentado personal... y haremos invivible la república!".

Aunque el segundo mandato de Alfonso López fue bastante más moderado que el primero y trató de allanar su distancia con empresarios e industriales, alejándose de la clase trabajadora, la prensa conservadora, liderada por Laureano Gómez, su implacable opositor, lo convirtió en blanco de ataques demoledores, destapándole una serie de escándalos —unos más ciertos que otros—, que lo fueron debilitando.

A esta crisis de gobernabilidad se le sumó la difícil situación económica derivada de la Segunda Guerra Mundial y la progresiva caída de los precios internacionales del café, lo que unido a la impericia de varios miembros de su gabinete, fueron restándole capacidad de maniobra, incluso dentro de su propio partido, empezando por Eduardo Santos. En 1945, tras enfrentar exitosamente un intento de golpe militar que lo debilitó todavía más, y atribulado por una enfermedad terminal de su esposa que trató de salvar con un tratamiento en Estados Unidos, López Pumarejo se vio obligado a renunciar y encargó en la presidencia a Alberto Lleras Camargo. Al año siguiente se convocaron nuevas elecciones presidenciales pero el partido liberal no logró ir unido a esos comicios, con lo cual perdió las elecciones ante el candidato del partido conservador, Mariano Ospina Pérez, poniendo fin a dieciséis años de hegemonía liberal.

En 1946, luego del triunfo conservador, Eduardo Santos asumió la jefatura de un partido liberal duramente dividido entre un ala moderada, liderada por el santismo, y un ala radical abanderada por un político en ascenso, de profundo arraigo popular, dueño de una capacidad de movilización nunca antes vista en la historia colombiana: Jorge Eliécer Gaitán. Este político bogotano de voz privilegiada, propugnaba por un liberalismo más radical que el que había inspirado a la Revolución en Marcha y consideraba que figuras como Eduardo Santos representaban una oligarquía liberal que era necesario desterrar del partido.

En las elecciones al Congreso de 1947, el gaitanismo arrasó. Eduardo Santos no solo aceptó su derrota sino que le hizo entrega de las llaves de la casa liberal a Jorge Eliécer Gaitán, el nuevo jefe del partido, antes de viajar a su amada París a pasar una temporada en su apartamento de la avenida Foch.

Estando en París, el 9 de abril de 1948, Eduardo Santos recibió la trágica noticia de que Jorge Eliecer Gaitán había sido asesinado en pleno centro de Bogotá, en un hecho luctuoso que los colombianos conocemos como el "bogotazo". Su asesinato, aún impune, desató un nuevo enfrentamiento entre liberales y conservadores que partió familias y destrozó pueblos, con la misma furia con que lo había hecho décadas atrás, durante la guerra de los Mil Días.

La muerte de Gaitán dio inicio a un nuevo ciclo de violencia, que hemos aprendido a escribir con mayúsculas: la Violencia[1], que produjo, en cerca de diez años (1948-1958), alrededor de doscientos mil muertos según el investigador y sociólogo colombiano Orlando Fals Borda. Esta nueva confrontación no solo sumió al país en una nueva vorágine de violencia partidista sino que frenó aún más las reformas de López Pumarejo: su Ley de aparcería, aprobada en su segundo período por un Congreso de mayoría opositora que le quitó los dientes, se quedó en el papel; las reformas se fueron marchitando, no solo debido a la impericia del segundo gabinete de López Pumarejo, sino porque las fuerzas conservadoras que subieron al poder en 1944 hicieron todo lo posible por sepultar los vientos reformistas.

1 La época de la Violencia terminó con la firma del Pacto de Sitges, en 1958, que comprometía a los partidos conservador y liberal a detener la violencia partidista instituyendo un Frente Nacional con su alternancia en el poder durante 16 años.

El Frente Nacional logró acabar con la violencia partidista pero les cerró el paso a las reformas gestadas desde 1936. El intervencionismo de Estado no se consolidó y pese a que, en 1968, el presidente liberal Carlos Lleras Restrepo emprendió una reforma agraria más moderada que la propuesta por López Pumarejo en el 36, terminó sepultada por el gobierno conservador de Misael Pastrana Borrero —padre del también expresidente Andrés Pastrana— mediante el Pacto de Chicoral en 1973, cuando dirigentes conservadores, liberales y hacendados acordaron una serie de medidas que terminaron por convertir la reforma agraria propuesta por Lleras en letra muerta. En los años cincuenta, en plena época de la Violencia, muchos campesinos gaitanistas tuvieron que abandonar sus parcelas y refugiarse en el monte para huir del asedio de las fuerzas oficiales. Uno de esos campesinos fue Pedro Antonio Marín, conocido como Tirofijo, apodo que se ganó por su puntería a la hora de disparar su pistola.

En 1964 Juan Manuel Santos cumplió sus quince años de edad y sus padres le hicieron una gran fiesta en el Country Club, a la que asistió lo más granado de la sociedad bogotana. Ese mismo año, Tirofijo, ese campesino gaitanista que años antes había sido desterrado por la Violencia, ya convertido al comunismo, fundaba la guerrilla de las Fuerzas Armadas Revolucionarias de Colombia, Farc.

Los historiadores concuerdan en que la mejor obra de Eduardo Santos no la hizo como presidente. "Su gran obra", me lo recuerda el historiador Gutiérrez Sanín, fue el diario *El Tiempo*. Luego de su salida de la presidencia en el 42, y bajo su batuta, el diario se convirtió en una poderosa empresa periodística en defensa de los principios liberales que no fue ajena al conflicto. En 1955, el periódico fue cerrado por órdenes de la única dictadura militar que ha tenido Colombia, la del general Gustavo Rojas Pinilla, y se vio obligado a exilarse un tiempo en París. Su lucha por las libertades le mereció el reconocimiento de importantes intelectuales como Albert Camus, quien lo exaltó en un hermoso discurso que le dedicó, titulado “Homenaje a un exiliado”.

Durante muchos años, por su apartamento en París, por su oficina de *El Tiempo* y por su casa, desfilaron todos los poderosos: presidentes, ministros, empresarios y militares. Los mandatarios solían llamarlo a consultarle sus medidas antes de que estas fueran anunciadas y su opinión incidía en las decisiones, mucho más que la de varios ministros. El poder de los editoriales de *El Tiempo* llegó a ser tan determinante que era capaz de tumbar funcionarios públicos del más alto nivel y de elegir presidentes. Tal era su influencia que en Bogotá, hasta hace poco, era muy común escuchar la broma de que los muertos solo se morían cuando aparecían en los avisos de defunciones de *El Tiempo*.

Como Eduardo Santos no dejó herederos, la segunda generación que entró a trabajar al periódico fue la de sus sobrinos Hernando y Enrique Santos Castillo, hijos de su hermano Enrique, un gran escritor y periodista que firmaba su columna, “La danza de las horas”, con el seudónimo de Calibán. De los dos hermanos, el que tenía el olfato periodístico era Enrique, padre de Juan Manuel, un hombre de derechas, alto, de buen porte, cálido en el trato, que nunca ocultó ni sus estrechas relaciones con los militares ni su aversión a todo lo que oliera a comunismo.

Su esposa, Clemencia Calderón, era una mujer discreta y culta, proveniente de una reconocida familia de estirpe liberal. Su hermana Helena se había casado con su cuñado Hernando, motivo por el cual los hijos de los dos matrimonios tienen el mismo apellido materno y paterno —son primos hermanos dobles—, una costumbre relativamente común entre las endogámicas dinastías colombianas.

En el hogar de Enrique y Clemencia nacieron cuatro hijos: Enrique, Luis Fernando, Juan Manuel y Felipe. De ellos Juan Manuel fue siempre el consentido de su padre.

Sería tan profunda la aversión de Eduardo Santos a todo lo que constriñera las libertades, que nunca quiso nombrar como director del diario al padre de Juan Manuel, desde que supo que profesaba una abierta admiración por las ideas franquistas. Tener un sobrino partidario de Franco fue para Eduardo Santos lo más cercano a la deshonra. Tal fue su decepción que en su testamento, luego de su muerte ocurrida en 1974, Eduardo Santos lo desheredó. El gran favorecido fue su hermano Hernando, quien luego sería nombrado director del diario mientras que al progenitor del nobel de paz le quedaba resignarse a ocupar el cargo de editor general.

Eduardo Santos también excluyó de su testamento a varios de sus sobrinos nietos, entre ellos al propio Juan Manuel, quien escasamente lo conoció. El expresidente siempre lo consideró un joven petulante que buscaba utilizar el periódico para esculpir su carrera política, hecho que le parecía inadmisible en tiempos en que el periodismo ya no caminaba de la mano de la política. Juan Manuel Santos tampoco habla mucho de su tío abuelo, así hubiera heredado de él su sangre fría, su serenidad para navegar en las aguas bravas y su afán por buscar la reconciliación entre los colombianos. En sus años de gobierno, Juan Manuel Santos solo lo ha mencionado en un corto discurso en junio del 2016, con oportunidad de la publicación de unas memorias de Eduardo Santos, pronunciado días después de que anunciaran la fecha para las elecciones del plebiscito.

En ese discurso no solo salió en defensa de su legado sino que discrepó de los historiadores que lo perfilaron como un presidente contrarreformista y por primera vez comparó su anhelo de buscar la paz con los ímpetus que llevaron a su tío abuelo a formar parte de la Unión Republicana.

—No lo menciono mucho porque no me gusta hacer ese tipo de ostentaciones que, francamente le confieso, me parecen odiosas —me dijo el día que le pregunté del porqué de ese silencio y me recordó la anécdota que contaba en sus memorias Salvador de Madariaga, el famoso diplomático y escritor español, sobre Eduardo Santos, a propósito de sus impresionantes dotes de orador.

La anécdota que cuenta Madariaga rememora un episodio sucedido en 1936, cuando Eduardo Santos daba un discurso en la Sociedad de las Naciones defendiendo la causa colombiana ante el Perú y Winston Churchill se le acercó a preguntarle quién era ese señor que defendía con tanta vehemencia la causa de su país y que hablaba tan perfecto francés.

Aunque Enrique Santos Castillo nunca llegó a ser director de *El Tiempo*, se convirtió en su gran timonel. Durante los veinticinco años que ocupó el cargo de editor general, no hubo una noticia que no hubiera pasado por su cedazo ni una exclusiva que hubiera salido publicada sin su visto bueno. Su figura patriarcal, que respiraba periodismo por todos los poros, se impuso en la sala de redacción de ese diario como si fuera su director.

Juan Manuel Santos creció en esa burbuja del poder y desde pequeño vio desfilar a los presidentes de turno, a los ministros estrellas de varios gobiernos y a los generales de la República en la sala de su casa. Vio cómo se tejían y destejían estrategias y cómo se cambiaban los destinos del país con solo jalar los hilos del poder. Esa certeza de saber que dominaba ese selecto mundo de las entretelas del poder, era el sentimiento que implícitamente lo acompañaba ese domingo en su biblioteca, cuando ya empezaban a salir los primeros resultados electorales.

Los rivales

Decir que conozco a Juan Manuel Santos sería una exageración, porque no creo que ni sus más íntimos amigos sepan cómo es él en realidad. Diría más bien que lo poco que conozco de Juan Manuel ha sido por mi amistad con su hermano mayor, Enrique, a quien conozco desde hace más de treinta años.

A Enrique lo conocí una mañana en las gradas del Congreso colombiano en un foro acerca de los derechos humanos. Yo era una joven periodista de apenas dieciocho años, estudiante de Ciencia Política en la Universidad de los Andes que empezaba a hacer pinos en el periodismo en el diario *El Espectador* bajo la tutela de Guillermo Cano, su director, quien en un acto de audacia me había ofrecido heredar el espacio de la columna de mi recién fallecido padre, Lucio Duzán, también periodista. Cuando conocí a Enrique, él ya era un consumado y reconocido periodista de cuarenta años, director del semanario *Alternativa*, una revista contestataria que había agrupado a una serie de intelectuales de la izquierda, entre ellos Gabriel García Márquez. Recuerdo que lo saludé con la misma exaltación con la que se saluda a un icono del periodismo. Me sorprendió la intensidad con que decía las cosas y la calidez con que deslizaba sus apuntes, siempre cargados de una alta dosis de sarcasmo.

Enrique, el mayor de esos Santos Calderón, era el *enfant terrible* de su familia: su militancia en la izquierda había sido una decepción para su padre, conocido por ser un recio hombre de derecha que consideraba al marxismo como la fuente de todos los males posibles. Y las diferencias con sus hermanos, especialmente con Juan Manuel, seis años menor que él y quien era el hijo mimado de sus padres, ya empezaban a ser muy evidentes.

Juan Manuel Santos se educó desde muy temprana edad para ser presidente: estudio en el rígido colegio San Carlos de curas benedictinos hasta cuarto de bachillerato y terminó sus estudios en la Escuela Naval de Cartagena, donde fue grumete durante cerca de dos años, una época que el presidente recuerda como de las mejores de su vida. Luego, siguiendo los pasos de su hermano Luis

Fernando, se fue a la Universidad de Kansas, donde hizo estudios de economía y administración de empresas, que más tarde complementaría con un máster en derecho económico y administración pública en la London School of Economics. Una vez terminados sus estudios, el entonces presidente de la Federación Nacional de Cafeteros lo nombró, a sus 24 años, en uno de los puestos más apetecidos de la burocracia cafetera mundial: representante de Colombia ante la Organización Internacional del Café en Londres. Allí, en un cómodo apartamento de Cadogan Place, a una cuadra de Kings Road, Juan Manuel Santos vivió cerca de nueve años.

Enrique, en cambio, decidió desde muy joven que su pasión era el periodismo. A los diecinueve años entró a *El Tiempo* y lo hizo en compañía de dos promisorios periodistas, Daniel Samper y Luis Carlos Galán. Los ímpetus que traían estos tres jóvenes impresionaron positivamente a Eduardo Santos, quien de inmediato los convirtió en sus consentidos pensando que esa era la generación que debía tomar las riendas del periódico. De los tres, fue Enrique el que trabó una relación íntima con el distante tío Eduardo. Su relación llegó a ser tan entrañable que el expresidente —sin descendencia luego de la muerte de su hija Clarita a los tres años—, decía que Enrique, su sobrino nieto, era el hijo que siempre había querido tener. Cuando terminó sus estudios de filosofía en la Universidad de los Andes, Enrique decidió irse a Munich a hacer un posgrado en ciencias políticas en momentos en que en las calles de París se iniciaba el movimiento estudiantil de Mayo del 68 y sus consignas —"la imaginación al poder", "seamos realistas, pidamos lo imposible"—, empezaban a difundirse por todas las universidades europeas. Esos dos meses de protestas le cambiaron la forma como hasta ahora había concebido la política y el periodismo.

Mientras Juan Manuel Santos en Londres abrazaba las ideas neoliberales propuestas por los Chicago Boys, Enrique volvía a

Colombia convertido en un hombre de izquierda convencido de que el periódico de su familia no podía seguir siendo el boletín oficial del partido liberal. Sus nuevas convicciones no solo lo distanciaron de su padre, sino de su tío abuelo, quien fiel a su talante de liberal moderado, resintió que su sobrino nieto, el que más se perfilaba para asumir las riendas del periódico, se hubiera vuelto no solo izquierdista sino cercano a figuras preponderantes de las guerrillas del M-19 y del ELN. Enrique, convencido de que había tomado el camino correcto, decidió renunciar al periódico consciente de que ese no era el lugar desde donde se pudiera hacer el periodismo de ruptura que quería y fundó en 1974 la revista *Alternativa*, bajo una consigna —inspirada en la revolución cultural de Mayo del 68—: "Atreverse a pensar es empezar a luchar". Desde esa trinchera se dedicó a hacer una dura crítica al mismo establecimiento que lo había amamantado.

Allí conoció por dentro las entrañas de la izquierda en Colombia y pudo advertir la tenue línea que la separaba de la lucha armada. Con el propósito de unir a todas las corrientes de la izquierda e impedir que el canibalismo entre las diferentes facciones terminara devorándosela, fundó en compañía de varios intelectuales de izquierda, el movimiento Firmes que infortunadamente fue flor de un día.

Alternativa fue un exitoso experimento periodístico que duró seis años, hasta que ya harto de tener que lidiar con el tema económico y con las garroteras de la izquierda, Enrique decidió cerrarla en 1980 y marcharse a Europa a repensar su futuro periodístico como corresponsal de *El Tiempo*. En París se reencontró con su hermano Juan Manuel que viajaba desde Londres a visitarlo en su apartamento de la Rue de la Convention, en el distrito 15. Juan Manuel ya preparaba su desembarco en Colombia y era evidente que quería entrar por la puerta grande al periódico. Enrique quería volver al diario pero sabía que su padre le iba hacer pagar la afrenta de haberse ido del periódico a fundar una revista de izquierda. En estas reuniones familiares que se sucedieron en París, Enrique, que estaba al tanto de las pretensiones políticas de su hermano, fue vehemente en decir que para el periódico sería fatal que uno de sus dueños fuera a utilizar *El Tiempo* como trampolín para llegar a la presidencia.

"Si Juan Manuel llega a ser presidente, yo me vuelvo paraguayo", solía decir Enrique con sarcasmo. Cuando Enrique volvió de París, supo que su padre lo había marginado de la fila india de la dirección ofreciéndole la edición dominical del diario y que su hermano Juan Manuel, cuya experiencia en periodismo era bastante menor que la suya, era el nuevo el subdirector.

La década de los ochenta en la que trabajaron juntos en *El Tiempo* sirvió para estrechar la relación entre los hermanos aunque ambos tuvieran ya un concepto muy distinto de lo que era el poder. Juan Manuel era el contertulio de los poderosos, de los políticos influyentes de los clubes sociales y de las mesas de póker, muy interesado en cultivar sus relaciones internacionales. Enrique prefería las tertulias intelectuales, los bares de salsa, los conjuntos vallenatos y tenía un carisma especial que le permitía moverse con desparpajo por todos los estratos y por todos los ambientes sociales, desde los más encopetados hasta los más populares, al tiempo que escribía "Contraescape", la columna más leída del país. En sus años de subdirector Juan Manuel no brilló especialmente por su pasión de reportero, aunque hasta hoy sostiene que, ante todo, él es un periodista. Y en efecto produjo dos de las grandes chivas que ha tenido *El Tiempo* en su larga historia: el robo de trece y medio millones de dólares al Chase Manhattan Bank en 1992, cuya autoría intelectual se le atribuyó a Roberto Soto Prieto, el hijo de una acomodada familia bogotana, y el destape de las conversaciones entre el expresidente Alfonso López Michelsen, a nombre del Gobierno, y los jefes del cartel de Medellín, encabezados por Pablo

Escobar, en 1984. Esto último se lo había contado su hermano Enrique, advirtiéndole de los riesgos de publicar esta noticia en esos momentos y Juan Manuel insistió en que debían hacerlo. Le parecía inconcebible que el gobierno de Betancur estuviera negociando con Pablo Escobar cuando todavía estaba caliente la sangre del ministro de Justicia, Rodrigo Lara Bonilla, asesinado por el capo del cartel de Medellín el 30 de abril de 1984 cuando llegaba a su casa en Bogotá. Para justificar su decisión trajo a cuento el caso del *New York Times* cuando se abstuvo de publicar la noticia de las intenciones que tenía el gobierno de Estados Unidos de invadir a Cuba. La invasión se produjo y fue un desastre. De haberla publicado, según Juan Manuel Santos, la invasión a bahía Cochinos se hubiera podido evitar. Cuando *El Tiempo* reveló que el gobierno de Belisario Betancur estaba intentando dialogar en Panamá con Pablo Escobar, las negociaciones se suspendieron de un tajo. “Con la guerrilla se pueden hacer acuerdos de paz pero con los narcotraficantes solo es posible el sometimiento”, me respondió Santos cuando le pregunté por qué se le atravesó a la única oportunidad que tuvo el país para evitar la guerra que Pablo Escobar desataría después y que le costó al país la muerte de miles de colombianos, entre jueces, periodistas, policías, políticos y candidatos presidenciales. Aunque nunca se dejaron de ver, por años mantuvieron una relación más bien fría y distante. Desde su cargo en el periódico, Enrique siguió la carrera política de Juan Manuel y solo se encontraban en las reuniones familiares. “Desde que yo me salí de la subdirección de *El Tiempo* nos distanciamos y nunca volvimos a ser amigos de rumbas”, me dijo el presidente Santos recordando aquel momento de ruptura.

Después de haber intentado asomar su nombre como posible candidato a la alcaldía de Bogotá, a la cual finalmente renunció por falta de respaldo en el partido liberal, decidió apoyar al candidato liberal Horacio Serpa en contra del conservador Andrés Pastrana en las elecciones presidenciales de 1998. Al ver que le estaba apostando al candidato perdedor, se las ingenió para entrar al gobierno conservador, como de hecho ya había pasado con un importante grupo de liberales liderados por Rafael Pardo y Néstor Humberto Martínez. En el año 2000, Andrés Pastrana lo nombró ministro de Hacienda en momentos en que el país vivía una de las peores crisis económicas de las últimas décadas. En esa cartera Santos se desempeñó a fondo, imponiendo una serie de medidas económicas restrictivas que golpearon sus índices de popularidad pero lo dejaron muy bien parado entre los analistas económicos que alabaron sus medidas draconianas que sirvieron para recuperar la economía. Mientras Juan Manuel hacía el tránsito al pastranismo, finalmente Enrique, a sus 56 años, en 1999, fue nombrado codirector de *El Tiempo*, al lado de su primo hermano doble, Rafael Santos, haciendo a un lado todos sus malos presagios, que poco después se iban a cumplir: tuvo que lidiar con la sorpresiva ambición de su otro primo hermano doble, Francisco Santos, nombrado como fórmula vicepresidencial de Álvaro Uribe Vélez, elegido presidente en el 2002, y de un nuevo cargo en esa administración para su hermano Juan Manuel, nombrado ministro de Defensa por Álvaro Uribe. De haber sabido que iba a tener que codirigir el periódico con tantos Santos en el poder, probablemente Enrique no hubiera aceptado ese reto.

Con el paso del tiempo se fue aconductando. De su izquierdismo militante llegó a convertirse en un hombre de extremo centro, incluso traspasando unos límites que muchos de sus amigos pensamos que nunca cruzaría: apoyó la reelección de Álvaro Uribe en 2004 en un editorial en el que explicó por qué Uribe era mejor opción que los otros candidatos presidenciales. En 2007, siendo codirector del diario, la familia Santos vendió sus acciones al Grupo Planeta de España, una decisión en la que pesó el hecho de que ya eran muchos los Santos metidos en la política. A los dos años, Enrique Santos renunció a la dirección previendo que la tensión entre el diario y los Santos en el gobierno, Juan Manuel Santos como ministro de Defensa y su primo hermano Francisco como vicepresidente, se volvería insostenible. Además, si la Corte Constitucional no le daba vía libre al tercer mandato de Uribe, las posibilidades de que su hermano resultara elegido como el candidato del uribismo eran muy altas. Enrique sintió que se había ganado la rifa del tigre y sabía que en esas condiciones era mejor no seguir como director de *El Tiempo*.

De todos los hermanos, Enrique era el que siempre concentraba los reflectores, pero desde la elección de Juan Manuel como presidente, en el 2012, dio un paso al costado a sabiendas de que esta era la hora de su hermano. La vida lo había sorprendido al ver que su hermano menor, al que siempre fustigó por su obsesión de querer llegar a la presidencia de Colombia, finalmente lo había logrado. Enrique siempre pensó que un hombre sin carisma, sin facilidad de palabra, sin experiencia en las urnas, difícilmente podría llegar a ser presidente. Nunca entendió tampoco su interés por detentar un poder tan efímero, teniendo la posibilidad de asumir las riendas de un poder tan permanente como el del diario *El Tiempo*. "Qué tal mi hermano Juan Manuel… ¡Quiere ser presidente!", solía decir en las fiestas delante de Juan Manuel.

En los eventos sociales en los que coincidían, Enrique no perdía oportunidad para caricaturizar las pretensiones políticas de su hermano y las convirtió en fuente de bromas y sarcasmos, un matoneo que Juan Manuel siempre resistió de manera estoica.

Una semana antes del plebiscito tuve la oportunidad de recordarle al presidente Santos aquellas épocas en las que Enrique lo aguijoneaba por querer llegar al solio de Bolívar.

—Lo que no sabe Enrique —me dijo juntando sus cejas— es que una cosa es tener influencia periodística, como la tuvo mi familia, y otra muy distinta es el poder de firmar decretos. Eso solo lo puede hacer un presidente.

El acuerdo de paz los había acercado nuevamente. Enrique, desde su obligado retiro, notó un cambio de tono cuando leyó unas declaraciones de su hermano a los pocos días de haber sido electo presidente. Por esas reflexiones y otras que le siguieron se dio cuenta de que, sin que el país lo sospechara, su hermano tenía en mente abrir una ventana para explorar una negociación con las Farc. Las llamadas y los encuentros se volvieron más frecuentes a lo largo de esos casi tres meses siguientes que precedieron a la ceremonia de posesión.

Cuando el presidente Juan Manuel Santos pronunció su discurso de posesión muchos colombianos que no habíamos votado por él nos sorprendimos con su mensaje y otros tantos que sí habían votado por él pensando que Santos iba a ser una extensión de la seguridad democrática del presidente Uribe, se disgustaron. Dentro del puñado de gente que no se sobresaltó, estaba su hermano Enrique. El día anterior, Juan Manuel Santos le envió la copia de su discurso para que se lo comentara. Enrique lo leyó y lo devolvió con algunos comentarios, la mayoría de los cuales fueron aceptados.

En su discurso el presidente Santos le dijo al país que él tenía la llave de la paz y que la iba a usar, y anunció que, como muestra de su voluntad de conciliación, lo primero que iba a hacer era reanudar las relaciones con el presidente Hugo Chávez de Venezuela, su principal contradictor, y con el presidente Rafael Correa del Ecuador, quien lo había demandado internacionalmente por haber ordenado en el 2008 un bombardeo en territorio ecuatoriano donde acampaban las Farc, cuando se desempeñaba como ministro de Defensa del gobierno del presidente Uribe.

Capítulo 3

El otro Pablo

—¿Usted sabe quién soy yo?

—No —respondió Pablo Catatumbo todavía sin entender quién era el hombre de mediana estatura y de buenos modales que, escoltado por una nube de hombres armados, le hacía esa pregunta.

Media hora antes, un motociclista con la cabeza cubierta por un casco, lo había interceptado en una calle céntrica de Medellín forzándolo a parar el campero que iba manejando. Sin quitarse el casco, el motociclista le ordenó que descendiera del vehículo y se subiera a la moto.

Tantos años viviendo en la clandestinidad lo habían curado de espantos. Catatumbo apagó el motor. Como no iba solo —lo acompañaban su esposa y su hijo—, se bajó sin oponer resistencia. Mientras se subía a la moto y se despedía con la mirada de su hijo y de su desconsolada mujer, alcanzó a darse cuenta de que al motociclista lo escoltaban varios carros. Fue llevado hasta una casa en El Poblado, el barrio de la gente adinerada de Medellín, donde fueron recibidos por una multitud de hombres armados. Tras un primer vistazo Catatumbo contabilizó por lo menos cien hombres pero cuando entró a la inmensa casa constató que eran al menos cien más. En los años que llevaba de militar en las Farc solo había visto esa cantidad de hombres armados en la guerrilla de las Farc. Ante semejante parafernalia pensó, con cierto alivio, que su captor no podía ser alguien del Ejército, pero entonces ¿en manos de quién estaba?

Seis hombres lo condujeron a un cuarto donde había una mesa y unas sillas. Un poco aturdido todavía por todo lo pasado en tan pocos minutos, Pablo Catatumbo decidió sentarse a esperar qué seguiría. En ese cuarto, que olía a humedad, sintió por primera vez que quizá de allí no saldría con vida. Al cabo de unos minutos, el mismo hombre de la moto —lo reconoció por la voz— entró a la habitación. Se sentó enfrente de él y, mirándolo a los ojos, de nuevo le preguntó con una voz que impresionó a Catatumbo porque descubrió cierto dejo amistoso, si sabía quién era. Catatumbo posó sus ojos sobre el rostro adusto de su secuestrador. Un rostro que no había visto nunca.

En 1981, cuando sucedieron estos hechos, la clandestinidad en Colombia era un universo complejo por el que transitaban no solo las guerrillas sino los nuevos carteles de la droga como el de Medellín, cuyo poder ya empezaba a sentirse en ese submundo de la ilegalidad.

Catatumbo se preciaba de conocer ese espacio clandestino de las ciudades porque había vivido en él desde los dieciocho años, edad en la que decidió convertirse en guerrillero de las Farc. Su historia de vida era sencilla y reflejaba esa otra cara de la realidad colombiana que Juan Manuel Santos nunca tuvo que vivir, aunque ambos hubieran nacido por la misma época.

Pablo Catatumbo nació en 1953 —dos años después que Juan Manuel Santos— en San Antonio, un barrio popular de Cali en plena época de la Violencia, cuando el país se encontraba bajo la dictadura del general Rojas Pinilla.

Su padre, de origen conservador, era un fotógrafo, empleado de la compañía Kodak que trabajaba en la empresa de los pioneros de la fotografía en Cali, la familia Lenis. Las relaciones fueron siempre tan estrechas que Edgar Lenis fue el padrino de nacimiento de Pablo Catatumbo. Su madre era una mujer de origen campesino, oriunda de Cartago, una población situada al norte del departamento del Valle del Cauca, que se dedicó a la crianza de sus diez hijos, de los cuales Pablo y Hernán, cuatro años mayor, eran los únicos hombres.

Tuvo una infancia feliz, sin traumatismos, con las limitaciones propias de una familia de bajos recursos que sin embargo pudo enviar a sus hijos a la escuela. Su padre incluso logró ahorrar y comprar su propia casa, que fue construida en las jornadas comunitarias que se hacían los sábados y los domingos a las que también asistía su padrino, Edgar Lenis. Esa infancia sin traumatismos, que Pablo recuerda hoy casi como una fantasía, se vio empañada por un evento trágico que súbitamente cambió su vida: a los doce años perdió a su padre en un accidente de tránsito.

Como era buen fotógrafo con frecuencia contrataban a su padre en los pueblos para hacer fotografías de los eventos sociales, un trabajo al que le dedicaba los fines de semana y le permitía incrementar sus entradas, necesarias para mantener tanta prole. Una noche, cuando ya muy tarde volvía de uno de esos trabajos, al ver que no había servicio de flotas se montó en un camión cargado de cebollas. El conductor, afanado por llegar pronto al matrimonio de su hijo, no vio el cruce del tren y terminó estrellándose contra uno de sus vagones. A los doce años Catatumbo tuvo que hacer, a la fuerza, el tránsito de niño a hombre. Esa ausencia obligó a los dos hombres de la casa a salir en busca del sustento y a trabajar de día para poder seguir estudiando de noche.

En las condiciones sociales de la Colombia de los años setenta, donde las familias de bajos recursos no tenían siquiera seguridad social, su hermano tuvo que dejar de estudiar. Aunque su padrino le consiguió trabajo en una librería de Cali durante las vacaciones, al cabo de un tiempo Pablo también abandonó sus estudios y salió a buscar un empleo permanente. El único que consiguió fue en una imprenta del partido comunista, empleo que le ayudó a conseguir su hermano. Sin que lo supiera, Pablo había entrado en contacto con algunos grupos de izquierda y su cara ya era conocida en las reuniones que se hacían en el barrio. Con frecuencia su hermano llevaba a la casa libros y textos revolucionarios que Pablo terminaba leyendo ante su insistencia. Aunque no tenía su fervor revolucionario, Pablo empezó a abrazar ese camino por una razón muy simple: esa manera de ver las cosas le permitía entender mejor por qué habían tenido que enfrentar tan injustas condiciones sociales. En la imprenta, Pablo perfiló aún más su interés por las ideas revolucionarias que comenzaban a estremecer al mundo a finales de los sesenta. Tuvo la oportunidad de leer el diario del Che Guevara, quien acababa de morir fusilado en Bolivia y su figura mítica comenzaba a ser un referente obligado de la izquierda revolucionaria. También leyó el diario de Camilo Torres, el cura proveniente de la oligarquía bogotana que murió en un combate en 1966, ocho meses después de unirse a la guerrilla del ELN, un grupo guerrillero fundado en 1964, inspirado en el triunfo de la Revolución cubana y en el auge de la Teología de la Liberación.

A la edad de catorce años, y mientras que Juan Manuel Santos hacía su bachillerato en el San Carlos, Pablo Catatumbo ingresaba a las Juventudes Comunistas, la escuela de formación de cuadros, reconocida por ser la cantera de donde salieron todos los comandantes de las Farc. Por su militancia y su fervor, en 1971 fue seleccionado para ir a una escuela de formación política en

Moscú. De regreso a Cali, luego de dos años de haber vivido en la Unión Soviética, se encontró con la noticia de que su hermano había tomado la decisión de unirse a la guerrilla de las Farc.

La decisión de su hermano de irse al monte a empuñar las armas impulsó a Pablo a seguir sus pasos, pero fue un cuadro guerrillero de las Farc llamado Jaime Bateman, amigo de su hermano, quien le dio el empujón que le faltaba. Bateman lo aleccionó diciéndole una y otra vez que la oligarquía de este país solo entendía a tiros y que este régimen político era tan corrupto que lo único que lo sostenía era un aparato militar represor. Según Bateman, la única forma de cambiar las cosas era construyendo un ejército poderoso que fuera capaz de acabar con ese poder represor.

Pablo ingresó a las filas de las Farc a los diecisiete años y en 1978, con veinticinco años, fue elegido como el miembro más joven del Estado Mayor conjunto de las Farc, responsable de las redes urbanas de Cali y de Bogotá. En 1980 cayó preso en una redada del Ejército que buscaba a los guerrilleros del M-19 que habían participado en el robo de las armas en el Cantón Norte porque creían que Catatumbo era de esa guerrilla.

El día que lo interceptó el anónimo motociclista acababa de salir de la cárcel y andaba en la tarea de conseguir papeles falsos. Alguien le dijo que el duro en eso era un señor que hacía ese trabajo para la mafia de Medellín. El día anterior había ido a su oficina a concluir el negocio e iba camino a recoger los documentos cuando se encontró con el mismo sujeto que tenía ahora enfrente.

—¿Usted sabe quién soy yo? —le volvió a preguntar su secuestrador.

Catatumbo lo miró otra vez, con más cuidado, y le contestó la verdad: que no lo conocía. La confesión produjo en su inquisidor un gesto de incredulidad, como si la respuesta le pareciera el colmo.

—No se afane —le dijo—. No soy del Ejército, soy de la mafia de Medellín. Mi nombre es Pablo Escobar Gaviria.

De la billetera que guardaba en el bolsillo trasero de sus pantalones el narcotraficante sacó su documento de identidad.

—Esta es mi cédula —le dijo mientras la ponía encima de la mesa que los separaba.

Catatumbo la tomó, se dio cuenta de que no era falsa y leyó el nombre.

—Lo siento pero el nombre no me suena —le dijo un poco asustado.

Y estaba diciendo la verdad. En 1981, Escobar era más conocido en los recintos de la política tradicional como un financiador generoso de campañas políticas, que en el mundo de la clandestinidad. Y aunque su insistencia por entrar a la política ya le había costado su primer revés —fue expulsado del grupo político liderado por Luis Carlos Galán por cuenta de los rumores crecientes de que sus dineros provenían del narcotráfico—, la noticia no había trascendido a los medios.

—¿Sabe por qué está usted aquí?

—No lo sé.

—He sabido que quieren secuestrar a Luis Carlos Molina, mi socio. ¡Llámenme al señor Molina! —ordenó Escobar alzando la voz a uno de sus guardaespaldas sin quitarle a Catatumbo la mirada de encima.

A los pocos segundos apareció Luis Carlos Molina, un señor de rostro apacible que caminó sin musitar una sola palabra hasta sentarse al lado de Pablo Escobar. Molina era su caja menor y la persona que le cambiaba los cheques cada vez que quería hacer una transacción. En el argot del bajo mundo, era un lavador de dinero. Su oficina de cambios era bien conocida en el oscuro mundo clandestino y Pablo Catatumbo estaba enterado. En la medida en que se desarrollaba la "reunión", Pablo Catatumbo fue entendiendo por qué la mafia de Medellín lo había secuestrado. El capo, que tenía una red de información en la ciudad superior a la de los organismos de inteligencia, se enteró de que la guerrilla del M-19 estaba planeando secuestrar a su socio, Luis Carlos Molina.

En esos años Colombia tenía más grupos guerrilleros que partidos políticos y la amenaza guerrillera era sin duda más real que la de los carteles del narcotráfico. Además de las Farc, existían el Ejército de Liberación Nacional (ELN), el Ejército Popular de Liberación (EPL), maoísta, y el Movimiento 19 de Abril (M-19). Este último grupo armado había sido fundado en 1975 por ex-guerrilleros de las Farc comandados por Jaime Bateman Cayón, el mismo que aleccionó al que ahora respondía por las milicias urbanas de las Farc. Bateman se decidió a armar una disidencia cuando comprobó que las Farc estaban convertidas en una guerrilla decimonónica obligada a esperar el visto bueno de los jefes que vivían escondidos en las intrincadas montañas de Colombia para hacer una operación en las ciudades. Podían pasar semanas y meses sin moverse, engordando a la espera de las órdenes del Secretariado.

A diferencia de esa guerrilla campesina, atada a la lucha por la tierra y de poca capacidad ofensiva que eran las Farc, el M-19 era un movimiento netamente urbano, nacionalista, de talante más ofensivo, menos ortodoxo y con un discurso más intelectual dirigido a cooptar el descontento de los jóvenes universitarios.

Buena parte de los amigos de Pablo Catatumbo se fueron con Bateman a montar la disidencia y en ese mundo cóncavo de la clandestinidad se sabía que planeaban una serie de secuestros para conseguir dinero e inyectárselo al nuevo proyecto armado. Según la información obtenida por Escobar, la persona encargada de concebir y realizar el secuestro era Elvencio Ruiz, a quien Pablo Catatumbo conocía muy bien porque habían crecido juntos en Cali. Ruiz ingresó a la juventud comunista al mismo tiempo que Pablo y los dos aterrizaron de manera simultánea en las Farc. La deserción de este importante grupo de guerrilleros que estaba a cargo de las redes urbanas había sido considerada por Marulanda y Jacobo Arenas como un acto de traición y existía una orden impartida a todos los guerrilleros de las Farc de romper relaciones con ellos, so pena de castigo severo. Pablo, que era un tanto indisciplinado, incumplió esa orden y de alguna forma mantuvo su relación con Elvencio Ruiz. En su última charla él mismo le había confesado que la guerrilla estaba ilíquida y que estaban considerando hacer una serie de secuestros para conseguir dinero.

Catatumbo intentó explicarle a Pablo Escobar que él no era del M-19 sino de las Farc y que esa guerrilla nunca había querido secuestrar a su socio, pero no lo convenció. De pronto entró a la habitación un señor que se identificó como Gustavo Gaviria, primo hermano de Pablo Escobar. Bastante alterado se acercó a su primo y en un tono exaltado le dijo sin ningún reato que al guerrillero había que matarlo.

—Allá hay un cuartico donde le podemos hacer unos trabajos de ortodoncia para que hable —le dijo Gaviria con mirada amenazante.

Pablo Escobar lo calmó y retomó las riendas del interrogatorio.

—Si ustedes no son los que están planeando secuestrar a mi socio, entonces vaya y les dice a sus amigos que no se metan con Molina —le dijo Escobar sin perder sus buenos modales ni la calma.

Sin saber si lo dejaban salir para matarlo, Catatumbo fue liberado a condición de que les dijera a sus amigos que si mantenían el plan de secuestrar a Molina se las tendrían que ver con la mafia de Medellín. Salió del cuarto, traspasó el ejército de doscientos hombres armados pensando que Pablo Escobar no le iba a perdonar la vida y que en algún momento le iban a meter un tiro. Solo cuando alcanzó la calle tuvo la certeza de que le habían perdonado la vida. Tomó un bus y se bajó; tomó otro, otro y otro hasta que estuvo seguro de que nadie lo seguía. Sin pensarlo dos veces se fue rumbo a la casa de su amigo Elvencio Ruiz. Con la voz aún temblorosa le contó lo que acababa de vivir.

—Me cogió la mafia de Medellín —le dijo todavía agitado por el recuerdo de esas horas azarosas—, un tipo que se llama Pablo Escobar, que parece ser un jefe muy poderoso, me dijo que no se le fuera a ocurrir tocar a Luis Carlos Molina. Nos van a matar a usted y a mí si no saldamos bien ese asunto.

Le confesó que venía por él para que los dos fueran a donde Escobar porque a eso se había comprometido para salir con vida de allí. Ruiz aceptó acompañarlo y al día siguiente entraba con su amigo Pablo Catatumbo a la casa de El Poblado. La reunión se llevó a cabo en la gran sala de la casa y asistieron Luis Carlos Molina, Gustavo Gaviria y Pablo Escobar.

—Mire —le dijo Pablo Escobar a Elvencio, después de haberlo saludado sin mucha parsimonia—. Yo soy un bandido y si quieren plata yo se las regalo, pero nada de secuestros. No se metan con nosotros.

—¿A quiénes se refiere con eso de "nosotros"? —preguntó Pablo Catatumbo como para saber a qué atenerse.

—Pues a Luis Carlos Molina, Gustavo Escobar y yo. Ustedes —le advirtió a Ruiz— tienen que prometernos que no se van a meter con ninguno de nosotros tres ni con nuestras familias.

Ruiz le aseguró a Pablo Escobar, con esa seriedad casi reverencial con que se pactan los acuerdos en la clandestinidad, que iba a cumplir esa promesa. Sin embargo, antes de salir de la reunión, Pablo Escobar se le acercó a Catatumbo para recordarle que las cosas todavía no estaban del todo arregladas.

—Usted no puede salir del país y cualquier movimiento suyo tiene que reportármelo —le dijo en tono de amenaza.

Pablo salió de allí con la idea clara de que, si su amigo no cumplía su promesa, el primero en pagar el pato sería él. Dos meses después de estos hechos, Catatumbo volvió a saber de Escobar cuando acababa de volver a Cali, su ciudad natal. Escuchó por las noticias que el M-19 había secuestrado a Martha Nieves Ochoa, hermana de Jorge Luis, Juan David y Fabio, reconocidos socios de Pablo Escobar en el cartel de Medellín. Por su rescate pedían doce millones de dólares.

—¿No acordamos con Escobar que no se iban a meter con ningún socio? —le increpó molesto Catatumbo a Elvencio cuando finalmente le contestó el teléfono.

—Hasta donde recuerdo, en esa lista de nombres que nos dio Escobar no estaban los Ochoa —le respondió Elvencio con un sarcasmo que a Pablo no le produjo ninguna gracia.

Al otro día alguien le dijo en Cali que el capo andaba preguntando por él. Catatumbo, que sabía para qué lo buscaban, decidió perderse en Bogotá, donde a los pocos días fue capturado por el Ejército momentos antes de encontrarse con un amigo en Unicentro, un centro comercial del norte de la ciudad.

Pablo Catatumbo fue llevado a la Brigada de Institutos Militares, conocida en ese entonces por ser el sitio donde se torturaba a los presos políticos. En varias ocasiones Catatumbo fue interrogado por Pablo Escobar y por su socio del cartel de Medellín, Gonzalo Rodríguez Gacha, alias el Mexicano, y vio cómo ambos entraban y salían de la brigada como si fuera su casa. En la B.I.M. lo torturaron hasta quitarle las ganas de vivir. Con una cuchilla que le llegó a sus manos un día se cortó las venas, pero no se pudo morir porque a última hora fue llevado al hospital.

Una noche lo llevaron al aeropuerto militar de Catam en Bogotá, lo montaron en un helicóptero y lo bajaron en una finca ubicada en la sabana de Bogotá. A ciegas, fue arrastrado hasta un lugar donde descubrió, una vez le quitaron las vendas, que estaba en unas caballerizas junto a otros secuestrados que también tenían las manos atadas, custodiados por varios hombres fuertemente armados que los pusieron en fila india debajo de la única luz que había en esa pesebrera. Escuchó un murmullo de voces a su alrededor que lo dejó aún más inquieto. Estaban rodeados por un grupo de gente que se mantenía en la oscuridad. Catatumbo se sintió como un marrano entrando a un matadero. Mientras iban formando reconoció a Elvencio, que estaba de primero en la fila, y a pesar del miedo se alcanzaron a saludar con los ojos.

De pronto, Catatumbo vio salir de la penumbra a Pablo Escobar, que se fue derecho a donde estaba Elvencio.

—¿Usted sabe dónde está Martha Nieves Ochoa? —le preguntó con unos modales bastante más recios de los que le conocieron en esa casona de El Poblado de Medellín.

—No —le respondió Elvencio de manera estoica—. No sé dónde está. En la guerrilla siempre hay un grupo que entrega, otro grupo que encaleta y otro grupo que devuelve.

Escobar le hizo la pregunta varias veces y la respuesta de Ruiz siempre fue la misma. De un momento a otro, un matón del capo apareció con una motosierra. La prendió y se la puso a Elvencio a la altura de la cara.

—¡Córtele primero una mano y después córtele una oreja! —gritó sin mayor empacho Gonzalo Rodríguez Gacha, claramente exaltado.

Catatumbo se puso aún más nervioso cuando distinguió que en el grupo en penumbras también estaban los poderosos miembros del clan Ochoa, los hermanos de Martha Nieves, la mujer secuestrada por el M-19 en una operación en la que era evidente que su amigo Elvencio había participado.

—Si quiere córtenme la cabeza, que a ustedes no les tengo miedo —dijo Elvencio con un arrojo que a Catatumbo le pareció inoficioso—. Ya les dije que no les voy a decir nada.

Catatumbo, convencido de que los iban a descuartizar vivos a todos si Elvencio seguía dándoselas de valiente, se le acercó a su amigo, tras pedirle permiso a Escobar, y consciente de que en la casa de Elvencio habían encontrado unas pertenencias de Martha Nieves, le susurró al oído:

—Si sigue diciendo que no sabe nada nos van a matar a todos.

Elvencio no le hizo caso a Catatumbo y siguió enfrentando a su verdugo con un arrojo que desconcertó hasta al mismo Pablo Escobar. Ruiz decía que era mejor que lo mataran de una vez porque no les iba a revelar nada. El capo intervino en la dantesca escena con una frase que Pablo Catatumbo recuerda hoy al pie de la letra:

—¿Sabe qué, hermano? —dijo mirando al Mexicano—. Los varones no se matan, se respetan.

Posó de nuevo su vista en la cara atormentada de Ruiz y emitió su veredicto:

—Si los matamos, van a matar a esa muchacha y yo creo que lo mejor es negociar con el M-19.

Al cabo de dos días los soltaron, no sin antes informarles que tenían en su poder a cerca de cuarenta miembros del M-19 y que además si Ruiz no lograba que liberaran a Martha Nieves, irían por la madre de Jaime Bateman, el máximo comandante del M-19. Martha Nieves Ochoa fue liberada a los pocos días, sin pagar un peso de rescate. Catatumbo volvería a saber de Elvencio Ruiz en 1985, cuando un comando del M-19 se tomó a sangre y fuego el Palacio de Justicia e hizo rehenes a varios magistrados de la Corte Suprema de Justicia. Elvencio murió en la retoma que hizo la fuerza pública, en la que no solo cayeron los guerrilleros del M-19 sino la mitad de los magistrados de la Corte Suprema.

El secuestro de Marta Nieves Ochoa cambiaría para siempre la correlación de fuerzas de la guerra en Colombia. El cartel de Medellín, liderado por Escobar, fundó el grupo Muerte a Secuestradores (MAS), dirigido a contrarrestar las acciones guerrilleras, lo que sería la primera manifestación a gran escala del paramilitarismo. El MAS nació en 1981 con 2230 hombres y un fondo de

446 millones de pesos para "recompensas, ejecuciones y compra de equipos". Un informe publicado en 1984 por el procurador general revelaría que este grupo, financiado por la mafia, también había sido fundado por importantes miembros del Ejército. En los años noventa el paramilitarismo, convertido ya en un ejército irregular, se enfrentaría con las Farc en una encarnizada guerra que produjo docenas de masacres y el desplazamiento de miles de víctimas.

Después de que Pablo Escobar les salvara la vida, Catatumbo decidió volver a Cali y mantenerse escondido. Luego de un atropellado viaje en el que casi lo atrapa el Ejército en un retén entrando al Valle del Cauca, logró llegar a la casa de su amigo Javier Delgado, el jefe de la red urbana de las Farc en Cali. Sin embargo, a su arribo alguien le advirtió que Delgado lo estaba buscando para matarlo por traidor: se lo acusaba de haberse aliado con la mafia. Esa era la lectura que Delgado tenía de los dos encuentros de Catatumbo con Escobar, episodios que al parecer ya habían llegado a oídos de las Farc. Durante un buen tiempo su pertenencia a esa guerrilla estuvo en entredicho, hasta que los propios hechos demostraron que quien realmente era un traidor era Delgado.

Delgado decidió desertar de las Farc e irse a las montañas del Cauca a montar su propio grupo guerrillero, el Ricardo Franco. En enero de 1986, en un lugar conocido como Tacueyó, Delgado asesinó a 164 de sus guerrilleros acusándolos de ser infiltrados del Ejército, cuando en verdad eran en su mayoría campesinos analfabetas y algunos universitarios que seguían su causa revolucionaria. La masacre de Tacueyó es uno de los hechos más brutales cometidos por guerrilla alguna en Colombia. Delgado era en realidad un sicópata que torturó a sus víctimas recurriendo a métodos que no se veían desde la época de la Violencia: se encontraron muertos con el pecho abierto y cadáveres de mujeres embarazadas a quienes les habían sacado el feto de su vientre.

A mediados de los ochenta, Pablo Catatumbo se internó en el monte hasta llegar al sitio donde acampaba el Secretariado, en ese momento integrado por Tirofijo, el estratega militar, y por Jacobo Arenas, el estratega político. En esas montañas fue testigo del primer intento de negociar la paz, en 1984, con el gobierno de Belisario Betancur, cuando él ya pertenecía al estado mayor central de las Farc. El segundo intento se produjo diez años después, en 1994, bajo el gobierno de César Gaviria, mediante una mesa de diálogo abierta primero en Tlaxcala (México) y luego en Caracas, en momentos en que arreciaba la guerra entre las Farc y los grupos paramilitares.

En el pico de esa guerra, en 1996, el jefe paramilitar Carlos Castaño decidió secuestrar a varios familiares de los jefes de las Farc. Capturó a la madre de Iván Márquez, entonces comandante del bloque Caribe, al hermano de Alfonso Cano, el número dos en la jerarquía de las Farc, y a Janeth, la hermana menor de Pablo Catatumbo, la única de sus hermanos que nunca había sido de izquierda. Su hermana fue llevada hasta donde Castaño, acusada de ser testaferro de los dineros de las Farc que manejaba Catatumbo y exhibieron como prueba veintiocho millones de pesos que tenía en su cuenta bancaria. Gracias a la mediación hecha por una ONG internacional fue liberada y decidió exiliarse en Costa Rica, muy a su pesar lejos de su hijo. Un día recibió una llamada de Carlos Castaño en la que le decía que, si quería volver a Colombia, primero tenía que arreglar las cosas con ellos. A pesar de que la familia le pidió que no se devolviera y que sobre todo no fuera a donde Castaño, ella insistió en verlo con el poderoso argumento de que quería volver a vivir con su hijo.

—No les debo nada a ellos —le dijo a Pablo Catatumbo la última vez que hablaron.

Se supo que a los pocos días tomó un avión hasta Panamá pero nunca más volvieron a saber de ella. Años después encontraron su cuerpo en pedazos entre una pequeña caja de cartón enterrada en una fosa.

Tras los fracasos anteriores, el tercer intento de negociaciones se llevó a cabo durante el gobierno de Andrés Pastrana, en 1998, en momentos de la mayor expansión militar de las Farc. Meses antes se habían tomado la capital del departamento del Vaupés, Mitú, situada al sureste del país; la toma fue llevada a cabo por cerca de mil hombres, un despliegue de fuerza tal que expuso la vulnerabilidad del Estado y planteó por primera vez la posibilidad de que la guerrilla pudiera ganar la guerra.

Pablo vivió todo ese proceso desde el cañón de Las Hermosas, en la inexpugnable Cordillera Occidental, como comandante del Bloque Occidental de las Farc, convertido en un comandante temido y poderoso. En esa cordillera no se movía una hoja sin que él lo supiera.

El día en que se rompieron las negociaciones, el 20 de febrero del 2002, las Farc entraron en una fase de agudización de la violencia que coincidió con la entrada en vigor del Plan Colombia, la ruta de escape que tenía el presidente Pastrana si fracasaba la negociación con las Farc. Esta nueva escalada terrorista la tuvo que enfrentar el nuevo presidente electo Álvaro Uribe Vélez, quien arrasó en los comicios del 2002 con la promesa de que iba a acabar con las Farc y a salvar al país de la hecatombe.

Además de los secuestros extorsivos que afectaron de manera dramática la vida de mucha gente, las Farc protagonizaron una seguidilla de secuestros políticos cuyo propósito era forzar al nuevo gobierno de Uribe a llegar a un acuerdo humanitario que les permitiera intercambiar los secuestrados en su poder por los guerrilleros encarcelados. En abril de 2002, una columna del Bloque Oriental de las Farc comandada por Pablo Catatumbo secuestró a catorce diputados del Valle como una presión más para el Gobierno.

La primera vez que Pablo Catatumbo aceptó abrir un canal de diálogo con el gobierno de Álvaro Uribe fue a petición de Henry Acosta, un experto en cooperativismo oriundo del Valle del Cauca, a quien había conocido en 1999 en uno de los retenes que solía poner la guerrilla para vigilar quiénes entraban y salían de sus zonas. Acosta le contó que estaba en esa región buscando proyectos productivos, lo que interesó a Catatumbo y le permitió moverse libremente, privilegio que muy pocos conseguían. Desde entonces mantuvieron una relación cordial, hecho que llegó a oídos del comisionado de paz, Luis Carlos Restrepo, quien decidió pedirle a Acosta —con la anuencia del presidente Uribe, desde luego—, que le ayudara a abrir un canal de comunicación con Pablo Catatumbo con miras a negociar las condiciones del intercambio humanitario.

Tras años de negociaciones y de un fluido intercambio epistolar entre Henry Acosta y Pablo Catatumbo, a finales del primer semestre del 2007 las Farc y el gobierno de Uribe acordaron los términos para un intercambio humanitario en los municipios de Florida y Pradera, en el Valle del Cauca. Como muestra de su buena voluntad, Uribe incluso decidió excarcelar a cuatrocientos cincuenta guerrilleros de las Farc. Sin embargo, a última hora Juan Manuel Santos, su nuevo ministro de Defensa, se opuso al despeje de esos municipios con el argumento de que no era necesario entregarles a las Farc el control de ninguna parte del país para que se pudiera hacer un intercambio humanitario. Al presidente Uribe le parecieron tan contundentes los argumentos de su ministro que frenó el despeje. Al otro día Pablo Catatumbo fue sorprendido con un bombardeo en el que casi pierde la vida.

Desde entonces el intercambio epistolar quedó interrumpido y las posibilidades de un acuerdo humanitario sepultadas, sobre todo luego de que se supo que trece de los catorce diputados del Valle que tenían secuestrados habían muerto en cautiverio. Aunque en un comunicado las Farc atribuyeron esas muertes a un incidente militar con un grupo armado no identificado, la Fiscalía pudo verificar que los políticos habían sido ejecutados por los guerrilleros que los custodiaban.

Tras el deceso de Tirofijo, ocurrido en marzo del 2008 a causa de un cáncer de próstata, Alfonso Cano fue ungido como jefe máximo de las Farc y Pablo Catatumbo se reafirmaba en el cañón de Las Hermosas, muy cerca de donde tenía sus cuarteles el nuevo jefe de las Farc. Con Alfonso Cano lo unían estrechos lazos de amistad desde el ingreso de ambos a las Juventudes Comunistas, reforzados por los años pasados tan cerca en la selva y en la guerra.

Por esa época Catatumbo y Cano empezaron a darse cuenta del cambio en la correlación de fuerzas debido, en gran parte, al refinamiento sustancial de la inteligencia militar obtenida desde que Juan Manuel Santos había llegado al ministerio de Defensa.

Ambos jefes guerrilleros sabían que para ganar esta guerra era necesario cambiar la correlación de fuerzas y que lo único que podía contrarrestar al impresionante aparato militar del Ejército colombiano eran los misiles. Los buscaron con insistencia en el mercado negro pero solo pudieron conseguir las carcasas. Las Farc intentaron fabricar lo demás, pero luego de varios fracasos se resignaron a que era imposible. “Si no es posible conseguir un equilibrio de las fuerzas es muy difícil ganar la guerra”, era una de las sentencias que solía decirle Alfonso Cano a Catatumbo. La guerra se fue escalonando hasta el punto que el Secretariado de las Farc se vio forzado a enfrentar el dilema de si estaban en armas con el propósito de tomarse el poder o solo para hacer una guerra de resistencia. En los últimos años las Farc habían tenido que recurrir a los dineros del narcotráfico para poder financiar una guerra que ya no iban a ganar y también fueron los años en que Pablo empezó a sentir que esta guerra se estaba alargando demasiado. Ni Pablo Catatumbo ni Alfonso Cano habían luchado cuarenta años para terminar haciendo una guerra de resistencia.

En 2010, apenas a tres meses de que Uribe saliera del poder, recibieron una carta dirigida a Alfonso Cano, jefe de las Farc, y a Pablo Catatumbo, en la que les proponía abrir una negociación con miras a plantear una negociación de paz. Las Farc agradecieron el gesto pero respondieron que preferían esperar al nuevo gobierno para iniciar una negociación de paz. Cuando resultó electo el presidente Juan Manuel Santos, Pablo Catatumbo fue el jefe de las Farc con el que se establecieron los primeros contactos que cinco años más tarde concluirían con la firma del acuerdo de paz.

Pablo llegaría a la mesa de La Habana en el 2014, casi un año y medio después de iniciado el proceso, en momentos en que la guerra arreciaba y las conversaciones no avanzaban.

El día que llegó a La Habana me tropecé con él en el pasillo del hotel El Palco. Era ya mi cuarto viaje a la isla como reportera y al enterarme de la presencia de Pablo Catatumbo en la isla concerté con él una entrevista para la revista *Semana*. Cuando vi su rostro me resultó familiar. Al ver que no lo había reconocido me ayudó a aclarar mi memoria.

—Nos conocimos en La Uribe, en 1984 en los diálogos de paz —me dijo—. Tal vez usted me recuerde como Hernán. Claro que en ese entonces era flaco y tenía mucho más pelo —agregó con un humor que me desconcertó.

Lo miré con detenimiento y poco a poco empecé a recordar su rostro. En 1984, en plenas negociaciones de paz, siendo yo una muy joven reportera, viajé a La Uribe para hacer un reportaje sobre las Farc. Ese municipio del departamento del Meta era el epicentro de las negociaciones y el lugar donde estaba el Secretariado, la cúpula de poder de la guerrilla de las Farc. Tres décadas más tarde el destino nos volvía a reunir en las mismas circunstancias.

Esa noche recibí una llamada en la habitación del hotel donde me hospedaba. Era Pablo Catatumbo. Con una voz profunda me pidió que bajara a la recepción porque necesitaba hablar conmigo. Catatumbo venía de una muy degradada guerra infernal y ya no recordaba la última vez que había caminado tranquilamente por una ciudad. Se sentía pisando un terreno desconocido y no sabía cómo enfrentar los reflectores de los medios.

—Sé de buena fuente que el presidente me salvó la vida —me dijo en un momento de confesión—. Pero quiero decirle que, a pesar de eso, no le perdono que no hubiera hecho lo mismo con la de Alfonso Cano.

El jefe máximo de las Farc cayó abatido en una operación militar en noviembre del 2011 que contó con el visto bueno del presidente Santos, en momentos en que —sin que el país lo supiera— ya se habían iniciado las primeras reuniones exploratorias entre delegados del Gobierno y miembros de las Farc. En una de las tantas entrevistas que tuve con Santos para escribir este libro, le pregunté al presidente por qué había tomado la decisión de dar de baja al jefe máximo de las Farc y si era cierto que años más tarde había frenado una operación contra Catatumbo que le salvó la vida. Santos me respondió que los generales le informaron que tenían cercado a Cano. Dio la orden de la operación, cuyo propósito era capturarlo, porque tenía informaciones de inteligencia militar que le aseguraban que, en el fondo, Cano no le estaba apostando al proceso de paz.

—¿Y es cierto que le perdonó la vida a Pablo Catatumbo? —le pregunté.

—Eso es cierto —respondió el presidente.

A lo largo de las negociaciones, Catatumbo siempre fue el ala conciliadora del proceso, talante que le trajo problemas internos con el sector más duro, que lo consideraba demasiado condescendiente. Sin embargo, nunca perdió el norte. Días antes del plebiscito un alto funcionario internacional lo llamó para decirle que el expresidente Uribe estaba interesado en encontrarse con las Farc en La Habana. La noticia lo sorprendió porque el expresidente repetía que él nunca se sentaría con ellos a dialogar porque los considerada unos narcoterroristas. Informó a sus compañeros de la insólita propuesta y se concluyó que era mejor preguntar cuáles serían las condiciones de ese encuentro. El emisario volvió con la razón y le comunicó que Uribe proponía recibirlos en una habitación del hotel Meliá Cohiba de La Habana y que el encuentro no podía ser público. Luego de discutir el tema con el Secretariado, Pablo le comunicó al emisario que las Farc no podían aceptar esa propuesta de hacer una reunión secreta.

Los últimos meses Pablo había tenido que sobrellevar, además de la derrota del plebiscito, los graves problemas de salud de su compañera Camila, quien estuvo a punto de morir en La Habana por cuenta de una oclusión intestinal mal atendida. Sergio Jaramillo supo de la gravedad de Camila y llamó a Catatumbo para decirle que él conocía a un especialista de la Fundación Santa Fe de Bogotá que lo había tratado por el mismo problema. Debido al estrés, Jaramillo sufrió dos episodios de oclusión, atendidos por este médico con muy buenos resultados. Pablo aceptó la oferta y de urgencia contactaron al médico colombiano, quien de inmediato aceptó operar a Camila y para ello fue traslada en medio de total sigilo, en un operativo que vigiló de cerca Sergio Jaramillo, a la Unidad de Cuidados Intensivos de la Santa Fe donde por casi dos meses se debatió entre la vida y la muerte.

Capítulo 4

Sus alfiles

Entre los invitados a la casa privada estaba el primer círculo de negociadores, que el mismo Juan Manuel Santos había escogido cinco años atrás, cuando decidió mover todas sus fichas y abrir los primeros canales secretos de diálogo con las Farc a través del jefe guerrillero Pablo Catatumbo.

El alto comisionado de paz, Sergio Jaramillo, un bogotano de carácter reservado con facha de intelectual francés, era uno de los que sobresalía por su elevada estatura.

En un país dominado por un exceso de abogados, Jaramillo era un comisionado de paz sui géneris: era filósofo de la universidad de Toronto y filólogo de Oxford experto en griego clásico. Además de hablar seis idiomas a la perfección, Santos se identificaba con él por su aire petulante, y porque creía que tenía las virtudes necesarias para armar su estrategia de negociación con las Farc: método, disciplina, integridad, profundas convicciones democráticas y —así como él mismo— había llegado a la paz luego de haber sido el estratega de la guerra contra las Farc.

Sergio Jaramillo proviene de una aristócrata familia bogotana con fuertes nexos con el partido conservador y el partido liberal. No solo es descendiente del presidente conservador Miguel Antonio Caro, connotado filólogo, político y periodista, presidente de Colombia entre 1892 y 1898, sino de los Nieto, una familia de estirpe liberal, también emparentada con Juan Manuel Santos. La madre de Sergio es prima en segundo grado del presidente Santos, parentesco que viene por la línea de la bisabuela de Sergio, María Calderón, esposa de Luis Eduardo Nieto Caballero, un reconocido hombre de letras, de pensamiento liberal que fuera diplomático, político y periodista; María era llamada "la grande Dame" del partido liberal. En los años cincuenta su bisabuela formó parte de "Las Policarpas", el grupo de mujeres que organizó la resistencia en contra de la dictadura del general Gustavo Rojas Pinilla, marchas que fueron claves para derrocarlo. Con la ayuda de su hija, María Paulina Nieto de Caro, abuela de Sergio, les prestó ayuda a los presos políticos durante la Violencia, en momentos en que las mujeres ni siquiera tenían derecho al voto.

Sergio Jaramillo recuerda, siendo niño, haberse encontrado en la casa de sus bisabuelos con Clemencia Calderón, la madre del presidente Santos, ya que su bisabuela era hermana de uno de los abuelos de don Enrique Santos Castillo, padre del presidente. Curiosamente, este laberinto de parentescos nunca sirvió para que Juan Manuel Santos y Sergio Jaramillo se conocieran personalmente.

Ese encuentro se vino a producir en el 2004, siendo presidente Álvaro Uribe. Juan Manuel Santos había sido nombrado ministro de Defensa en el año 2006 y éste nombró a Sergio Jaramillo como su viceministro. Santos lo escogió porque sabía que Jaramillo había ayudado a diseñar la política de seguridad democrática como asesor de la primera ministra de Defensa del gobierno de Uribe, Marta Lucía Ramírez. Sergio aceptó de inmediato el reto que le proponía su pariente lejano, sabiendo que se estaba subiendo en el tren indicado.

En esos momentos, el cargo de ministro de Defensa era el segundo puesto más importante después del de presidente. Los dineros provenientes del Plan Colombia —la estrategia diseñada por los Estados Unidos para fortalecer a las Fuerzas Armadas colombianas en su lucha contra el narcotráfico y la guerrilla— habían multiplicado su capacidad operativa y de inteligencia, convirtiéndolas en las fuerzas mejores equipadas y más numerosas de América Latina.

A su llegada al ministerio, Sergio acompañó de cerca al nuevo ministro de Defensa en sus desafíos. El presidente Uribe le había dicho a Juan Manuel Santos que "tenía que golpear la cabeza de la culebra", el animal rastrero con que Uribe identificaba a las Farc. Para cumplir ese objetivo, Juan Manuel Santos afinó la estrategia de guerra y con la ayuda de asesores ingleses unificó todos los organismos de inteligencia de las fuerzas colombianas en favor de un mismo objetivo. Cada comandante de las Farc tenía adscrito un grupo de inteligencia encargado de monitorear todos sus movimientos, al extremo de saber qué comía, a qué era alérgico y en dónde estaban sus hijos.

Sergio Jaramillo fue clave para implementar estos cambios, cuyo resultado fue una seguidilla de golpes certeros y contundentes que consiguieron por primera vez alterar la correlación de fuerzas en favor del Estado, minando considerablemente la capacidad militar de las Farc.

En junio del 2007 fue abatido J. J., comandante del frente Manuel Cepeda Vargas, de un tiro en la cabeza mientras se movilizaba en una lancha. J. J., había sido responsable del secuestro de los diputados del Valle y de un feroz atentado realizado contra el comando de la Policía metropolitana en Cali en el que murieron cerca de cincuenta personas. En septiembre del mismo año, en un bombardeo selectivo, murió el Negro Acacio, el poderoso comandante responsable de las finanzas del Bloque Central, que derivaba sus dineros del lucrativo negocio de la coca. Su nombre había salido a la luz pública en el 2000 por haber sido el encargado de la compra de diez mil fusiles de asalto AK-47 Kaláshnikov, que Vladimiro Montesinos, el asesor del presidente Fujimori del Perú, les vendió a las Farc. La inteligencia detectó sus coordenadas gracias a la información de dos guerrilleros que no tuvieron ningún problema en delatarlo.

En octubre del mismo año cayó Martín Caballero, comandante del frente 37 de las Farc, eje principal del Bloque Caribe. Caballero, un hombre duro, de escasas palabras, había sido el autor del secuestro de Fernando Araújo, exministro de Desarrollo del gobierno de Andrés Pastrana, tomado por las Farc como rehén para hacerle un juicio político por haber estado inmerso en un escándalo de corrupción. Caballero también era requerido en extradición por los Estados Unidos por planear un atentado contra el expresidente estadounidense Bill Clinton durante una de sus visitas a Cartagena.

Con todo, el golpe fulminante se dio en marzo del 2008, cuando fue abatido Raúl Reyes, el canciller de las Farc, en un bombardeo meticulosamente planeado sobre un campamento de las Farc situado en territorio ecuatoriano, a pocos kilómetros de la frontera con Colombia. La víspera de esa operación secreta, Juan Manuel Santos se desplazó personalmente a la base de Cali de donde saldrían los bombarderos. Como la operación era secreta, aprovechó que tenía previsto un viaje con Luis Carlos Sarmiento, sin duda el empresario más rico de Colombia, para mostrarle el armamento adquirido con el dinero del impuesto de guerra que muchos de los empresarios como él, habían aceptado pagar. En un momento que pasó desapercibido, fue a supervisar cómo iba todo en el centro de operaciones y no descansó hasta que al otro día lo llamaron para decirle que todo había salido de acuerdo con lo planeado.

La información encontrada en los computadores de Raúl Reyes desarticuló el entramado internacional de las Farc, asestándole un duro golpe a esa guerrilla.

Esta seguidilla de operaciones exitosas tuvo su punto culminante con la Operación Jaque, realizada en julio del 2008, que le permitió al Ejército rescatar, sin disparar un solo tiro, a quince rehenes en manos de las Farc, entre los que se encontraba la que fuera candidata presidencial, Íngrid Betancourt, y tres asesores estadounidenses. Los cuerpos de inteligencia del Estado lograron aterrizar un helicóptero en una zona controlada por las Farc y se las ingeniaron para hacerlos creer que se trataba de una ONG europea que venía a realizar un traslado de rehenes debidamente autorizado por el Secretariado. Lo que no sabían era que el helicóptero MI de fabricación rusa era un "caballo de Troya". Los guerrilleros ayudaron a subir a los secuestrados al aparato sin sospechar nada. Una vez en el aire, uno de los guerrilleros destinado a vigilar el traslado fue neutralizado por los miembros de la fuerza pública y solo en ese momento todos se dieron cuenta de que habían sido liberados. A las pocas horas del cinematográfico rescate, Juan Manuel Santos, aún más empoderado y triunfante, se desplazó al aeropuerto militar de Bogotá para recibir al grupo que encabezaba su amiga Íngrid Betancourt.

En medio de tanta exaltación pocos notaron la ausencia del presidente Álvaro Uribe. No era usual que un mandatario que había hecho de la lucha contra las Farc su máxima premisa no estuviera en la tarima al lado de su ministro de Defensa, en uno de los momentos cumbres de la batalla contra esa guerrilla. La razón para que el presidente Uribe no hubiese estado presente en esa tarima la supe años después. Entendiendo que se trataba de un momento muy importante para el país, Juan Manuel Santos tuvo la cortesía de invitar al presidente Uribe a través de su amigo José Gabriel Ortiz. Sin embargo, en un acto de deferencia con su exitoso ministro, Uribe le respondió a Ortiz diciéndole que le agradecía pero que prefería no asistir porque esa operación había sido de él y que ese triunfo se le debía al ministro de Defensa. Otras versiones más ácidas me aseguran que la verdadera razón por la que Uribe no quiso compartir la tarima con su entonces ministro Santos tuvo que ver con un incidente de ingrata recordación ocurrido el 26 de marzo del 2008, fecha en que inteligencia militar supo que el jefe máximo de las Farc, Manuel Marulanda Vélez, había muerto de un paro cardíaco a las seis y treinta de la tarde. Santos reveló la noticia en una entrevista con María Isabel Rueda para la revista *Semana*, que le dio la vuelta al mundo, sin haberle contado antes al presidente Uribe, quien la vino a conocer por la radio, como cualquier colombiano. Molesto, el presidente le reclamó a Santos y desde ese episodio nunca más compartió tarima con él. Pese a los rifirrafes, y al hecho de que Santos nunca fue cercano al presidente Uribe, entre ambos se asentó una relación franca basada en una deferencia. “A mí él me respetaba”, me dice el presidente Santos con un gesto de certeza, como recordando sus épocas de ministro de Defensa, cuando bajo la batuta del presidente Uribe hicieron la guerra. A diferencia de lo que hacía con los demás ministros de su gabinete, quienes en la práctica oficiaban de viceministros, el presidente Uribe —con esa seguridad que exudan los hombres poderosos— nunca se metió en sus dominios y dejó que su ministro cobrara los triunfos en la guerra contra las Farc.

Como se acercaban las elecciones del 2010, Juan Manuel Santos quiso devolverle a Uribe su generosidad demostrándole su lealtad en momentos en que su decisión de aspirar a un tercer mandato —lo que no estaba permitido por la Constitución— cayera tan mal entre las élites políticas, incluidas las que antes habían votado por él. Muchos sentían pasos populistas detrás de esta decisión ya que sus pretensiones implicaban un nuevo cambio en las reglas del juego. Confiado en que sus impresionantes índices de popularidad le iban a permitir acceder a un tercer periodo, consiguió aprobar en el Congreso una reforma constitucional para realizar un referendo con el propósito de que el pueblo decidiera si era viable su aspiración a un tercer periodo. Aunque esa reforma estaba en proceso de ser revisada por la Corte Constitucional, Uribe sentía que su aspiración a un tercer mandato estaba prácticamente asegurada.

Santos le dijo a Uribe que si la Corte Constitucional le daba el visto bueno para aspirar a un tercer periodo presidencial, él seguiría acompañándolo. "Sin embargo, el presidente Uribe me dijo que de todas formas no debía inhabilitarme como posible candidato presidencial", me cuenta el presidente Santos como prueba de las buenas migas que tenía en ese entonces con quien más tarde se convertiría en su más implacable enemigo político.

Juan Manuel Santos renunció en enero del 2009 y salió del Ministerio de Defensa en hombros, con la aceptación más alta obtenida por un ministro de ese ramo en la historia del país. La noticia de que la Corte Constitucional había negado la posibilidad de aspirar a un tercer periodo lo cogió fuera de base, según él mismo, en una comida en Cartagena, pero quienes lo conocen saben que pocas cosas en la política toman por sorpresa a una persona como él, hábil para calcular y para cazar las apuestas más altas. Por su cuenta y riesgo había hecho ya algunos avances para montar su esquema de campaña y tenía todo listo para prender los motores.

A las pocas semanas Santos fue ungido por el partido de Uribe como su candidato y en su discurso de aceptación actuó como un fiel seguidor del dogma impuesto tras ocho años de política de seguridad de Álvaro Uribe: su discurso se centró en la necesidad de seguir en la guerra contra las Farc. Reconoció que en los últimos años esta guerrilla había sido golpeada como nunca, pero que todavía la "culebra seguía viva" y les aseguró a las huestes uribistas que, si salía elegido, no iba a descansar hasta acabar con esa violencia "narcoterrorista".

A los dos meses, en una de las campañas más cortas de la historia reciente, Juan Manuel Santos ganó las elecciones presidenciales en mayo del 2010 aupado por sus éxitos contra las Farc, pero sobre todo abrigado por el prestigio del presidente Álvaro Uribe. Cuando renunció al Ministerio de Defensa, Sergio Jaramillo se quedó en su cargo de viceministro pero dimitió unos meses más tarde, cuando el presidente Uribe hizo pública su aspiración a un tercer periodo presidencial. Jaramillo, hasta ese momento gran admirador de Uribe, publicó su carta de renuncia en la que afirmaba que esa pretensión era un acto despótico que cambiaba las reglas de juego porque iba en contra de los principios republicanos y la tradición democrática del país.

Jaramillo volvió a ver a Santos en el 2010 cuando, ya como presidente electo, este lo citó en la sede de su campaña, al norte de Bogotá. La reunión no duró más de media hora. Se saludaron con esa seca amabilidad aristocrática que ambos comparten. Jaramillo encontró al mismo Santos con el que había trabajado en el ministerio: seguro de sí mismo y dueño de ese don de mando que le granjeó la admiración de la fuerza pública y de los civiles como él. Sin mucho preámbulo, el presidente electo le reveló cuáles eran sus intenciones reales como nuevo gobernante.

—Quiero reabrir un canal con la guerrilla de las Farc con el propósito de explorar la posibilidad de hacer un acuerdo de paz que acabe con la guerra —le dijo con mucho aplomo.

Pese a que esperaba oír que de nuevo lo acompañara a continuar en la guerra, a Jaramillo no le sorprendió la propuesta del presidente electo. Sergio se recompuso y recurriendo a sus habilidades de filósofo le fue fácil comprender por qué un hombre que había hecho de la guerra contra las Farc su más grande bandera, quería ahora abrir unas negociaciones de paz. La respuesta era tan obvia que Jaramillo ni siquiera se lo preguntó. Cuando se despidieron, Sergio ya masticaba la respuesta: la guerra la podía librar cualquier presidente colombiano, pero la paz, la "tan ansiada paz", solo la podía lograr un hombre del establecimiento como él. Persistir en ella, como lo prometió en su campaña, podría reportarle nuevas medallas, pero terminar la guerra lo llevaría a la gloria.

En el empalme entre las administraciones saliente y entrante, el presidente Santos recibió al alto comisionado de paz del gobierno Uribe, Frank Pearl, un economista egresado de la prestigiosa Universidad de los Andes, hijo de inmigrantes canadienses cuyo padre había llegado al país en los años cincuenta en busca de una nueva vida.

Pearl reemplazó, en marzo del 2009, a Luis Carlos Restrepo quien renunció para asumir la presidencia del nuevo Partido de la U, la colectividad que aglutinaba a la fuerza uribista. Dos años después, en el 2012, la Fiscalía le abrió a Restrepo una investigación por haber organizado la falsa desmovilización de un supuesto bloque de las Farc. La Fiscalía lo citó para una audiencia de imputación de cargos pero el excomisionado no se presentó. Pocos días después los medios informaron que Restrepo había salido un mes antes del país. Hoy es prófugo de la justicia.

Cuando Frank Pearl llegó a su nuevo cargo no encontró rastro alguno de la gestión de su antecesor: en su oficina no quedaban documentos ni hojas de ruta que dieran testimonio de las políticas de paz adelantadas bajo su mandato. Era llegar a un lugar al que no se le podía revisar su pasado ni, por lo tanto, servirse de su experiencia. Frank ni siquiera pudo encontrar información sobre los desmovilizados del paramilitarismo, derivados del acuerdo de paz sostenido con esos grupos que su antecesor había liderado en el 2006. Todos los fólderes estaban pulcramente vacíos. Producto de ese acuerdo, dieciocho mil paramilitares rasos se desmovilizaron y se les ofreció a los jefes de esas organizaciones, responsables de delitos de lesa humanidad, reducir su condena de sesenta a ocho años de prisión a cambio de que confesaran uno solo de sus crímenes ante unos tribunales especiales, creados para recibir las versiones de los paramilitares que se acogían a lo pactado.

Aunque fue un acuerdo de paz muy cuestionado, que no pasó por ninguna refrendación popular y privilegiaba una alta dosis de justicia sobre una reducida dosis de verdad y de reparación a las víctimas, la realidad es que produjo una importante reducción en los índices de homicidio, así muchas de sus estructuras no se hubieran desmovilizado integralmente.

A ciegas, Frank decidió ir recomponiendo poco a poco la huella de su antecesor. Con la anuencia del presidente Uribe, decidió revivir la negociación con el ELN, una guerrilla procastrista, inspirada en la Teología de la Liberación con la que su antecesor había adelantado diálogos de manera infructuosa desde el 2004 hasta el 2006. Su primer paso en esa dirección fue darle estatus de facilitador a Juan Carlos Cuéllar, un guerrillero del ELN preso en una cárcel de Bogotá.

De igual manera se puso en la tarea de abrir de nuevo un canal secreto con las Farc, como en su momento lo hizo su antecesor, Luis Carlos Restrepo. Era conocida una relación epistolar secreta mantenida por él con las Farc con el propósito de explorar la posibilidad de un acuerdo humanitario para intercambiar guerrilleros presos por los políticos y militares secuestrados por las Farc.

Lo original de este nuevo intento era que, por primera vez, el gobierno de Uribe decidía reabrir un canal secreto con las Farc, no con el objetivo de firmar un acuerdo humanitario, sino para buscar el fin del conflicto.

Frank Pearl contó desde el inicio con el aval del propio presidente Uribe, quien le dio carta blanca para hacer todo lo que estuviera a su alcance en esa dirección. Como Pearl no tenía la historia de los contactos hechos por su antecesor para abrir el canal con las Farc, decidió hablar con los noruegos, país que acompañó el infructuoso proceso de paz con el ELN en La Habana. Dag Nylander, uno de los miembros del equipo noruego que estuvo en la isla, fue el primero que le habló de Henry Acosta, el empresario experto en cooperativismo, de voz asertiva y de humanidad generosa que habla sin tapujos, el enlace secreto de Luis Carlos Restrepo con Pablo Catatumbo, como se dijo.

En una ocasión en que iba por carretera hacia el pueblo de Barragán, situado en la intrincada Cordillera Occidental —una de las tres cordilleras que atraviesan Colombia—, a la altura de Santa Isabel se encontró con uno de los retenes que las Farc tenían la costumbre de hacer a la entrada de las montañas que ellos controlaban. Lo bajaron de su carro y lo llevaron a un lugar en el que, por la cantidad de hombres armados, era evidente que muy cerca debía estar algún comandante de las Farc. De pronto, un fornido guerrillero de buenos modales con pelo negro crespo y gafas, fuertemente custodiado, se le acercó y se presentó:

—¿Cómo está, compañero? Mi nombre es Pablo Catatumbo.

Henry de inmediato supo de quién se trataba: Catatumbo era el comandante de uno de los siete bloques de las Farc: el Bloque Occidental ejercía control sobre cuatro departamentos, el norte del Valle del Cauca, Chocó, Antioquia y Córdoba y su comandante tenía a su cargo cerca de mil hombres. Para nadie era un secreto que en esa región de Barragán no se movía una hoja sin que Pablo Catatumbo lo supiera.

El comandante le preguntó qué lo traía por esos lares y él le respondió que estaba en busca de proyectos productivos para los campesinos de la región. Empezaron a hablar y a intercambiar sus visiones sobre el país. Al jefe guerrillero le pareció valioso ese contacto y le permitió a Henry seguir subiendo para que desarrollara los proyectos productivos.

Esta relación personal entre Acosta y el jefe guerrillero volvió a salir a flote a raíz del secuestro de los doce diputados de la Asamblea del Valle que hicieron las Farc el 11 de abril del 2002, operativo perpetrado por una columna de las Farc perteneciente al Bloque Occidental. Con ese secuestro las Farc buscaban seguir presionando al gobierno de Uribe para que hiciera un acuerdo humanitario y se intercambiaran los militares y políticos secuestrados por los guerrilleros presos. Acosta, al ver que uno de los secuestrados era su amigo Carlos Barragán, llamó a su hijo para decirle que él podía ayudar a mediar con las Farc para su liberación porque conocía al comandante del Bloque Occidental.

De inmediato se concertó una reunión en Cali del hijo del secuestrado con Henry Acosta, que contó además con la presencia del entonces alto comisionado de paz del presidente Álvaro Uribe, Luis Carlos Restrepo. De ese encuentro surgió la idea de que Henry Acosta podía servir para abrir un canal secreto entre el comisionado Restrepo y las Farc para explorar la viabilidad de un acuerdo humanitario que permitiera la liberación de los secuestrados.

Cuando Frank llegó al cargo de alto comisionado, la posibilidad de un acuerdo con el ELN era tan remota como el acuerdo humanitario con las Farc, sobre todo luego de que en 2007 las Farc anunciaran la muerte de trece de los catorce diputados secuestrados. Según lo establecido por la Fiscalía, al darse cuenta de que un grupo de paramilitares intentaba liberarlos habrían sido ejecutados por las propias Farc. Su muerte produjo una profunda reacción en el país y gente de todas las corrientes políticas se volcó a las calles enardecida contra las Farc. La posibilidad de un acuerdo humanitario políticamente ya no era viable.

No obstante, bajo la batuta del presidente Uribe, Frank Pearl decidió reactivar a Henry Acosta en su papel de facilitador y reabrir el canal con la guerrilla del ELN y con las Farc.

El intercambio epistolar fue tan fructífero que al cabo de unos meses se había avanzado más de lo que él mismo esperaba: se acordó que Brasil iba a ser el país en el que se haría la primera reunión y entre las partes se determinaron las coordenadas de tres puntos específicos donde se podría llevar a cabo la reunión.

Viendo que las cosas avanzaban, Frank Pearl decidió escribirles a las Farc una nueva carta en la que proponía el inicio formal de unos diálogos secretos con el propósito de ponerle fin al conflicto. El alto comisionado duró varias semanas esperando respuesta del presidente hasta que finalmente Uribe autorizó que la carta fuera firmada por el mismo Frank Pearl.

El intercambio epistolar era producto de una sofisticada red oculta de correos humanos que ni siquiera Henry Acosta conocía. Cada vez que Henry tenía que entregar una carta a las Farc, cogía su carro y, en compañía de su esposa Julieta, trazaba su rumbo en dirección a la montaña hasta llegar a la población de Barragán. Allá entregaba la carta a un correo de las Farc y se devolvía de inmediato para Cali. La carta era llevada a través de correos humanos a Pablo Catatumbo, quien estaba en el mismo campamento en el que se encontraba el jefe máximo de las Farc, Alfonso Cano.

Los comandantes de las Farc estudiaban la misiva y cuando tenían redactada su respuesta, un correo humano contactaba a Henry para que subiera de nuevo a Barragán, o a donde éste le hubiese indicado, a recoger la carta. A veces Henry lograba hablar personalmente con Pablo Catatumbo, y a veces hacía la entrega a un tercero.

La carta firmada por Frank Pearl le llegó a Pablo Catatumbo el 10 de marzo de 2010, unas semanas después de producirse la noticia de la Corte Constitucional descartando la posibilidad de la segunda reelección de Uribe. La novedad forzó a Uribe a escoger un candidato que empuñara sus banderas y al poco tiempo fue elegido Juan Manuel Santos[2].

La respuesta de las Farc se conoció el 7 de abril, a tan solo un mes de las elecciones presidenciales.

Una copia de la respuesta de las Farc a Frank Pearl fue filtrada a los medios por Iván Márquez, miembro del Secretariado de las Farc, a espaldas de Pablo Catatumbo y del propio jefe máximo Alfonso Cano, un día antes de que llegara a manos del comisionado de paz. Esa filtración causó malestar en Frank Pearl ya que las partes habían acordado que los intercambios epistolares debían darse en el marco de una total confidencialidad. La carta pasó inadvertida y la noticia se refundió en medio de la campaña electoral.

Cuando Juan Manuel Santos fue electo, una de las primeras personas que recibió fue a Frank Pearl, quien iba a hacer el empalme entre los gobiernos saliente y entrante. En esa oportunidad Frank puso al presidente electo al tanto de todos los avances con las Farc y con el ELN. Días antes de que fuera a posesionarse, Juan Manuel Santos lo llamó para decirle que le interesaba retomar esas exploraciones y que quería que lo acompañara en este nuevo reto.

Frank llegó a la casa privada a las cuatro en punto un tanto atribulado por los ejercicios hipotéticos que llevaba días haciendo en su cabeza, bajo la total certeza y tranquilidad de que el Sí ganaría el plebiscito.

—¿Y si perdemos el plebiscito? —le preguntó de sopetón a Humberto de La Calle, el jefe de la delegación del Gobierno en

2 Uribe fue elegido presidente para el cuatrienio 2002-2006, pero antes de terminar su periodo, en una polémica jugada política, logró que su bancada presentara una reforma a la Constitución que reviviera la reelección inmediata, prohibida en Colombia hasta ese momento. Fue reelecto en las presidenciales del 2006 y en el 2008 quiso volver a postularse para el periodo 2010-2014, pero en esa oportunidad la Corte Constitucional no se lo permitió.

la mesa de La Habana durante los cuatro años de negociaciones públicas.

La pregunta que le hizo Frank Pearl no sorprendió a De La Calle en lo más mínimo. De hecho, él mismo se la había planteado no porque pensara que iban a perder el plebiscito sino como producto de un ejercicio retórico dejado por sus años de poeta nadaísta. De La Calle le respondió con una franqueza que tomó por sorpresa a Frank:

—Pues, maestro… que a los primeros que nos toca renunciar es a nosotros.

Humberto de La Calle, el hombre clave en los cuatro años de conversaciones oficiales en La Habana, era un político sagaz y grandilocuente que a diferencia de Jaramillo provenía de una familia de clase media de la zona cafetera, donde curiosamente también habían nacido Tirofijo, fundador de las Farc, y Timochenko, en ese momento su jefe máximo. De La Calle llegó al equipo negociador en el 2012 cuando se abrieron las negociaciones públicas en La Habana en medio de una gran incredulidad. Santos sabía que para esta etapa necesitaba de un político que supiera navegar en aguas en las que el talante rígido de Sergio Jaramillo no era el más adecuado. De La Calle era un hombre de mucho kilometraje en materia política. A sus 64 años había ocupado los más altos cargos del Estado pero se había retirado de la política decepcionado de ella, luego de haber sido ministro de varios gobiernos liberales y vicepresidente de Ernesto Samper, cargo al que renunció tras darse a conocer la financiación de la campaña presidencial con dineros del cartel de Cali.

Santos lo sacó de su cómoda oficina de exitoso abogado —trabajo que compaginaba con el de comentarista político en una cadena radial—, para que comandara la delegación de La Habana en la fase pública, por insinuación de su hermano Enrique, quien creía que esa nueva etapa requería de un hombre público que no solo tuviera reconocimiento en la opinión sino ante los ojos de las Farc. Nombrar como vocero de la mesa a un exvicepresidente era un mensaje que Santos les enviaba a las Farc para demostrar su voluntad de paz.

De todos los plenipotenciarios —ese era el rimbombante nombre que se le había dado a los negociadores del gobierno en La Habana—, De La Calle era el único que conocía a los jefes de las Farc. Siendo ministro de Gobierno de César Gaviria tuvo que estar al frente de las negociaciones que, de manera infructuosa, se adelantaron a comienzos de los noventa. A lo mejor, porque los conocía y sabía de sus resabios, entró al proceso con cierto pesimismo. No creía que las Farc estuvieran dispuestas a dejar las armas ni su vida ilegal.

Sin embargo, a medida que el proceso conseguía ciertos avances, su pesimismo iba mermando en tanto que su figura pública renacía como el ave fénix. En la mesa de negociaciones Humberto de La Calle se convirtió en un buen complemento de Sergio Jaramillo y entre los dos diseñaron un mecanismo de negociación lento pero exitoso que, para junio del 2014, había logrado avanzar en tres de los seis puntos de la agenda. La metodología impuesta por Sergio Jaramillo consistía en negociar los puntos a través de la discusión sobre documentos presentados por las partes. Lo que se iba pactando era escrito de común acuerdo —cada coma y cada adjetivo— en un computador que tenía Elena Ambrossi, asesora de Jaramillo. El alto comisionado se había convertido en el hombre inflexible de la mesa y Humberto de La Calle en el que entraba a limar asperezas y a buscar consensos. Los jefes de las Farc, a quienes entrevisté en mis viajes a La Habana, definían a esta pareja tan dispareja con esta frase: "mientras Sergio es el policía de la mesa, Humberto es un señor".

Humberto de La Calle, con su verbo exaltado y preciso, cumplió una importante labor a lo largo de la campaña del plebiscito y le salió al paso a una oposición cada día más envalentonada, liderada por Uribe, que no quería ver a estos guerrilleros vestidos de civil arengando en el Congreso, sino en las cárceles o dados de baja por la fuerza pública.

Capítulo 5

Fase secreta

Los primeros contactos con las Farc fueron epistolares y se dieron en el segundo semestre del 2010, de manera ultrasecreta, luego de que el presidente anunciara en su discurso de posesión que él tenía la llave de la paz y que estaba dispuesto a reconocer que en el país había un conflicto. Por instrucciones del presidente, Sergio Jaramillo diseñó un intercambio epistolar distinto del que se había dado en el gobierno anterior. En lugar de que fuera un cruce de cartas entre el alto comisionado y las Farc, esta vez Henry, como facilitador, escribía las cartas que iban dirigidas a Pablo Catatumbo.

El sistema de correo establecido entre el comandante y Acosta tenía ya unos protocolos más precisos: Henry se internaba en la montaña hasta llegar a un sitio predeterminado y le entregaba la carta a un correo humano que se la hacía llegar a Pablo Catatumbo. Sin necesidad de decirlo, era claro que las Farc sabían que detrás de cada carta que Henry le enviaba a Catatumbo estaba el presidente y que detrás de cada carta que Catatumbo le enviaba a Henry estaba el jefe máximo de las Farc, Alfonso Cano. Para escribir las cartas, Henry tenía que venir a Bogotá a reunirse de manera sigilosa con Sergio Jaramillo en diferentes cuartos de hotel por el barrio Rosales de Bogotá y redactarlas luego de haber discutido su contenido con el presidente. Este sistema de comunicación permitió acordar las primeras bases del proceso y propició el inicio, a comienzos del 2011, de la fase exploratoria donde, por primera vez, las Farc y el Gobierno se vieron las caras.

La primera de estas reuniones exploratorias se llevó a cabo el 20 de marzo del 2011 en Río de Oro, en la frontera con Venezuela, y a ella asistieron Jaime Avendaño y Alejandro Éder. El primero era un hombre curtido en temas de convivencia, reinserción y acciones integrales en zonas de conflicto, que había presenciado los estragos de una guerra que parecía no tener fin. Durante los peores años del conflicto, su trabajo había sido el de negociar con los paramilitares y con la guerrilla de las Farc para que dejaran salir a la población civil luego de las decenas de masacres que se hicieron en el campo colombiano a lo largo de la década de los noventa y comienzos del 2000. Más tarde trabajó con guerrilleros y paramilitares desmovilizados y conoció por dentro la degradación que produce la guerra. Avendaño ya no se amilanaba ante la adversidad porque reconocía los alcances de la barbarie. Sergio Jaramillo sabía de él y de su coraje y pensó que sería la persona indicada para iniciar esta fase ultrasecreta con las Farc.

Alejandro Éder era todo lo contrario a Avendaño. Provenía de una de las dinastías azucareras más antiguas del Valle del Cauca y su familia había sido duramente golpeada por las Farc. Su abuelo, Harold Éder, el patriarca de la familia, fue una de las primeras víctimas de las Farc cuando, en 1965, bajo el mando de Tirofijo, esa guerrilla decidió que el secuestro extorsivo de ricos y notables era una manera justa de financiar su lucha armada, una forma de expropiar los bienes de quienes más tenían. La guerrilla estudió muy bien sus desplazamientos y en el momento en que daba un paseo a caballo en compañía de su guardaespaldas y de un amigo suyo por las montañas de Corinto, donde la familia Éder tenía una finca, fueron cercados por los guerrilleros. Cuando el guardaespaldas del DAS vio que iban a secuestrar a su protegido sacó del cinto su arma y hubo un intercambio de disparos que dejó muy mal herido a Harold. El guardaespaldas fue decapitado y los guerrilleros cargaron con Éder malherido, desoyendo el pedido de su amigo para que lo atendieran y no se lo llevaran. Las Farc intentaron cobrar un rescate y le enviaron al padre de Alejandro su anillo, pero la familia nunca accedió. El cuerpo de Harold Éder fue encontrado meses después en una fosa y su asesinato todavía hoy es uno de los tantos que se recuerdan entre la sociedad de Cali.

Aunque Alejandro Éder no había nacido cuando su abuelo fue asesinado por las Farc, creció en medio del temor constante al secuestro; sufrió el secuestro de muchos de sus compañeros de colegio por parte de la guerrilla y no había nada que más repudiara en su vida que a los guerrilleros de las Farc. No obstante, su percepción sobre la complejidad del conflicto fue cambiando cuando entró a trabajar con Frank Pearl en la agencia de desmovilización que se consolidó bajo el mandato de Álvaro Uribe como producto del proceso de paz de ese Gobierno con las estructuras paramilitares. A sus 29 años conoció por primera vez a guerrilleros desmovilizados de las Farc y a combatientes rasos que habían formado parte de los paramilitares y comprendió que no eran más que unos colombianos forzados a entrar en ese circuito de la guerra porque no tenían otra opción. Aunque no podía deshacerse de ese sentimiento de repudio, poco a poco fue comprendiendo la génesis del país que le había tocado vivir. Por eso, cuando Frank Pearl asumió la función de alto comisionado de paz y le contó que quería reabrir un canal secreto con las Farc y el ELN con el propósito de intentar ponerle fin al conflicto, él aceptó el reto. En la cárcel se encontró cara a cara con Juan Carlos Cuéllar, el responsable del secuestro en la iglesia de La María, donde muchos de sus amigos resultaron privados de la libertad por el ELN. E hizo lo propio con miembros de las Farc, los asesinos de su abuelo. Dados los informes de Frank Pearl sobre Alejandro Éder y sus gestiones durante los intentos de negociación con la guerrilla bajo el gobierno Uribe luego de la salida de Luis Carlos Restrepo, el presidente Santos lo nombró director de la Agencia de Desmovilización, además de pedirle que formara parte de su equipo negociador en esta etapa ultrasecreta.

Avendaño y Éder llegaron al campamento de las Farc de Río de Oro después de tres intentos. Luego de tomar un avión comercial con destino a la ciudad de Cúcuta, fronteriza con Venezuela, tratando de pasar desapercibidos, fueron recibidos por dos miembros de la inteligencia colombiana que los montaron en una camioneta y los llevaron a San Antonio del Táchira, una población venezolana que queda a escasos veinte minutos de Cúcuta. Según las instrucciones, en ese lugar tenían que tomar una avioneta que los dejaría en una pista cercana a la frontera con Colombia. Una vez allí, una camioneta los llevaría al campamento de las Farc. Tres veces intentaron despegar pero el mal tiempo se interpuso. Al cuarto intento, cuando ya pensaban que sería imposible llegar a ese campamento, lo lograron. A su llegada, Avendaño y Éder fueron inmediatamente rodeados por guerrilleros armados hasta los dientes, que los miraban con la misma desconfianza y repudio que los representantes del Gobierno sentían por ellos.

Así, en un ambiente tenso y pesado, se dio la primera reunión en la que, por parte de las Farc, estuvieron presentes Andrés París y Granda, dos guerrilleros dedicados más al frente político que al militar. Granda había sido liberado por el propio Álvaro Uribe Vélez, siendo presidente, como demostración de su voluntad para negociar un acuerdo humanitario con las Farc que permitiera la liberación de los secuestrados, entre los cuales estaban varios congresistas y la candidata presidencial Íngrid Betancourt.

El secuestro de esta candidata presidencial conmovió al mundo por cuenta de unas fotos en las que aparecía en una situación realmente inhumana. Y el Gobierno que más presionaba su liberación era el francés, ya que Íngrid tenía también la ciudadanía francesa (la doble nacionalidad está permitida en Colombia). El presidente Sarkozy, decidido a buscar fórmulas para liberar a Íngrid, llamó al presidente Uribe y le planteó que si soltaba a un grupo de guerrilleros presos en las cárceles colombianas, las Farc liberarían a Íngrid Betancourt. El presidente Uribe aceptó sin titubear la propuesta del presidente francés. Al otro día impartió instrucciones a sus comisionados Frank Pearl y a Luis Carlos Restrepo, encargado de las negociaciones con los paramilitares, de liberar sin ninguna contraprestación a cuatrocientos cincuenta guerrilleros encarcelados por el delito de rebelión. Granda era uno de ellos. Su liberación tuvo resonancia mediática porque se presentó bajo la película de que se iba a convertir en gestor de paz, función que se negó a aceptar. La liberación de Íngrid nunca se produjo y, por un tiempo, Granda tuvo que refugiarse en un edificio de la Conferencia Episcopal hasta que logró escabullírseles a los organismos de inteligencia, que presumían estaba en Venezuela. Volvieron a saber de él en estas selvas profundas de la frontera entre Venezuela y Colombia.

El otro guerrillero era Andrés París, un hombre de baja estatura, con apariencia de profesor de escuela, que los colombianos conocimos durante el proceso de paz de El Caguán como uno de los voceros políticos de las Farc. A diferencia de Granda, que era un cuadro político de envergadura, París formaba parte de esa nomenclatura formada en las Farc: se había casado con Olga, la hija de Raúl Reyes, con lo cual adquirió cierto poder e influencia. París era un comunista ortodoxo que representaba la tendencia más radical dentro de las Farc.

El objetivo de esa reunión era determinar cuáles podrían ser los países garantes, dónde se llevarían a cabo los diálogos y cómo se trasladarían los guerrilleros hasta ese potencial destino. A pesar de la desconfianza mutua y de una tensión infinita, los emisarios del Gobierno se devolvieron con buenas noticias: acordaron que los países garantes serían Cuba y Noruega, que el país para los diálogos fuera Cuba y que la Cruz Roja Internacional se encargaría de la salida de los guerrilleros.

La segunda reunión fue en La Orchila, una isla venezolana que alberga un campamento militar y una base aeronaval. En esa reunión se informó a Avendaño y a Éder que los emisarios de las Farc para la fase exploratoria serían Rodrigo Granda y el comandante del Bloque Oriental, Mauricio Jaramillo, lo que a Avendaño y Éder les pareció una buena señal. En esa oportunidad las Farc volvieron a insistir en que la Cruz Roja Internacional no era garantía suficiente para la seguridad de sus traslados y por ello requerían que Venezuela, país en el que sí confiaban, fuera el tercer país garante, propuesta que fue rechazada por los emisarios del Gobierno, ambos debidamente instruidos por Sergio Jaramillo en el sentido de que esa era una de las líneas rojas que no se podían traspasar. Las Farc querían que las negociaciones tuvieran lugar en territorio venezolano y el presidente Santos ya tenía pensado que Cuba fuera el país huésped. Para Jaramillo, en Cuba el ambiente de confidencialidad y aislamiento era muy propicio mientras que en Venezuela la negociación podría estar sujeta a los vaivenes de su difícil situación interna.

Finalmente se llegó a la solución intermedia de declarar a Venezuela como país acompañante junto a Chile. De todas formas se aceptó que los viajes de los guerrilleros los haría la Cruz Roja pero saliendo por territorio venezolano para desde ahí tomar aviones de la fuerza aérea venezolana hacia Cuba, país que las partes finalmente acordaron como el lugar donde se iniciarían los diálogos secretos.

La tercera reunión fue en una finca ubicada en Barinas, Venezuela, a la que asistieron los países garantes, Cuba y Noruega. Como las anteriores, esa reunión se hizo en medio de una gran tensión porque dos semanas antes había muerto en una operación militar el máximo comandante de las Farc, Alfonso Cano.

El impacto de esa muerte lo sintieron Éder y Avendaño tan pronto llegaron a la cita. No fueron saludados por Granda ni por París, quienes por primera vez abandonaron sus formas protocolarias. Sin embargo, el hecho de que hubieran asistido era para los emisarios del Gobierno una muestra suficiente de que las Farc estaban decididas a seguir con los diálogos exploratorios. Para sorpresa de los delegados del Gobierno, en esta cita se pudieron finiquitar todos los temas logísticos y las dos partes se despidieron con el compromiso de verse el 23 de febrero en La Habana para comenzar la fase secreta de negociaciones, la cual duraría cerca de ocho meses.

El sanedrín

Desde que se iniciaron los contactos epistolares con las Farc, el presidente Santos integró un sanedrín de expertos que funcionó bajo la coordinación de Sergio Jaramillo. La idea la había empezado a madurar Sergio luego de una corta conversación con Jonathan Powell, el jefe negociador del primer ministro Tony Blair, arquitecto del acuerdo del "viernes negro", y que acabó con la guerra en Irlanda del Norte. Powell había venido a Colombia primero en julio y luego en agosto del 2010 enviado por Tony Blair para ayudar a la reforma de la presidencia que Juan Manuel Santos quería llevar a cabo.

En su segundo viaje, Sergio le contó que por su propia iniciativa había una posibilidad de una negociación con las Farc en ciernes y de la necesidad que tenía de estructurar una estrategia de paz que fuera exitosa. A Powell le gustó la idea que se cristalizó en visita oficial que el presidente hizo a Londres, en noviembre del 2011. Jaramillo se las ingenió para organizar una reunión secreta en una casa de Mayfair a la que no solo asistió Jonathan Powell. También estaba el excomandante del Frente Farabundo Martí para la Liberación Nacional (FMNL) del Salvador, Joaquín Villalobos, a quien Sergio había conocido en el 2001 en una reunión llevada a cabo en la embajada de Francia sobre procesos de paz bajo el gobierno de Andrés Pastrana. Santos lo conoció en la terraza del hotel donde se hospedaba en Mérida (México), ciudad a la que había ido invitado por la Sociedad Interamericana de Prensa (SIP) a una de sus reuniones anuales. Como Jaramillo sabía que Villalobos estaba en el D. F., lo llamó y le propuso que hablara con el presidente Santos. Villalobos conocía de cerca el conflicto colombiano: en tiempos de Pastrana fue asesor del Ejército y luego mantuvo una fluida comunicación con Sergio Jaramillo cuando se desempeñaba como viceministro de Defensa bajo el gobierno Uribe. Villalobos no dudó en acudir a la cita con el presidente Santos en Mérida.

"Ya que nos ayudó a la guerra, ahora ayúdenos a la paz", fueron las palabras del presidente para convencerlo de unirse a ese sanedrín de expertos.

A la asamblea de la SIP en Mérida, Juan Manuel Santos fue invitado por su hermano Enrique, en ese entonces vicepresidente de la Sociedad. La noche antes de la reunión Enrique le advirtió a su hermano que gran parte de los miembros estaban "cargados de tigre" por sus acercamientos con Hugo Chávez y le advirtió que se preparara para contestar preguntas duras una vez hiciera su intervención en el evento. En efecto, no había terminado su alocución, cuando lo interrumpió Danilo Arbilla, del Uruguay, para cuestionarlo por sus relaciones con Chávez. Santos tuvo la habilidad de responder refiriéndose al mandatario venezolano "como su nuevo mejor amigo", lo que causó risas y distendió el ambiente. Sin embargo, el malestar de la oposición venezolana y muchos periodistas anti-chavistas ya se sentía. Meses más tarde, cuando se supo de los diálogos de La Habana esta frase cobró vigencia y fue la causante de que se le diera a Santos el remoquete de "castrochavista".

El otro experto que Santos reclutó para su sanedrín fue Dudley Ankerson, un irlandés experto en inteligencia que en el 2007 ayudó a Jaramillo en temas de anticorrupción. A ese grupo el mismo presidente propuso el nombre de un viejo amigo suyo, Shlomo Ben Ami, un historiador, político y diplomático israelí a quien conoció en el Centro Internacional de Toledo por la Paz (CIT) en España.

Durante los ocho meses que duró la fase secreta, este grupo de expertos prestó, de manera silenciosa, un servicio invaluable al presidente y al alto comisionado de paz. A ninguno de ellos se les pagó por sus servicios y el Gobierno solo asumió los costos de los tiquetes de avión y de los hoteles. Las reuniones se hacían mensualmente en Bogotá o en Cartagena, en medio de un sigilo especial que Sergio Jaramillo se encargó siempre de hacer cumplir al pie de la letra. Todos tenían las indicaciones de no escribir nada en sus redes sociales ni de comentar las reuniones por su celular.

El equipo de negociadores se entrenó con estos expertos durante cerca de un año en extensas jornadas de trabajo a las que con frecuencia asistía el presidente Santos. Además de Sergio Jaramillo, en esas sesiones estuvieron presentes Alejandro Éder, Frank Pearl y Enrique Santos Calderón. El presidente decidió vincular a su hermano cada vez más a las negociaciones por concejo de Jonathan Powell, quien le sugirió que, además de Jaramillo y de Pearl, necesitaba en la delegación de la fase secreta alguien de su entera confianza que tuviera una ascendencia en las Farc. Su hermano Enrique había nadado en esas aguas de la izquierda y era respetado por las Farc, de manera que cumplía a la perfección con esas dos condiciones. Enrique aceptó el reto y se integró sin reservas a las agotadoras jornadas en las que expertos y negociadores fueron sometidos a toda suerte de escenarios hipotéticos con el propósito de que afinaran su capacidad de negociación ante cualquier salida de las Farc.

Cuando en el 2012 se dio inició a la fase secreta en La Habana, Villalobos fue optimista al saber que un comandante guerrillero como Mauricio Jaramillo, alias el Médico —a quien la guerrillerada despidió con lágrimas en los ojos, como si estuviera emprendiendo un viaje sin retorno— había aceptado abordar, sin dudarlo, el helicóptero de la Cruz Roja Internacional que lo llevaría de las selvas del Caquetá a Venezuela, quedando bajo la jurisdicción del Estado colombiano y escoltado por Avendaño y el coronel Buitrago, miembro de la inteligencia de la Policía. Para un exguerrillero como Villalobos, que había tenido a su mando diez mil hombres, estas concesiones operativas de la guerrilla, tan aparentemente lógicas, eran muy buenas señales. Villalobos fue parte de la comisión negociadora que logró firmar la paz en El Salvador, pero solo en la recta final aceptó montarse en un helicóptero del Gobierno y desde luego nunca fue sacado de su territorio de la mano de funcionarios del Estado y coroneles de la Policía, mucho menos al inicio del proceso, cuando la confianza entre las partes es mucho más frágil. Si las Farc aceptaban estas condiciones logísticas al comienzo del proceso la posibilidad de que pudiera llegar a buen puerto era muy alta.

Una de las reuniones críticas se llevó a cabo en febrero del 2011, en una casa que le prestaron a Sergio ubicada en la zona de Peñalisa, en Girardot, a unas tres horas de Bogotá. Se encerraron tres días y tres noches a pensar en cómo podía ser la agenda de trabajo con las Farc y cuáles eran los puntos que se debían abordar. Además de los expertos extranjeros, a esa reunión fue Bill Ury, profesor de Harvard, heredero del experto en negociaciones Roger Fisher. Ury desarrolló una estrategia de negociación basada en el ciclo del duelo, una tesis de psicología que él había aplicado a las negociaciones de paz con guerrillas. Según Ury, era muy posible que las Farc experimentaran a lo largo de la negociación el ciclo del duelo, que incluye cinco etapas: la negación —aquí no pasó nada—; la ira —por qué pasó lo que me pasó—; la negociación —qué hago para que no me vuelva a pasar—; y, por último, la aceptación y la resignación —finalmente ya sé lo que me sucedió—. Con el propósito de que los negociadores se pudieran poner en los zapatos de la guerrilla, Ury les preguntó por qué estaban en ese recinto, preparándose para una eventual negociación de paz. Algunos, de manera muy sincera, contestaron que querían derrotar a las Farc sin exterminarlas. Sin embargo, fue la respuesta de Alejandro Éder la que más impresionó a todos por su franqueza. Dijo que desarmar a las Farc era para él la forma de vengarse de todo lo que le habían hecho a su familia.

Después de introspección tan dolorosa, Ury les pidió que escribieran el discurso que, según cada cual, podría pronunciar el jefe de las Farc a sus huestes el día que tuviera que presentarles un acuerdo de paz, no sin antes recordarles a los asistentes que, para negociar con un grupo alzado en armas, hay que entender primero cuál era su identidad y sobre qué ejes funcionaba su dignidad.

Una vez concretaron cuáles debían ser los puntos de la agenda, le presentaron el resultado de su trabajo al presidente en una larga reunión sostenida un fin de semana, en medio del mayor secreto, en la finca presidencial de Hatogrande, en la sabana de Bogotá. El presidente oyó la propuesta sin decir nada. La exposición corrió a cargo de Jonathan Powell, quien por su capacidad de síntesis y por la velocidad con que elaboraba siempre las cosas, pronto se convirtió no solo en el jefe del sanedrín sino en una de las pocas personas a las que Santos escuchaba con atención.

Powell explicó cuáles eran los criterios principales y los puntos sobre los que se había construido esa agenda. La agenda tenía la terminación del conflicto como principio rector. Es decir, que si llegaban a sentarse a negociar un acuerdo con las Farc, éstas tendrían que desarmarse. En ese tema Joaquín Villalobos siempre hizo gran énfasis y fue él quien más insistió para incluir en la agenda un punto que dijera, explícitamente, que las Farc debían dejar las armas.

La segunda reunión se llevó a cabo en abril de 2012, en Cartagena, cuando ya se habían realizado las primeras dos reuniones exploratorias en Venezuela, y sirvió para afinar aún más la agenda. Esa reunión, en la que también participó el presidente de la República, duraría cerca de tres agotadores días con sus noches. En esa exposición los expertos también llegaron a la conclusión de que esta agenda no debía ser solo para acabar con la guerra de las Farc, sino que debía ir más allá e incluir una narrativa de lo que significaba el fin de la guerra: es decir, que tenía que plantear la necesidad de ampliar la participación política y de impulsar reformas sociales que condujeran a mitigar la desigualdad social entre el campo y la ciudad que, según el coeficiente de Gini, es de las más altas del mundo.

Teniendo en cuenta que la lucha de las Farc siempre había tenido una identidad con el tema del acceso a la tierra, se incluyó como primer punto el tema agrario y se presentó no como una concesión a las Farc sino como la oportunidad para que el Estado acometiera una serie de reformas que modernizaran el campo y así no solo pagar la deuda con el olvidado campo colombiano sino allanar la diferencia entre la Colombia urbana y la Colombia rural. Por lo sensible de este tema entre los poderosos terratenientes, se dejó claro que las reformas que se acordaran no podían cambiar el modelo de desarrollo, el cual nunca sería objeto de negociaciones.

Si el objetivo de esta agenda era terminar el conflicto, su eje central tenía que ser el derecho de las víctimas a ser reparadas y garantizar la no repetición de la violencia. Teniendo en cuenta que las Farc desconocían al Estado y a la justicia, la propuesta era crear tribunales de justicia transicional y una comisión de la verdad que cumplieran con los requisitos establecidos en el Estatuto de Roma, del cual Colombia era signatario. Por último, se acordó que la agenda debía tener un punto sobre drogas ilícitas. Si se quería el fin del conflicto este tema era obligatorio dado que las Farc habían financiado la guerra con el dinero de las drogas.

La agenda debería dividirse en tres fases: la exploratoria, que ya se estaba llevando a cabo con las reuniones iniciales en las que se habían pactado los nombres de los países garantes y temas logísticos; la fase secreta, en la que se deberían acordar las bases para iniciar la negociación, y por último, una fase de negociaciones públicas, en la que se discutiría cada punto acordado con el objetivo de terminar el conflicto.

Luego de tres días de intenso trabajo, en los que el presidente estuvo siempre al frente de las discusiones, quedó lista la agenda con lo cual el mandatario le dio la luz verde a Sergio Jaramillo para iniciar la fase secreta de negociaciones con las Farc en La Habana.

El 23 de febrero de 2011, es decir, ocho meses después de que Santos prometiera abrir la llave de la paz, una delegación liderada por Sergio Jaramillo aterrizó por primera vez en La Habana. Con él iban Frank Pearl, Avendaño, Éder y Enrique Santos. Era un febrero especialmente caliente en la isla. En una caravana de Mercedes negros que los recogió en el aeropuerto llegaron a una casa de protocolo en El Laguito, reservada por el gobierno cubano para recibir a las personalidades que los visitan. Al llegar a la casa les informaron que los noruegos querían hacer una reunión previa para que las delegaciones se conocieran y comer un exquisito salmón. A las ocho de la noche, en la residencia del embajador noruego, se vieron las caras por primera vez con los miembros de las Farc. Allí los esperaban los tres que habían sido trasladados desde Colombia en un operativo endemoniado a cargo del CICR, el gobierno venezolano y el gobierno colombiano. En representación de la guerrilla se encontraban Andrés París, quien venía de estar en las reuniones exploratorias, Rodrigo Granda y el comandante del Bloque Oriental, Mauricio Jaramillo, un hombre de nariz protuberante y de mirada inquisitiva al que llamaban el Médico porque había estudiado medicina y era el responsable de la precaria unidad médica que tenía esa guerrilla.

Ambas delegaciones se saludaron con la misma parquedad y desconfianza. El único que pudo romper el hielo fue Enrique Santos, conocido de Granda y París desde la época de las negociaciones de El Caguán, donde estuvo en un par de ocasiones como periodista. Sergio Jaramillo, sin duda más cauto y silencioso, prefirió la discreción; durante su paso por el viceministerio de Defensa pudo entrevistar a miles de guerrilleros desmovilizados y con base en eso se formó la idea de lo que era esta guerrilla, pero nunca, hasta ahora, había conocido un guerrillero en armas. De todos ellos, quien realmente capturó su atención fue el comandante del Bloque Oriental, Mauricio Jaramillo, tan parco como él. Se saludaron de manera protocolaria y se estrecharon la mano con recelo.

Al otro día las dos delegaciones se reunieron en la mesa del comedor de la Casa de Piedra de El Laguito, en la hermosa ciudad de La Habana. Las partes tomaron sus posiciones como si se tratara de una película ambientada en plena Guerra Fría: de un lado de la mesa, Sergio Jaramillo presidía la delegación del gobierno; a su izquierda Enrique Santos y a su derecha Frank Pearl. Frente a Sergio se sentó el comandante del Bloque Oriental, Mauricio Jaramillo. A su derecha Andrés París y Rodrigo Granda a su izquierda. El primero en tomar la palabra fue Enrique Santos para leer apartes de una larga intervención preparada por él, cuyo contenido había sido acordado con Sergio Jaramillo. Era un documento potente, franco, escrito con el talante de un periodista que conocía bien a las Farc y que en algún momento de su vida llegó a justificar la lucha armada. Les dijo a las Farc que esta era la última oportunidad que tenían para transformar su lucha armada en una lucha política, y que si dejaban pasar este momento, el futuro que les esperaba era el de convertirse en una banda criminal cooptada por el narcotráfico.

Luego le tocó el turno al comandante Mauricio Jaramillo. Con esa manera fuerte que tienen los hombres del campo para hablar, Jaramillo fue mucho más duro que Enrique. Dijo que ellos representaban a un Estado mafioso que había convivido con el paramilitarismo e impuesto, como política, la inequidad social, dándole cabida al pensamiento político guerrerista de Álvaro Uribe.

Cuando terminó su áspero discurso, Sergio Jaramillo y Frank Pearl le pidieron al comandante, algo molestos, que en el futuro dejara a un lado el tema de Uribe, no solo por respeto al expresidente sino porque ellos dos habían trabajado para ese Gobierno.

Los delegados del Gobierno fueron y vinieron mientras que los delegados de las Farc se quedaron en La Habana, al menos así pasaron los primeros ásperos ocho meses de negociación. Las Farc insistían en pedirle cuentas al pasado, en las responsabilidades del Estado, y ellos en la necesidad de armar una agenda para encaminar una eventual negociación. Poco a poco se fueron acercando para construir un derrotero de manera conjunta, con una sinceridad que solo la podía dar la intimidad y la cercanía con la que estaban trabajando en esa pequeña mesa del comedor de la Casa de Piedra. Primero acordaron el punto agrario, luego el de la participación política e incluso el de la justicia y verdad ante las víctimas, pese a que las Farc se negaran a aceptar su condición de victimarios con el argumento, difícil de sostener, de que eran ellos las víctimas de un Estado opresor.

No obstante, toda esta dinámica se frenó en seco el día en que la mesa abordó el punto de la entrega de las armas de las Farc. Ese día solo estaban Sergio Jaramillo y Frank Pearl. El alto comisionado quería que en la agenda se dijera explícitamente que, si se sentaban a conversar públicamente y se lograba firmar un acuerdo de paz, lo primero que tenían que hacer las Farc era entregar sus armas y desmovilizarse. El argumento para convencer a las Farc era que no se podía mezclar la política con las armas porque sería repetir el mismo error cometido con la Unión Patriótica (UP), el partido político creado por las Farc en 1986 producto de los acuerdos de paz de La Uribe. Fueron a elecciones sin que las Farc hubieran depuesto las armas y la UP fue prácticamente exterminada por los paramilitares.

Las Farc no podían aceptar un punto que les exigía entregar las armas antes de la implementación de los acuerdos porque no confiaban en el Gobierno. Pero, sobre todo, la guerrilla consideraba que esta propuesta iba en contra de la dignidad de los combatientes. "Nuestra lucha está ligada a las armas y no somos los únicos que combinamos las formas de lucha", replicaba Mauricio Jaramillo. "El Estado opresor y paramilitar también lo hace. ¿Y ahora resulta que ese Estado es el que nos va a decir que antes de que hagan las reformas nos tenemos que desarmar?". Para las Farc este punto era más que indigno. "Jaramillo llegó ese día a la mesa a exigirnos que nosotros teníamos que entregar las armas, como si fuéramos una guerrilla derrotada", me confesó años después el propio comandante a quien entrevisté pocas semanas antes del plebiscito.

A la guerrilla la palabra *desmovilización* le sonaba a la campaña que el Ejército tenía para desmoralizar a las tropas guerrilleras y que estaba dirigida a conseguir la deserción de los guerrilleros a cambio no solo de unas ayudas sino de información sobre la guerrilla.

—¡Firmamos un acuerdo sobre una agenda que no contenga ese punto de la entrega de armas! —les dijo el Médico en tono exaltado a Frank Pearl y a Sergio Jaramillo—. Pero además, ¿saben qué es la desmovilización para nosotros? Pues la política del Estado que impulsó el gobierno Uribe para intentar socavar a la guerrilla con prebendas… ¿Acaso ustedes nos están pidiendo que nos desmovilicemos?

En alguno de esos momentos álgidos, Granda, que de todos era siempre el más conciliador y el que menos hablaba, dijo que las Farc iban a hacer como la guara.

—¿Qué es la guara? —preguntaron al unísono los comisionados del gobierno.

—Un roedor del Amazonas que suele salir de su cueva a mirar primero si hay algún peligro que lo pueda amenazar. Nosotros vamos a hacer como la guara. Si ustedes cumplen, miramos si entregamos las armas. Si no cumplen, volvemos a lo de siempre.

La discusión llegó a un punto ciego y fue inevitable que las cosas se salieran de madre.

—Este tema de la entrega de armas debe ir en el acuerdo. Si no va, no hay acuerdo y nosotros nos devolvemos mañana para Bogotá porque hasta aquí llegamos, mis queridos señores —les dijo Sergio con esa falsa cortesía que tienen los bogotanos cuando se les acaba la paciencia. No necesitó levantar su voz para que sonara a un contundente ultimátum.

Antes de que Sergio se levantara de la mesa, Mauricio Jaramillo sentenció:

—Todos los muertos que haya en Colombia de ahora en adelante son por cuenta de ustedes —les dijo clavando su mirada sobre la humanidad de quienes ya estaban empezando a empacar sus documentos para irse de la Casa de Piedra.

—Piense lo que quiera —le ripostó Sergio Jaramillo sin perder la compostura—, pero si esto no va, no tenemos nada que hacer y partimos mañana de vuelta a Bogotá.

Tomó su maletín, con un gesto le dio instrucciones a Frank Pearl para que se levantara, y se fueron. Caminaron hasta la casa 25 donde dormían, y aunque quedaba a escasos metros, tenían las camisas empapadas de sudor por cuenta del sol canicular que esa tarde no daba tregua. En el corto camino Sergio se preguntó si había hecho lo correcto o si se había excedido. La frase condenatoria proferida por Mauricio Jaramillo los había tocado. Responsabilizarlos de los muertos que vinieran era un despropósito, pero también sabía que si las conversaciones morían ese día, Colombia se iba a una guerra infernal.

Alejandro Éder y Avendaño, al ver que la mesa se estaba desintegrando, lograron hablar con París y Granda luego de que Jaramillo y Pearl se levantaron de la mesa. Querían intentar que los ánimos se calmaran y a Avendaño le surgió la idea de decirles a los noruegos que propusieran una reunión al día siguiente por la mañana.

Cuando Sergio y Frank salían al aeropuerto les avisaron que los cubanos y los noruegos querían hablar con ellos.

—Les tengo una propuesta para ver cómo salimos de esta —les dijo el facilitador cubano—. Proponemos un punto intermedio: en lugar de que ese punto diga "entrega de armas", se pone "dejación de armas". Y en lugar de la palabra "desmovilización", se pone la palabra "reincorporación".

A Sergio Jaramillo, que conocía mejor que nadie el valor de las palabras, le pareció una propuesta que podían discutir, a condición de que las Farc aprobaran la inclusión de un punto que especificara la obligación de dejar las armas, luego de la firma del acuerdo. Al cabo de un rato entraron Mauricio Jaramillo, Granda y París. Se sentaron enfrente de los delegados de Santos, como siempre lo habían hecho. El comandante del Bloque Central les informó que estaban en la disposición de firmar ese punto pero si se cambiaban esas palabras. El alto comisionado para la paz le respondió que ellos podían aceptar esos cambios.

De pronto, Mauricio Jaramillo se levantó de la mesa y miró a Sergio y le dijo:

—Vamos a firmar este punto de dejación de las armas con estas condiciones: que no vaya a haber fotos de guerrilleros entregando armas porque eso va contra nuestra dignidad; que se cambie la palabra "entrega" por "dejación" de armas y que se diga "reincorporación" en lugar de "desmovilización".

Durante ocho meses estas conversaciones se llevaron a cabo en La Habana de manera secreta, sin que se filtraran. La negociación se cristalizó y las partes se pusieron de acuerdo en una agenda común. Sin embargo, la primicia de que dos enemigos históricos habían logrado ponerse de acuerdo en unos puntos para iniciar unas conversaciones públicas, no la pudo dar el presidente Santos.

Antes de que los negociadores aterrizaran de nuevo en La Habana, la noticia ya había sido revelada por los enemigos del proceso de paz: la oposición uribista. Francisco Santos, primo hermano doble del presidente, que entonces se desempeñaba como director de noticias de RCN Radio y que militaba en las huestes de la oposición liderada por Álvaro Uribe Vélez, reveló la primicia. Francisco Santos tenía en su mano un borrador del acta que, minutos antes, Sergio y su delegación habían firmado con las Farc en La Habana.

Cómo pudo la oposición uribista en Bogotá conocer el texto de lo acordado en La Habana, apenas unas horas después de firmado por los delegados del Gobierno y las Farc, es un misterio que ni el presidente Santos ni Sergio Jaramillo han podido descubrir hasta hoy.

Acompañado por su esposa Ana María Romero, una mujer de ojos verdes y facciones de muñeca, Sergio llegó a la casa privada en momentos en que los reportes de la Registraduría le daban al Sí una leve ventaja sobre el No.

A su entrada se encontró con Luis Guillermo Vélez, el secretario general, quien lo saludó con una cara de funeral que sorprendió al propio comisionado.

—¿Qué tal si perdemos? —le preguntó al rompe a Sergio Jaramillo casi sin saludarlo.

—Calma —le respondió el alto comisionado de paz—, vamos mirando.

Desde el inicio de las negociaciones, Sergio Jaramillo, fiel a su firmeza, se echó en sus hombros el proceso de paz a costa de su vida personal. Durante los ocho meses de la fase secreta en que fue y volvió de La Habana, sobrellevó de manera estoica un drama personal: su hermano Juan Fernando Jaramillo le había contado que padecía de un cáncer cerebral terminal precisamente el día de su nombramiento como alto comisionado. Cuando se iniciaron las negociaciones públicas, en noviembre del 2011, Sergio Jaramillo prácticamente tuvo que cambiar toda su cotidianidad y vivir entre La Habana y Bogotá, motivo por el cual no pudo estar muy cerca de su hermano.

Siempre recordaré ese día de febrero del 2013, en el jardín del Hotel Nacional en La Habana, casi cuatro meses después de iniciados los diálogos, cuando Sergio Jaramillo, siempre tan impenetrable, evasivo y desconfiado con los periodistas, no pudo contener las lágrimas en la mitad de una entrevista. Muy a su pesar me confesó que no la podía hacer porque estaba destruido con la triste noticia que acaba de recibir: a su hermano le quedaban muy pocas semanas de vida.

Capítulo 6

La entrada de Leyva

A eso de las cuatro de la tarde del 29 de julio del 2015, el presidente Santos llegó a su apartamento privado en el exclusivo sector de Rosales. De vez en cuando salía del Palacio de Nariño hacia su residencia particular, donde recibía a algunos funcionarios de confianza para relajarse, tomarse unos tragos y hacer a un lado la rigidez del protocolo.

Sin embargo, el encuentro que estaba a punto de ocurrir no era de carácter privado. El presidente Santos pretendía restablecer relaciones con un viejo amigo, Álvaro Leyva, de quien se había distanciado en los últimos años. A Santos, que es un político pragmático y calculador, nunca le ha costado cambiar de posición cuando eso significa un beneficio para sus intereses.

Un tanto nervioso, fue a su habitación, arregló un poco su atuendo y esperó a que llegaran todos los invitados. Deliberadamente, el presidente invitó a la reunión a su hermano Enrique y al senador por el Polo Democrático, Iván Cepeda, un político de izquierda que, tras bambalinas, venía jugando un papel en el proceso de paz —con el tiempo Cepeda se convertiría en uno de sus tantos *back chanells*—, y quien había establecido una buena relación con Leyva en sus viajes a La Habana.

Ellos dos, junto con Roberto Pombo, director del diario *El Tiempo*, uno de los pocos periodistas que mantuvo con Santos una relativa cercanía, se confabularon para que se diera esta reunión a la que Santos accedió un poco a regañadientes, forzado más por los hechos que por el deseo.

Álvaro Leyva es un experimentado político conservador que fuera ministro en épocas de Betancur y precandidato presidencial en el 2006. Sin embargo, Santos lo quería como invitado aquella tarde porque, desde el inicio del proceso, se había convertido en el asesor en la sombra de las Farc y en uno de sus dolores de cabeza.

Desde que Sergio Jaramillo en enero del 2015 les presentara a las Farc la propuesta sobre justicia, las negociaciones en La Habana no avanzaban y eso lo tenía muy preocupado. Lo planteado por el alto comisionado de paz cumplía con dos objetivos: el primero, atender las obligaciones internacionales adquiridas por Colombia en el 2002, fecha de la adhesión del país al Estatuto de Roma. El segundo, ajustarse a las expectativas de una opinión pública exigente que se oponía mayoritariamente a que los líderes de las Farc no fueran a la cárcel y participaran en política. El presidente Santos, consciente de que ninguna guerrilla en el mundo aceptaría desmovilizarse para ir a la cárcel, y ante el clima adverso en la opinión, tenía que encontrar una fórmula para que las Farc aceptasen una sanción que incluyera alguna alternativa, distinta a la prisión.

La propuesta consistía en crear un tribunal de justicia transicional solo para las Farc, que se concentrara en los máximos responsables, quienes debían asumir la responsabilidad de sus crímenes y cumplir una forma de privación de la libertad que no fuera la cárcel. Los mandos medios y las bases guerrilleras podían ser amnistiados siempre y cuando se sometieran a la Comisión de la verdad que se creaba.

Como era de esperarse, los planteamientos no fueron bien recibidos por Iván Márquez, el jefe de la delegación de las Farc. Márquez, un comandante guerrillero de contextura alta y de facciones indígenas, conocía bien cómo funcionaba la política porque había sido congresista de la UP, el grupo político que, como se dijo, fue creado en desarrollo de los fallidos acuerdos de paz firmados en 1984 y que terminó exterminado por la extrema derecha paramilitar. Su dura reacción se tradujo en el estancamiento de las negociaciones, lo que empezó a preocupar al presidente Santos. Desde la reunión en la que el alto comisionado presentó la propuesta de justicia, Iván Márquez decidió no volver a tocar el tema de la justicia y ya llevaban casi seis meses sin ningún avance en ese punto[3].

Las cosas se escalaron de tal manera en esa reunión que Iván Márquez respondió hábilmente con otra idea igual de imposible: propuso una amnistía general, recordando que eso era lo que había sucedido en el acuerdo de paz con el M-19 en los noventa. Sergio le respondió que las obligaciones internacionales adquiridas por Colombia no permitían una amnistía general y que si querían seguridad jurídica se debía llegar a un acuerdo razonable y legítimo.

—La línea de base es que debe haber condenas —le dijo—. Mire su caso: usted tiene cuarenta condenas en la justicia ordinaria. Según el compromiso ante la Corte Penal Internacional (CPI), hay la obligación de investigarlo y de sancionarlo.

El punto culminante de la reunión llegó cuando Sergio Jaramillo le planteó a Márquez que ellos mismos hicieran una lista con

3 Márquez representaba la línea dura de las Farc y a diferencia de Pablo Catatumbo, no creía en la voluntad de paz del gobierno de Santos. Esa fue al menos la percepción que siempre me dejaron las conversaciones que tuve con Márquez durante los años de negociación en La Habana, desconfianza que demoró el proceso innecesariamente.

diez nombres de jefes guerrilleros que podían ser los máximos responsables. La oferta produjo un gesto airado de Márquez quien, indignado, se levantó de la mesa.

Con el propósito de buscar una salida, Timochenko, el jefe de las Farc, le pidió a Henry Acosta que le hiciera llegar un mensaje al presidente de su parte proponiéndole que enviara a La Habana a su hermano Enrique, a ver si él podía encontrar una solución a este gran *impasse*. Timochenko había tenido una muy fructífera reunión con Enrique en Caracas cuando comenzaban los primeros contactos. El jefe guerrillero, que se incomoda hablando con personas que no conoce, sintió por él una empatía especial y confiaba que Enrique podía destrabar las negociaciones. En vista de que su alto comisionado seguía insistiendo en una estrategia de presión que no estaba funcionando, seguro de que las Farc terminarían cediendo, el presidente decidió aceptar la propuesta de Timochenko y envió a su hermano a la isla en misión secreta.

En esa larga conversación que Timochenko y Enrique Santos sostuvieron en La Habana, quedó claro que si se quería desempantanar el tema de justicia había que encontrar un nuevo escenario por fuera de la tensa mesa de negociaciones. En ese momento Timochenko propuso, por primera vez, integrar entre el Gobierno y las Farc una comisión de expertos juristas, idea que provenía de Álvaro Leyva.

—Si se integra esa comisión, la única condición que ponemos nosotros es que no queremos vetos de ninguna clase —le advirtió Timochenko al hermano del presidente.

—¿De qué vetos me habla? —le preguntó Enrique.

—A nosotros nos gustaría que en esa comisión estuviera Álvaro Leyva —le respondió de manera franca, a sabiendas de que ese era un tema delicado debido a que Santos, hasta ese momento, no le había querido reconocer ningún tipo de protagonismo dentro del proceso.

Leyva era un ilustrado dirigente conservador y un peculiar hombre del establecimiento porque le había dedicado gran parte de su vida a buscar fórmulas para lograr la paz con la guerrilla de las Farc. Hijo de un líder conservador traicionado por su propio partido, Leyva fue cultivando una relación con esa guerrilla, en especial con Raúl Reyes, desde que en 1995 tuvo la oportunidad de entrevistarse con él en Costa Rica, en compañía de Juan Manuel Santos.

En esa época Santos era un precandidato presidencial por el partido liberal con muy pocas opciones de llegar al poder, si bien se las ingenió para hacer crecer su perfil político con una audaz propuesta: abrir una mesa de negociación con todos los grupos armados en momentos en que el país atravesaba por una de las peores crisis políticas: el presidente Ernesto Samper, elegido en 1994, había sido denunciado por recibir dineros del cartel de Cali para financiar su campaña presidencial. Inteligentemente distanciado del presidente Samper y con el propósito de buscar apoyo para su causa, Santos invitó a varios notables a su apartamento, el mismo en el que ahora estaba a punto de recibir a Leyva. En esas reuniones Santos logró sentar a manteles a grandes empresarios, como Nicanor Restrepo, y a varios presidentes de gremios con personajes oscuros como Víctor Carranza, el zar de las esmeraldas, a quien buena parte del establecimiento le había perdonado haber financiado al paramilitarismo.

Producto de esos encuentros, Santos decidió iniciar una serie de diálogos con los grupos paramilitares y con la guerrilla de las Farc, que fueron llevados a cabo casi que de manera clandestina. Viajó primero a Urabá para hablar con Carlos Castaño, el jefe de las Autodefensas Unidas de Colombia, y a esa reunión, además del zar de las esmeraldas, llegó en compañía de Álvaro Leyva.

En Colombia, las autodefensas —primera expresión del paramilitarismo— son tan antiguas como las guerrillas. En 1962, un decreto emitido por el gobierno conservador de Guillermo León Valencia, las legalizó con el argumento de que era un mecanismo válido para que los campesinos se pudieran defender del acecho de las Farc en vista de la dificultad del Estado para hacer presencia en los territorios.

A mediados de los ochenta, con las Farc en crecimiento y sus frentes imponiendo la extorsión a los medianos y grandes latifundios, las autodefensas se sofisticaron y se convirtieron en unas máquinas de muerte de gran eficacia, financiadas por personajes tenebrosos que la justicia nunca encausó, como Víctor Carranza, el mencionado comensal de la cena de notables con Santos. A estos ejércitos paramilitares se les sumarían agentes del Estado, políticos de los partidos tradicionales y medianos y grandes dueños de tierra. Esta alianza, que también contó con el apoyo generoso del cartel de Medellín en cabeza de Pablo Escobar, impulsaría una guerra contra las Farc que no solo fue de carácter contrainsurgente sino por el control del territorio.

Dentro de esas fortunas mal habidas que financiaron ese ejército irregular estaba la familia Castaño. La guerrilla de las Farc secuestró al padre del clan, quien terminó muerto en el intercambio de disparos cuando se ejecutaba un operativo para su liberación. Desde entonces, los Castaño introdujeron en la guerra no solo el elemento de venganza sino cierto discurso político que logró calar entre varios sectores de las élites regionales que los veían con gran respeto y admiración. Carlos, el hijo menor del clan, heredó la jefatura del grupo paramilitar y en el momento en que Juan Manuel Santos y Álvaro Leyva fueron a Urabá a entrevistarse con él, se libraba en esa región una guerra sangrienta entre las Farc y los paramilitares que produjo masacres y miles de campesinos desplazados.

En esa época abrir un canal de comunicación con las Farc era muy difícil, aunque aspiraban a entrevistarse con el mismo Tirofijo. Después de muchas vueltas, por intermedio de una persona allegada a Leyva lograron una cita con Raúl Reyes en Costa Rica. Santos siempre presentó estos contactos como el intento de abrir las compuertas de un proceso de paz, pero en los corrillos del poder no lo consideraban de esa manera. El rumor, cada vez más creciente, era que Santos pretendía armar una gran coalición nacional —que incluyera a los actores armados ilegales—, para presionar la salida del Gobierno del presidente Samper.

Para desvirtuar esos rumores y demostrar que honestamente buscaba abrir un proceso de paz y no tumbar al presidente Samper, decidió renunciar a su candidatura y dedicarse de lleno a esa causa, pero ni siquiera ese gesto logró acallar los rumores. De cualquier manera siguió adelante y, motivado por el hecho de que tanto Castaño como Raúl Reyes le habían expresado su interés por abrir un proceso de paz y por sentarse en una mesa con todos los actores del conflicto, Santos viajó a España con el propósito de reunirse con el expresidente Felipe González y con el escritor Gabriel García Márquez, las dos personas escogidas por él como garantes del proceso.

Cuando estaba almorzando con Gabo en Casa Lucio, el dueño del restaurante salió a decirle que un amigo lo estaba llamando urgentemente desde Colombia para darle una noticia. Le llevaron el teléfono a la mesa y Santos, con un gesto de preocupación, tomó la bocina.

—¿Pasó algo grave? —le preguntó a su amigo.

—Malas noticias —le respondió—. Los encuentros con los paras y las Farc se filtraron a la prensa y el presidente Samper acaba de sacar una declaración acusándolo de conspirador.

Estupefacto con la noticia, Santos le contó a Gabo lo que estaba sucediendo en Bogotá y el premio nobel, con su característica franqueza caribe, exclamó: "¡Ah, carajo… se jodió esta vaina!".

La prueba que tenían para inculparlo era una grabación en la quc aparecía hablando de tú a tú con Reyes sobre la salida de

Samper del Gobierno como una de las condiciones de la guerrilla para continuar con ese diálogo. La conversación, interceptada por los organismos de inteligencia, se la dieron a conocer al presidente Samper quien inmediatamente lo señaló de conspirador contra el régimen.

Años después tuve acceso a esa grabación y la conclusión que se desprende es que, en efecto, ese proceso de paz era más una conspiración dirigida a tumbar al presidente Samper que una negociación de paz.

Tras ese episodio, que afectó seriamente la imagen de Juan Manuel Santos, Leyva y él se distanciaron. Cuando el presidente Pastrana abrió la puerta de una nueva negociación, en el 98, Leyva jugó un papel importante para que las partes decidieran iniciar un nuevo proceso de paz, pero luego fue sacado del medio por el propio Gobierno cuando la Fiscalía le abrió una investigación por enriquecimiento ilícito, de la cual salió bien librado años más tarde.

Durante el gobierno Uribe, Santos y Leyva prácticamente no se vieron y el presidente solo volvió a saber de él cuando se iniciaron las negociaciones con las Farc y a Leyva se le empezó a ver en el vestíbulo del hotel El Palco de La Habana, fungiendo como asesor en la sombra de las Farc. A medida que avanzaba el proceso, su creciente influencia sobre las Farc se estaba convirtiendo en un factor cada vez más difícil de manejar. La inquina contra Leyva se agravó con la cercanía de las elecciones presidenciales del 2014, en las que Santos pretendía reelegirse pese a que sus índices de aceptación eran los más bajos que hubiera tenido un presidente en Colombia: le preocupaba que fuera cierto el rumor de que Leyva estaba intentado convencer a las Farc de poner el proceso de paz en manos del expresidente Uribe con la tesis de que su verdadero interlocutor no debía ser un presidente con los índices de popularidad más bajos en la historia de Colombia, sino el expresidente cuya imagen favorable en las encuestas seguía tan alta como al momento de abandonar la presidencia.

La estrategia que tenía en mente Álvaro Leyva, por si Santos llegaba a perder las elecciones como él lo creía, la conocí de primera mano. Un día después de que el presidente Santos perdiera la primera vuelta electoral, Álvaro Leyva me llamó desde La Habana bastante exaltado y me dijo que él era la persona indicada para salvar este proceso de paz y que lo primero que había que hacer era declarar que esta negociación de paz no era exclusiva del gobierno Santos sino que era una política de Estado. A los pocos minutos de colgar con Leyva me sorprendió escuchar por la radio un comunicado emitido por Iván Márquez en el que repetía exactamente las mismas palabras de Álvaro Leyva.

Como Santos ganó la segunda vuelta electoral, la idea de trastear el proceso a donde Álvaro Uribe no volvió a aflorar, pero al enterarse de las intenciones de Leyva, Santos se distanció aún más del asesor de las Farc. De manera que el hecho de que Álvaro Leyva estuviera a punto de entrar a la casa de Juan Manuel Santos era una buena señal para las negociaciones en La Habana.

El presidente le extendió la mano cuando Leyva entró al apartamento. Se saludaron como viejos amigos, echándole tierra a los acontecimientos pasados. Leyva había intentado hablar con Santos durante meses, sin lograrlo, lo que le dio a entender que el presidente no quería saber nada de él. Por eso, cuando Enrique Santos e Iván Cepeda lo llamaron para citarlo a esta reunión, aceptó de buena gana, así tuvieran temas todavía no saldados, como el bombardeo sobre el campamento de Raúl Reyes. Una parte de Leyva no le perdonaba a Santos que hubiera tomado esa decisión, sobre todo por la muy alta posibilidad de que él hubiera estado allí cumpliendo una misión humanitaria. Leyva supo que Santos había llamado a dos negociadores europeos para verificar si se encontraban en ese campamento, pero él nunca estuvo en esa lista.

Había prometido portarse bien y aunque ese tema le estuvo rondando en su cabeza a lo largo de la reunión, se abstuvo de ponerlo sobre la mesa para no dañar el buen ambiente que marcaba este reencuentro. El presidente abrió en su honor una botella de un *whisky* especial que le habían traído de regalo y con buen ánimo le recordó las andanzas de años atrás ocurridas en esa misma sala y que le valieran el título de "conspirador". Leyva respondió con una sonrisa de viejo zorro que sirvió para romper el hielo.

Tras ese momento de distención, el presidente fue al grano:

—Sé que el doctor Leyva ha jugado un papel muy importante y le agradezco por todos los esfuerzos —le dijo mirándolo a los ojos—, por esa razón desearía que estuviera oficialmente en la parte final de este proceso.

Leyva, con su característica prosopopeya, agradeció los reconocimientos. Conociéndolo como lo conocía, sabía que no era fácil que Santos diera esa clase de agradecimientos, sobre todo porque a lo largo del proceso Santos no había hecho más que ignorarlo. Leyva entendió que no era momento para recriminaciones y que era hora de hacerle él también un reconocimiento al presidente Santos:

—Usted está haciendo un proceso de paz importante y me honra poderlo ayudar a sacarlo adelante.

Con esa convicción de quien conoce bien el almendrón en que se ha metido, le hizo una promesa a Santos que sorprendió a todos los invitados, testigos de ese reencuentro:

—Si usted está de acuerdo —le dijo—, yo me comprometo a sacar en un mes el acuerdo jurídico en La Habana.

A los pocos días de este reencuentro, el mandatario llamó a Juan Carlos Henao, rector de la Universidad Externado de Colombia, un abogado caleño descomplicado, de talante progresista, que había sido magistrado de la Corte Suprema de Justicia. La llamada era confidencial, según le aclaró el presidente, cosa que aumentó aún más la curiosidad de Henao. Tras comentarle de su preocupación por el tema de justicia en La Habana, le explicó la razón de su llamada:

—Estamos creando una comisión de expertos juristas entre el Gobierno y las Farc, para destrabar el tema, y he pensado en su nombre.

—Presidente, cuente conmigo —le respondió sin dudarlo un momento—; lo hago por el país.

A los dos días el Gobierno anunció los nombres de los expertos juristas que por su parte integrarían la comisión jurídica: Manuel José Cepeda, un exitoso abogado constitucionalista, de corte más conservador que Henao y también exmagistrado de la Corte Constitucional, y Doug Cassell, un profesor estadounidense experto en Derecho Internacional Humanitario que había participado en la negociación de paz de El Salvador. El nombre de este profesor fue propuesto por Bernie Aronson, el enviado especial del presidente Barak Obama a las negociaciones de paz, quien para entonces ya había tenido varios prolíficos encuentros con los jefes de las Farc. Iván Márquez se refería a él como "Bernie" cuando uno le preguntaba por esos encuentros.

El mismo día en que se conocieron los nombres de los expertos del Gobierno en esa comisión jurídica, la implacable oposición uribista, que nunca estuvo de acuerdo con darles a las Farc un tratamiento distinto al que establece la justicia ordinaria, salió a cuestionar el nombramiento de Doug Cassell con el argumento macartista de que era un abogado con un peligroso sesgo de izquierdista —lo que en su caso no era cierto— porque había formado parte de los abogados denunciantes del Estado colombiano por la masacre de Santo Domingo, ocurrida en 1998 cuando se produjo un bombardeo de la Fuerza Aérea que dejó diecisiete civiles muertos.

A los pocos días de esta polémica se conocieron los nombres de los juristas que representarían a las Farc: Álvaro Leyva, que por primera vez entraba formalmente a la negociación; Diego Martínez, un abogado de izquierda de la Universidad Libre, y Enrique Santiago, un reputado abogado español, militante de Izquierda Unida, autor de la captura del dictador chileno Augusto Pinochet en Londres.

Quedaba claro que la única razón por la que las Farc admitieron volver a discutir el tema de la justicia era la llegada oficial de Álvaro Leyva a la mesa de negociación, hecho que Sergio Jaramillo y Humberto de La Calle tuvieron que aceptar, no sin cierta incomodidad.

Para saber hasta dónde tenían libertad de negociación, Henao, Cepeda y Cassell tuvieron una reunión con el alto comisionado de la que salieron un tanto descontentos porque Jaramillo, algo molesto con el hecho de que el tema de la justicia se tratara por fuera de la mesa principal, no les dio mayor maniobrabilidad. De común acuerdo, decidieron pedirle al presidente una cita a la cual asistieron acompañados por el alto comisionado de paz. En esa reunión el presidente saldó el tema de los linderos y les aclaró a los juristas que ellos tenían libertad de negociar con las Farc pero respetando siempre los semáforos rojos que determinaban el alto comisionado y el jefe del Estado.

—Ustedes forman parte de la subcomisión jurídica que va a hacer el texto de la jurisdicción de paz —les dijo.

Los semáforos rojos que no podían pasar eran básicamente dos: no se podía ceder en el tema de sanciones, como de hecho se los había planteado el alto comisionado en la propuesta inicial desechada por ellos, ni en el del tribunal que debería juzgarlos, dos condiciones irrenunciables si se quería cumplir con las obligaciones internacionales de Colombia ante la CPI.

La primera reunión para tratar el tema jurídico fue en La Habana, en la embajada de Noruega. A esa cita asistieron, además de los delegados de ambas partes, un cuarto invitado de las Farc, el guerrillero Jesús Santrich, cuya presencia ocasionó cierto malestar en el equipo de juristas del Gobierno porque su asistencia no había sido acordada por las partes. Santrich era un cuadro político de las Farc, que sin ser miembro del Secretariado, era la mano derecha de Iván Márquez. Los dos representaban el ala dura de las Farc en la mesa de negociaciones. Santrich, que es invidente, se quedó sentado en una silla sin musitar palabra las tres horas que duró la reunión. Pese a esa presencia perturbadora, la delegación del Gobierno saludó a los abogados representantes de las Farc intentando maquillar su molestia para no empañar este primer encuentro protocolario. El primer paso lo dio Diego Martínez, quien se acercó a Henao para decirle que él le había revisado su tesis de doctorado en el Externado. Álvaro Leyva, cuidadoso siempre de las formas, fue más discreto que Enrique Santiago, sin duda la gran revelación de la noche. Henao se dio cuenta que se trataba de un hombre lúcido, que sabía a lo que iba. "Ese hombre es más peligroso que una tractomula en una curva", pensó.

Al final de la reunión, el embajador noruego anunció que el Secretariado haría un saludo protocolario y a los pocos minutos vieron entrar a todos los jefes guerrilleros que hasta ese momento solo conocían por las imágenes de los medios de comunicación. Con excepción de Cassell, que sí había tenido que lidiar con la guerrilla salvadoreña, Henao y Cepeda no estaban seguros de cómo abordarlos y de hecho no sabían si tratarlos de "señor", de "doctor", un apelativo que en Colombia a nadie se le niega, o de "comandante", término que les sonaba demasiado elogioso.

Por allí pasaron Joaquín Gómez, el comandante del Bloque Sur, el más viejo del Secretariado y el más preparado; Pastor Alape, el comandante del Bloque del Magdalena Medio, un jefe guerrillero de extracción campesina, nacido a orillas del río Magdalena; Carlos Lozada, hijo de un militante comunista, comandante de las milicias urbanas del Bloque Oriental, quien durante treinta años mantuvo una doble vida a través de fachadas que le permitieron infiltrarse en la universidad pública y ejercer incluso el papel de profesor, pese a que nunca pudo terminar su bachillerato por falta de dinero; Pablo Catatumbo, comandante del Bloque Occidental de las Farc, e Iván Márquez, el ampuloso jefe de esa delegación, encargado de decir unas palabras de bienvenida que cayeron bien entre los delegados de Santos, aún estupefactos por el impacto de este primer encuentro personal con unos jefes guerrilleros que los medios siempre habían presentado como monstruos. Encontrar rasgos de humanidad en estos personajes no dejaba de ser impactante.

Iván Márquez les contó que hablaba latín porque antes de ser guerrillero había sido seminarista y Pablo Catatumbo les pareció un hombre bastante razonable para ser "el terror de Barragán", que era como lo conocían muchos de sus amigos en Cali.

Acatando los consejos del alto comisionado, la reunión, que duró más de dos horas, se limitó a que ambas partes se conocieran antes de entrar a negociar. Del lado de los guerrilleros pasó algo similar: tenían la preconcepción de que se iban a conocer con tres abogados representantes de la burguesía colombiana pero descubrieron que se trataba de tres juristas con los pies en la tierra.

La segunda reunión fue a los dos días, en el mismo salón de la embajada noruega. Aparte de los semáforos en rojo que tenían muy claros, los representantes del Gobierno llegaban a esa primera reunión con la hoja en blanco. Tal era su ánimo de llegar sin ningún formato prestablecido que ni siquiera leyeron la propuesta presentada por Sergio Jaramillo a las Farc.

—¿Por dónde comenzamos? —preguntó sin mayor protocolo Juan Carlos Henao, que venía cavilando cuál podía ser la mejor forma de arrancar la negociación.

—No sé —respondió rápidamente Enrique Santiago, tanteando el terreno—. ¿Qué proponen ustedes?

—¿Por qué no empezamos por los principios generales, un terreno en el que la posibilidad de que peleemos puede ser más baja? —propuso Juan Carlos Henao.

Aquella tarde fue la más importante de esa negociación porque, en cuestión de seis horas, lograron escribir el preámbulo que sentaba los principios generales del acuerdo.

Se llegó al consenso de que el acuerdo debía tener como objetivo la creación de un sistema de justicia transicional que permitiera al país cerrar el conflicto. Sobre esa base se acordó que dicho nuevo sistema —cuyo eje central serían las víctimas—, en efecto debía reparar a las víctimas de las Farc, como hasta ahora proponía el Gobierno, pero además tenía que incluir a todas las víctimas del conflicto, es decir, a las víctimas del paramilitarismo y a las de los agentes del Estado. En consecuencia, ese sistema debía juzgar no solo a los guerrilleros responsables de delitos de lesa humanidad sino a los militares involucrados en delitos relacionados con el conflicto y a los empresarios que habían ayudado a financiar a los grupos paramilitares.

Según el Centro Nacional de Memoria Histórica, cincuenta y cuatro años de guerra nos dejaron cerca de doscientos ochenta mil muertos, sesenta mil personas desaparecidas —una de las cifras más altas en el mundo— y siete millones de víctimas, de las cuales cerca de treinta mil lo fueron por causa del secuestro, un delito cometido en su mayoría por las guerrillas. Esas mismas cifras permiten comprobar que las Farc no eran los únicos actores del conflicto. De las casi dos mil masacres que se llevaron a cabo entre 1980 y 2012, los grupos paramilitares perpetraron 1166, es decir, el 58,9 %; la guerrilla 343 y la fuerza pública 158, lo que equivale al 17,3 % y a 7,9 %, respectivamente.

Cuando Henao, Cepeda y Cassell llegaron a la embajada de Colombia en La Habana para informar de sus avances a los negociadores, encabezados por el alto comisionado y Humberto de La Calle, todos quedaron perplejos.

La tercera reunión se realizó una semana después de redactado el preámbulo de acuerdo. En esa oportunidad ambas partes llegaron a la mesa sin prejuicios pero con su estrategia de negociación definida. Las Farc volvieron a insistir en que el delito de rebelión era amnistiable y que, por ende, ellos no debían ser juzgados porque eran rebeldes. El Gobierno volvió a decirles que el escenario de una amnistía general era totalmente inadmisible a partir de las obligaciones de Colombia con el Estatuto de Roma. Atendiendo los consejos de Sergio Jaramillo, Henao, Cepeda y Cassell empezaron la negociación dejando una vara alta al proponer que debían ir a la cárcel y que el tribunal competente para juzgarlos debía ser nacional.

Durante las tres sesiones que se hicieron en La Habana los juristas se dieron cuenta de que las Farc tenían también sus propios semáforos rojos y que no iban a ceder ni en el tema de la cárcel ni en el tema de condicionar su participación política. Si no se lograba un punto intermedio la posibilidad de que la negociación fracasara era muy alta, pese a la inicial empatía de ambas delegaciones. Los negociadores del Gobierno sabían que el tema de sanciones efectivas no era negociable y para los de las Farc tampoco lo era el de pagar con cárcel. Después de muchos ires y venires en los que hubo momentos de alta tensión, acordaron que los que no dijeran la verdad debían ir a la cárcel. Poco a poco la negociación fue avanzando y dejando en claro quién era quién en ambas delegaciones. En la del Gobierno, las cargas estaban repartidas: Manuel José Cepeda cumplía el papel de erudito como profesor experto en los temas constitucionales; Doug Cassell era el internacionalista y Juan Carlos Henao, el conciliador. Del otro lado era evidente que Enrique Santiago comandaba las discusiones.

Luego de tres semanas de negociación las Farc y el Gobierno fueron moviéndose de sus posiciones iniciales: las Farc aceptaron ser juzgadas pero por un tribunal internacional y el Gobierno cedió en no imponerles una pena de cárcel a quienes confesaran sus crímenes y estuvieran dispuestos a reparar a sus víctimas.

Aunque Henao, Cepeda y Cassell debían reportarle primero al alto comisionado, en la medida en que fueron avanzando las cosas, terminaron reportándole todos sus movimientos al presidente, quien lideró la negociación personalmente. Para el presidente Santos la propuesta de un tribunal internacional era inviable porque internacionalizaba el conflicto colombiano lo sacaba de la órbita interna.

Para agilizar las cosas, el presidente decidió traer la negociación a Bogotá y aceptó la propuesta de Henao de que las reuniones se hicieran en su apartamento de Chapinero Alto. En sus paredes cuelgan varias obras de arte de su esposa, una importante artista colombiana, tan descomplicada como él, y en el espacio de la sala, varias hamacas, que imprimen un ambiente relajado, propicio para la negociación.

Allí se hizo presente el propio presidente Santos para darles la bienvenida a las delegaciones y luz verde para comenzar una nueva etapa. Al cabo de una semana, el alto comisionado los llamó para decirles que era necesario terminar el acuerdo para el día 23 de octubre, fecha en la que posiblemente iba a efectuarse una reunión entre el presidente Santos y el papa Francisco en La Habana, aprovechando una visita oficial que el prelado tenía prevista.

Durante esa semana se redoblaron las horas de trabajo, al extremo de que Enrique Santiago y Diego, en varias ocasiones, se quedaron a dormir en la casa de Henao. El acuerdo se finiquitó a las cinco de la madrugada del día en que Santos tenía previsto ir a La Habana a entrevistarse con el papa.

Los semáforos en rojo del presidente fueron respetados. Las Farc aceptaron finalmente las sanciones, convirtiéndose de paso en la primera guerrilla en consentir ese tipo de tratamiento en un proceso de paz. Las sanciones para los delitos no amnistiables debían tener una pena mínima de cinco años y una máxima de ocho y tendrían el carácter de restaurativas, en las que los condenados deberían cumplir trabajos que contribuyeran a reparar a sus víctimas como en el desminado, en la sustitución de cultivos ilícitos y en la reparación y reconstrucción de la infraestructura vial que hubieran destruido durante los años de la guerra.

Entendiendo que una de las líneas rojas de las Farc era el tema de la prisión, se estableció que estas sanciones restaurativas implicarían, de todas maneras, una "restricción efectiva de la libertad y de sus derechos, tales como la libertad de residencia y de movimiento", pero siempre sobre el entendido de que las Farc no iban a cumplir estas sanciones en una cárcel. La prisión solo estaba reservada para aquellos guerrilleros que no colaboraran con la justicia diciendo la verdad ni reparando a sus víctimas.

"Nosotros no vamos a pagar ni un día de cárcel", me dijo enfáticamente Iván Márquez en una entrevista para la revista *Semana* en febrero de 2013, la primera que esa guerrilla le concedía a una periodista que trabajaba para "los medios del régimen", que era como ellos se referían a la revista.

Por consenso se acordó que el Tribunal de Justicia Transicional iba a ser nacional pero con un treinta por ciento de jueces extranjeros y un funcionamiento separado de la Fiscalía, lo que les garantizaba a las Farc ser juzgadas por un tribunal independiente. El acuerdo establecía también, por primera vez, unas pautas sobre las cuales los militares podían ser incluidos. Se planteó que su tratamiento debía ser simétrico al de las Farc, pero no idéntico, reconociendo así sus evidentes diferencias, y se acogió la tesis de que todo lo que se fuera a negociar con los militares de aquí en adelante debía hacerse en Bogotá, en el Ministerio de Defensa, y no en la mesa de La Habana entre los delegados del Gobierno y las Farc.

Por primera vez el acuerdo agregaba a un tercer grupo de actores del conflicto que hasta el momento había brillado por su ausencia: los civiles implicados en delitos de lesa humanidad. En el acuerdo quedaban incluidos los empresarios del campo que ayudaron a financiar grupos paramilitares, un actor que hasta el momento seguía siendo un intocable para la justicia ordinaria.

Para evitar que fueran juzgados los empresarios que habían sido víctimas de la extorsión de los paramilitares —muchos de ellos durante la guerra se vieron forzados a pagarles una cuota de seguridad a los paramilitares so pena de ser duramente castigados—, el acuerdo fue muy cuidadoso en decir que solo podían ser juzgados los civiles que hubiesen cometido delitos graves, no amnistiables. Expresamente se dejó la puerta abierta para que los empresarios que no hubieran cometido delitos graves pudiesen asistir de manera voluntaria[4].

La sinergia entre las delegaciones llegó a ser de tal envergadura que hasta se pactó la redacción de un artículo cuya existencia se acordó divulgar solo en el texto que se firmó en Cartagena y que se le conoció como el "artículo 23, secreto". En él se establecía que todos los investigados y condenados en la justicia ordinaria, que hubiesen sido seleccionados para ser juzgados en ese nuevo tribunal de justicia transicional, podían quedar libres mientras el nuevo tribunal entraba en ejecución si ya habían pagado más de cinco años en prisión, la pena mínima que otorga la nueva justicia transicional. Por sus implicaciones políticas, de común acuerdo, las partes decidieron divulgarlo casi un año más tarde, en el texto

4 Después del fallo de la Corte, producido un año más tarde, todos los civiles pueden asistir voluntariamente, por cualquier clase de delitos.

del acuerdo de Cartagena: este "articulo 23, secreto" permitiría que muchos guerrilleros acusados de secuestros y de masacres, que estaban cumpliendo sus condenas en las cárceles, podrían salir en libertad y que lo propio sucedería con varios oficiales de las Fuerzas Armadas condenados por el delito de los llamados falsos positivos.

El acuerdo se terminó en la madrugada del jueves 17 de septiembre de 2015, a las 5:45 de la mañana en la casa de Juan Carlos Henao. Agotados, los miembros de las dos delegaciones tuvieron escasamente tiempo de ducharse, lavarse los dientes y vestirse para llegar a tiempo a la cita que tenían con el presidente y entregarle en su mano el acuerdo. Antes de salir, Juan Carlos Henao le dio en una memoria portátil una copia del acuerdo a su contraparte, Enrique Santiago, quien en compañía de Álvaro Leyva y de Diego Martínez emprendieron viaje a La Habana con el propósito de que los negociadores de las Farc conocieran el documento y pudieran hacer sus comentarios antes de que el presidente llegara el martes 22 a La Habana.

El presidente hizo algunos reparos que evidenciaban que al documento aún le faltaba algo de cocción. En vista de la premura y de que el acuerdo todavía no estaba terminado, decidieron no publicar el texto y redactar un comunicado de prensa con los diez puntos más importantes. Ese comunicado fue escrito entre el viernes y el sábado, a cuatro manos, por Sergio Jaramillo y su contraparte, Álvaro Leyva. Pese a estar en los lados opuestos de la mesa, los dos negociadores vivían en el mismo edificio, El Nogal, muy reconocido por ser residencia de lo más granado de la aristocracia bogotana. Varias veces se encontraron en sus respectivos apartamentos, con una tranquilidad que a los dos los sorprendió.

El domingo, la posibilidad del encuentro con el papa se había ido evaporando, no solo por motivos de agenda sino porque era evidente que el documento no iba a estar listo. Sin embargo, la reunión con Timochenko seguía en pie. El lunes, Humberto de La Calle y Sergio Jaramillo salieron rumbo a La Habana con el propósito de ultimar las condiciones de esa reunión y el martes recibieron al presidente en el aeropuerto de La Habana. Manuel José Cepeda se bajó del avión con la copia del resto del acuerdo sobre justicia y se la entregó a Humberto de La Calle para que la firmara.

De La Calle recibió el documento y, un tanto desconcertado, le respondió:

—¡No puedo firmar un documento que no conozco, maestro! Solo he leído los diez puntos que sacaron en el comunicado... yo con mucho gusto lo firmo diciendo que es un documento en desarrollo.

Ese día, en medio de miles de periodistas que asistieron al acto de la firma del acuerdo de justicia, en realidad el documento aún no había pasado por el cedazo de la mesa negociadora.

El texto del documento final se haría público el 16 de diciembre con dos cambios sustanciales: se respetaba el fuero de los presidentes, es decir, quedaba claro que ningún mandatario podría ir a ese tribunal de justicia transicional, y se acordó que el artículo 23 no se divulgaría sino hasta la firma del acuerdo de Cartagena.

Capítulo 7

Mi nuevo mejor amigo

La canciller María Ángela Holguín, una alta y esbelta mujer de piel trigueña, llegó a la recepción de la casa privada cuando los informes electorales empezaban a mostrar una leve ventaja del No y ya el festivo ambiente inicial había pasado a convertirse en angustioso murmullo.

María Ángela, experta en relaciones internacionales, era la única mujer dentro de ese patriarcado de negociadores nombrados por Santos para la mesa de La Habana.

La canciller, que se mueve como pez en el agua en las esferas del poder, proviene de una familia de grandes abolengos políticos, comparables a los de Santos. Por el lado paterno, es sobrina bisnieta y bisnieta de dos hermanos presidentes, un registro difícil de superar: su tío bisabuelo, Carlos Holguín Mallarino, ocupó la presidencia entre 1888 y 1892, y después su hermano, el bisabuelo de la canciller, Jorge Holguín Mallarino, lo hizo como encargado en 1909 y en 1921. María Ángela también es prima hermana de Roberto Pombo Holguín, director del diario *El Tiempo*, casado con una prima hermana doble de Juan Manuel Santos.

Por el lado materno, sus entronques no son menos importantes: su tío, Luis Cuéllar, se casó con María Mercedes, hija del expresidente Alfonso López Pumarejo y por tanto hermana del también expresidente Alfonso López Michelsen, padre de Felipe López, dueño de la revista *Semana*.

Como si este entramado de parentescos no fuera ya un rompecabezas genealógico difícil de armar, María Ángela, también es prima lejana de Juan Manuel Santos ya que su madre es prima hermana de Jorge Calderón Umaña, abuelo materno del presidente Santos. Pese a tantos vasos comunicantes, Santos y María Ángela nunca fueron muy cercanos hasta que resultó electo en junio del 2010 y la buscó para que lo ayudara a desplegar su estrategia de paz. Santos creía que María Ángela podía ser clave en la estrategia internacional que necesitaba armar para aclimatar el proceso de paz colombiano y mejorar su relación con los vecinos.

Antes de ser electo presidente, Santos ya tenía identificadas las tres condiciones necesarias para un proceso de paz exitoso, y sabía que le faltaban unas por encajar. La primera era que debía existir una correlación de las fuerzas a favor del Estado y no de las Farc, como en las frustradas negociaciones del gobierno de Andrés Pastrana; esa primera condición empezó a darse desde que, siendo ministro de Defensa, unificó a todos los organismos estatales de inteligencia y en buena parte por ello las Fuerzas Armadas lograron asestarles golpes definitivos a las Farc que habían logrado por primera vez en treinta años de guerra, cambiar la correlación de fuerzas a favor del Estado.

La segunda condición tenía que ver con la necesidad de crear una atmósfera que les permitiera a los comandantes de la guerrilla convencerse de que era mejor negocio hacer la paz que seguir en la guerra. Sin este escenario era muy difícil que un grupo guerrillero que había combatido al Estado durante tanto tiempo, optara por dejar las armas en lugar de morir en su ley como unos mártires. En palabras de Sergio Jaramillo, "había que establecer unos puentes de oro con la insurgencia que les permitiera ofrecerle a sus tropas una oportunidad de comenzar una nueva vida". Para Santos era claro que para que esa condición se diera, el proceso de paz debía ofrecerle la posibilidad a la guerrilla de deponer las armas y entrar a la política.

La tercera condición se la recalcó mil veces su amigo Shlomo Ben Ami, el canciller israelí encargado de las negociaciones con los palestinos en el 2000, en la cumbre de Camp David, que no llegaron a buen puerto. "Usted necesita el apoyo de sus vecinos", le dijo en una de las primeras llamadas que le hiciera para discutir su estrategia. Santos sabía que Shlomo Ben Ami tenía razón. Un mes antes de que Uribe saliera del poder se produjo una crisis diplomática entre Colombia y Venezuela debido a que el embajador colombiano ante la OEA denunció al régimen de Chávez por estar protegiendo a los jefes de las Farc; en un duro debate, expuso las coordenadas donde se encontraban los campamentos de la guerrilla en Venezuela. Tan mal estaban las cosas que, cuando Juan Manuel Santos fue elegido presidente, en mayo de 2010, las relaciones entre los dos países estaban prácticamente congeladas.

La presencia de campamentos de las Farc en territorio venezolano era un secreto a voces que la diplomacia colombiana había manejado muy hábilmente bajo el gobierno de Uribe. Incluso, en una de las visitas del presidente Chávez a Colombia en ese corto tiempo en el que disfrutaron de una luna de miel, se produjo un episodio que pasó relativamente inadvertido por los medios. El senador uribista Mauricio Pimiento llegó con un mapa al lugar en donde estaban reunidos los dos presidentes. Lo extendió y le mostró a Chávez en dónde estaban los campamentos de las Farc en territorio venezolano. El presidente venezolano revisó el mapa, lo enrolló y sin mirar a su homólogo le dijo que iba a verificar esa información, cosa que en realidad nunca sucedió.

Con Ecuador la tensión era aún más grande desde que el gobierno Uribe ordenara bombardear un campamento de las Farc ubicado en territorio ecuatoriano, operación liderada por Juan Manuel Santos como ministro de Defensa. La reacción del gobierno de Ecuador fue airada y en señal de protesta llamó a consultas a su embajador en Colombia. El presidente Correa, enfurecido con esa violación de su soberanía, se dirigió a los estrados internacionales a denunciar a Colombia como un país intervencionista y atropellador y denunció ante la Corte Penal Internacional al propio Juan Manuel Santos como directo responsable.

En una América Latina dominada por gobiernos de izquierda, Evo Morales en Bolivia, Michelle Bachelet en Chile, los Kirchner en Argentina, Lula en Brasil, además de Rafael Correa en Ecuador y Hugo Chávez en Venezuela, la Colombia de Uribe, que tiraba hacia el lado contrario, parecía condenada al aislamiento.

Santos estaba convencido de que con unas fronteras tan hostiles, donde las Farc encontraban un fácil abrigo, iba a ser muy difícil sacar adelante un proceso de paz exitoso.

Estas consideraciones hechas por Shlomo Ben Ami pesaron mucho en su decisión de hacer las paces con Chávez y en la reactivación de relaciones con Ecuador.

Con ese propósito, María Ángela, por insinuación de Juan Manuel Santos, organizó en Buenos Aires una reunión con el expresidente Néstor Kirchner, en ese momento presidente de la Unión de Naciones Suramericanas (Unasur), aprovechando un viaje de Santos a Argentina como presidente electo. En esa comida, realizada en la embajada de Colombia en Buenos Aires, el presidente electo Santos le reveló a Kirchner su deseo de reestablecer relaciones con el gobierno de Hugo Chávez.

Luego de dos largas horas Kirchner ofreció hablar con el presidente Chávez, pero sin prometer ningún resultado. María Ángela Holguín, que había sido embajadora de Colombia en Caracas en los primeros años del gobierno de Uribe, tenía una buena amistad con Nicolás Maduro, entonces el canciller de Chávez. Dado que las relaciones diplomáticas entre los dos países estaban rotas, María Ángela Holguín, siguiendo las instrucciones de Santos, lo llamó a invitarlo a la ceremonia de posesión del nuevo presidente y le dejó saber que iba a anunciar en su discurso su propósito de reanudar las relaciones con Ecuador y Venezuela. Para su sorpresa, un día antes del acto Maduro la llamó y le confirmó su asistencia, hecho que le dio a entender que la gestión de Kirchner había dado resultados.

La estrategia con el presidente Rafael Correa fue similar. Días antes de la posesión, Holguín llamó al presidente ecuatoriano para invitarlo a la ceremonia y le insistió en que el presidente Santos tenía un especial interés por reactivar las relaciones rotas desde el bombardeo en el 2008. Correa le agradeció la invitación pero le dijo que su gobierno solo reanudaría relaciones el día en que Colombia le entregara, no solo la información de cómo se había realizado el bombardeo sobre Ecuador, sino los discos duros de los computadores incautados a las Farc. El presidente Correa le planteó muy claramente que esa información era necesaria para que la justicia ecuatoriana pudiera evaluar las acusaciones que el gobierno colombiano lanzara en torno a las presuntas vinculaciones de su gobierno con las Farc.

María Ángela le informó de inmediato al presidente electo Juan Manuel Santos de su charla con el presidente ecuatoriano. Sin titubear, el nuevo mandatario colombiano le dio la orden de que le entregara al presidente Correa lo que pedía.

Ni Álvaro Uribe, que creía haber puesto en la presidencia a una marioneta suya, ni los sectores más importantes del país, supieron de estas sutiles pero eficaces maniobras internacionales de María Ángela Holguín. Solo las vinieron a descubrir el día del discurso de posesión del presidente, cuando los invitados a la ceremonia, entre quienes se encontraba el mismo expresidente Uribe, con cara de estupor vieron llegar a la ceremonia al canciller Maduro de Venezuela y al presidente Rafael Correa del Ecuador.

Una vez terminada la ceremonia de posesión del presidente Juan Manuel Santos, Holguín llamó al salón protocolario del Palacio de Nariño al presidente ecuatoriano. Custodiada por el general Óscar Naranjo, director de la Policía, quien estuvo al frente del bombardeo del 2008 sobre territorio ecuatoriano, saludó al presidente Rafael Correa.

El oficial le hizo entrega al mandatario ecuatoriano de toda la información que contenían los discos duros encontrados en los computadores de Reyes.

—Si requieren mayor información, estamos dispuestos a dársela —le dijo sin ambages la nueva canciller colombiana.

Las relaciones con Venezuela se establecieron una semana después, en una reunión en Santa Marta a la que asistió el presidente Chávez.

Aunque Santos es un político pragmático que no teme dar bandazos, tuvo que meditar la forma como iba a estrechar la mano del presidente Chávez después de haberse convertido en su peor enemigo. Juan Manuel Santos, como ministro de Defensa, supo de la existencia de los campamentos de las Farc en territorio venezolano pero nunca se le permitió referirse públicamente a ellos, prudencia que no le impidió convertirse en el enemigo público número uno de Chávez. Durante esos años, fueron más agrios sus señalamientos al presidente Chávez que a las Farc.

Su indisposición con Chávez llegó a tal extremo que, en una de las invitaciones hechas por el presidente Uribe al presidente venezolano, Santos se negó a asistir a la recepción oficial ofrecida por Uribe porque no quería salir en una foto dándole la mano a Hugo Chávez. Al final, el presidente Uribe lo reconvino y Santos terminó asistiendo a la recepción pero solo le dio la mano al mandatario cuando se aseguró de que ninguna cámara pudiera captar ese momento.

"¿Cómo carajos romper el hielo con Chávez después de todo lo que le había dicho?", pensó para sus adentros el presidente Santos mientras se preparaba para salir de la casa presidencial rumbo a la caribeña ciudad de Santa Marta, en donde se iba a realizar el encuentro con el mandatario venezolano. Si, como decía Winston Churchill, el éxito en la diplomacia tiene mucho que ver con la empatía personal, estaba obligado a darle vueltas al asunto para descubrir cómo subir a Chávez en el bus de la paz.

Antes de salir vio por la televisión que, a su llegada a Santa Marta, su homólogo venezolano había cometido un error de fechas, producto tal vez del mismo nerviosismo suyo, al decir que había "llegado a hacer la paz el 10 de agosto del 2010, día en que Juan Manuel Santos cumple 48 años de edad". Santos sí cumplía ese día, pero no 48 sino 58 años. El presidente se sonrió al ver que Chávez le había quitado de un tacazo diez años y emprendió más tranquilo su periplo para encontrarse con su antiguo enemigo.

Cuando los dos jefes de Estado se saludaron en medio de los destellos de las cámaras fotográficas, Santos le extendió la mano al presidente Chávez con una sonrisa espontánea, poco usual en él.

—Esto comenzó muy mal —afirmó—. Por cuenta de sus declaraciones, en las que dijo que tenía 48 años, mi señora me va a exigir mucho más.

Chávez se rio de buena gana. Santos logró no solo romper el hielo sino convencerlo para que lo ayudara a iniciar un proceso de paz con las Farc. Entre los dos se establecería una relación cordial, que se fue construyendo a través del humor, y que les permitió sobrellevar su abismal diferencia ideológica. Al finalizar la rueda de prensa en la que se reanudaron las relaciones con Venezuela, Juan Manuel Santos llamó al presidente Chávez "su nuevo mejor amigo".

Diez días después, en Georgetown, Guyana, con oportunidad de una reunión de los presidentes de Unasur, las relaciones diplomáticas con Ecuador también quedaron restablecidas.

A comienzos del 2016, preocupado por la lentitud con la que avanzaban las negociaciones en La Habana —solo le quedaba un año antes de que comenzara el calendario electoral—, Santos decidió enviar a su canciller a La Habana con el mandato de que desatrasara lo más posible el acuerdo. Y en efecto, María Ángela Holguín fue pieza clave en la última parte del proceso, cuando el presidente ya había detectado cierto desgaste de Sergio y Humberto en la mesa de negociaciones. Persuadido de que se necesitaba generar una mayor confianza entre las partes, envió a su canciller a concluir los últimos puntos del acuerdo, cosa que hizo de manera exitosa, no sin producir resquemores en el equipo negociador, resentido por lo que consideraban una intromisión que los desautorizaba ante las Farc.

El presidente estaba convencido de que la lentitud en las negociaciones se debía a la desconfianza de la contraparte, generada en gran medida por la actitud de Sergio Jaramillo, que luego de casi cuatro años de negociaciones los seguía manteniendo a raya. De acuerdo con los informes que tenía el presidente, nunca aceptó salir a tomarse unos rones con los miembros de las Farc y Santos creía que era hora de "desacartonar" las negociaciones, y que la persona indicada era María Ángela.

Con todo y el malestar que produjo en el equipo negociador, Holguín fue la artífice del cónclave en el que se pudieron evacuar todos los puntos represados, y en ese momento la participación de Sergio Jaramillo y Humberto de La Calle, en la práctica, no pesó. El texto del acuerdo lo recibió el presidente el 8 de agosto del 2016 y ese mismo día anunció las elecciones del plebiscito para el domingo 2 de octubre.

En un rincón de la casa privada se encontraban los delegados militares que Santos había nombrado en la mesa de La Habana para que se sentaran con los jefes guerrilleros de las Farc. El primero de ellos era Óscar Naranjo, general retirado de la Policía cuya hoja de vida da para varias series de Hollywood: fue uno de los policías encargados de procesar la información de inteligencia que recibía el Bloque de Búsqueda, integrado con el objetivo de desmantelar el cartel de Medellín liderado por Pablo Escobar; estuvo al frente de la captura de los hermanos Rodríguez Orejuela, jefes del cartel de Cali, y de los capos del cartel del norte del Valle. Cuando Juan Manuel Santos fue nombrado ministro de Defensa, en una hábil jugada se deshizo de varios oficiales presuntamente vinculados a temas de corrupción y lo nombró director de la Policía. Naranjo fue clave en la estrategia diseñada por Santos para golpear las cabezas de las Farc.

La decisión de incluir por primera vez en una mesa de negociación a militares activos la había tomado con su sanedrín de expertos, luego de varias horas de discusión. Con ese nombramiento Juan Manuel Santos pretendía involucrar a las Fuerzas Militares en la negociación de paz, subsanando de esa forma los errores cometidos en las anteriores negociaciones, donde la opinión de los militares no se había tenido en cuenta, convirtiéndolos, a la postre, en enemigos de cualquier negociación.

Esa reticencia todavía se sentía entre los militares retirados, entre ellos el general Mora, cuya figura se destacó en la mesa, así pocas veces se le hubiera escuchado debatir con las Farc.

Aquella tarde el general Naranjo seguramente llegó esperanzado de que el país iba a pasar de una vez por todas las páginas de la guerra en la que él había desempeñado un papel estelar.

Desde el inicio de las negociaciones secretas con las Farc, el presidente se ocupó de mantener a los comandantes de las Fuerzas Armadas al tanto de los avances y les dejó muy claro que el proceso debía adelantarse en medio de la guerra.

Les dijo que había que imponer la "doctrina Rabin", una tesis así llamada por el aguerrido militar y político israelí Isaac Rabin, producto de sus duras negociaciones con Yasser Arafat. Rabin decía que él negociaba con Arafat como si no fuese terrorista pero que lo combatía como si no hubiese negociación de paz. Siguiendo esa misma doctrina, el propio Santos le hizo saber a Pablo Catatumbo, cuando se iniciaron los diálogos secretos, que la guerra seguía hasta que se firmara el acuerdo.

La confrontación, lejos de menguar, se había incrementado. Mientras se completaba la segunda ronda de negociaciones secretas en La Habana, en Colombia la fuerza pública asestaba durísimos golpes a las Farc, el más duro entre ellos la operación en la que cayó muerto Alfonso Cano, el jefe máximo de las Farc y quien, en compañía de Pablo Catatumbo, había iniciado el proceso de negociación.

Establecidas las coordenadas precisas del campamento donde se encontraba el jefe de las Farc, los generales de todas las fuerzas se comunicaron con el presidente para darle los detalles de la operación. Santos dio la orden sin pestañear, con el mismo pragmatismo que demostró al afirmarle al alto mando que el proceso se adelantaría en medio de la guerra. El operativo fue autorizado en medio de una reunión con importantes personajes en Cartagena, que interrumpió más de una vez para enterarse de su evolución. Al final de la comida se disculpó con sus invitados, que más tarde se sorprendieron al ver por televisión al presidente anunciando que el jefe máximo de las Farc había muerto en un operativo militar.

Después de la muerte de Cano vino otro golpe letal para las Farc: las Fuerzas Armadas, en un operativo conjunto de unas dimensiones sin precedentes en la guerra en Colombia, dieron de baja al Mono Jojoy, comandante del Bloque Oriental, uno de los jefes más influyentes entre la comandancia. El operativo fue producto de un trabajo de inteligencia que tomó más de un año y que empezó cuando Jojoy pidió unas botas nuevas con unas condiciones especiales debido a que sufría de diabetes. La inteligencia de la Policía introdujo un rastreador satelital microscópico en esas botas y al cabo de unos meses, luego de pasar todos los niveles de seguridad, se las entregaron al Mono Jojoy. Tan pronto se las puso se activaron todas las alarmas y en pocas horas se conformó una operación en la que participaron todos los aviones de la fuerza pública que descargaron sus bombas en el lugar donde estaban Jojoy y su gente. Tal fue el bombardeo que el cuerpo del comandante guerrillero fue encontrado debajo de varias toneladas de tierra.

En ese operativo había participado activamente el general Naranjo. En junio de 2012 pasó al retiro y el presidente lo escogió para que fuera a la mesa de La Habana. Su papel como miembro del equipo negociador lo cumplió mientras se desempeñaba como asesor de seguridad del presidente mexicano, Enrique Peña Nieto, quien lo había contratado para que lo ayudara a desarrollar una estrategia de lucha contra el narcotráfico. Santos estuvo a punto de nombrarlo como su candidato a la vicepresidencia en las elecciones del 2014, motivo por el cual Naranjo abandonó su flamante puesto de asesor del presidente mexicano en temas de drogas y regresó a Colombia. Sin embargo, a última hora, Santos decidió nombrar como candidato a vicepresidente a Germán Vargas Lleras, dueño, a diferencia de Naranjo, de una cauda política integrada por importantes caciques electorales que Santos no podía darse el lujo de ignorar. Como premio de consolación, Santos lo nombró ministro del posconflicto pero al ver que su despacho no tenía ni personal ni presupuesto para acometer semejante tarea, decidió renunciar y, decepcionado de la política, dedicó todos sus esfuerzos a sacar adelante el acuerdo de La Habana.

El otro general retirado que nombró Santos en la mesa fue el conspicuo general Mora del Ejército, un sujeto callado, de ceño fruncido, que nunca se sintió a gusto en La Habana. Mora, pese a ser un general retirado, mantenía una gran influencia en los cuarteles donde era reconocido por la fiereza con que había combatido a las Farc.

Aunque el general Mora había renunciado muchas veces por serios desacuerdos con el presidente en la forma como deberían ser juzgados los militares que hubiesen cometido delitos de lesa humanidad, su presencia aquella tarde en la casa privada era de gran relevancia.

Los dos generales llegaron a la recepción pensando como militares. "Yo no tengo duda de que este proceso va a cuajar", me había dicho el general Mora unos meses antes en La Habana. "Mi temor es que en el futuro nos toque sostener un sistema con políticos corruptos mientras las Farc unen a la izquierda y en unos diez años terminan llegando al poder."

CAPÍTULO 8

LOS CÓDIGOS DE HONOR DE LA GUERRA

La última semana de agosto del 2016, es decir, una semana antes de que se firmara el acuerdo de Cartagena, el general Flórez descendió a las nueve de la mañana del helicóptero militar que lo llevó a las sabanas del Yarí, un enclave de las Farc de cerca de cuarenta y dos mil kilómetros, situado en el suroriente de Colombia, en el departamento del Caquetá, que él conocía muy bien.

—No bajen armados —les advirtió el general a los demás oficiales que lo acompañaban antes salir del helicóptero. Con ese gesto, Javier Flórez se convertía en el primer general del Ejército colombiano en entrar desarmado al corazón de las Farc.

El general Flórez quería poner de presente que, por primera vez, llegaba al Yarí no con el propósito de combatirlos, como lo había hecho durante los últimos diez años, sino con el propósito de discutir con el jefe guerrillero Carlos Antonio Lozada, miembro del Secretariado de las Farc, los pormenores del acuerdo del cese al fuego definitivo firmado en junio del 2016.

A comienzos del 2015, cuando el proceso mostraba avances importantes, el general Flórez fue sorprendido con la noticia de que el Comando General de las Fuerzas Armadas lo había escogido para encabezar una delegación de militares activos que por primera vez el presidente Santos enviaba a la mesa de La Habana. Su misión era específica y eminentemente técnica y consistía en negociar con las Farc el acuerdo de cese al fuego definitivo y los protocolos que se debían cumplir para el proceso de desarme.

Flórez, un oficial de contextura mediana, cuyo rostro amable lo enmarca un espléndido bigote, era el jefe del Estado Mayor Conjunto del Ejército. Sus últimos quince años los había pasado al mando de la ofensiva militar desplegada contra las Farc en el sur-oriente colombiano, específicamente contra el Bloque Oriental del cual Carlos Antonio Lozada era su comandante político, encargado de la coordinación de las redes urbanas.

Flórez todavía recuerda su primera reacción al saber de su nombramiento para ir a La Habana. "Como soldado, ese fue uno de los momentos más difíciles de mi vida militar", me confiesa.

La noticia de su designación se la comunicó el propio presidente Santos durante una reunión en Palacio de Nariño con su cúpula militar. En un momento dado, el presidente Santos lo miró y le dijo de manera desprevenida:

—General, ¿a usted ya le dijeron que fue el escogido para desempeñarse como jefe de la comisión que va a negociar el cese al fuego definitivo con las Farc?

La pregunta, que le sonó a notificación, tomó a Flórez por sorpresa. Un tanto fuera de base solo atinó a responderle al presidente con lo primero que se le vino a la cabeza:

—Señor presidente, no estaba informado… permítame unos minutos —le respondió algo ofuscado mientras salía del recinto a buscar un poco de aire y a fumarse un cigarrillo.

En efecto, Flórez no solo se tomó varios minutos para sopesar la noticia que acaba de recibir sino que tuvo que fumarse varios cigarrillos para calmar los nervios. Necesitaba reflexionar sobre por qué habían escogido a alguien como él, dedicado en los últimos años de su vida a perseguir a los guerrilleros del Bloque Oriental, la espina dorsal del poder militar de las Farc. ¿Qué le iba a decir la poderosa asociación de los militares retirados de ACORE, que venía expresando serios reparos al proceso de paz? ¿Que se había convertido en un traidor? El general Flórez prendió un segundo cigarrillo con angustia. Pensó en su esposa Sandra Inés, y en su hijo. ¿Iban ellos a entender que un militar activo se sentara en una mesa a negociar con su enemigo histórico? ¿Qué les iba a decir?

Luego de varios cigarrillos y ya con el sudor bajando por sus sienes concluyó que su corazón le dictaba que debía aceptar la propuesta del presidente. Más calmado, fue encontrando poco a poco el contexto para justificar su decisión: tenía la convicción plena de que las Farc se habían sentado a la mesa debido, en gran parte, a la presión militar de las Fuerzas Armadas y de generales que como él les habían hecho la vida imposible. "Los verdaderos soldados son aquellos que hacen la guerra con el objetivo de buscar la paz", se repitió a sí mismo para convencerse de que su decisión, lejos de ser un salto al vacío, era parte de su trabajo como soldado. La correlación de fuerzas de nuevo estaba del lado del Estado y aunque las Farc no era una guerrilla derrotada militarmente, el general Flórez sabía que si las Farc se levantaban de la mesa sin un acuerdo, lo que les esperaba era una larga guerra de resistencia.

Regresó a la reunión algo más compuesto y se sentó entre sus pares, sintiendo que el corazón le latía a mil por hora. Al término de la sesión el presidente se le acercó, y antes de que pudiera hablarle, Flórez levantó de inmediato su mano en posición de saludo militar:

—¡Presidente! —le dijo mirándolo a los ojos— me pongo a sus órdenes.

Consciente de los muchos dolores de cabeza que esto le traería, se armó de valor y fue a su casa a contárselo a su familia.

Sandra, que llevaba un buen tiempo trabajando en el Hospital Militar curando a innumerables soldados heridos y amputados por las minas antipersona de las Farc, se opuso a que su marido fuera para La Habana a sentarse con los autores de tanto dolor. Su hijo, aunque era menos radical, sabía que en el mundo castrense no era bien visto que un militar activo participara en una mesa de negociación y le preocupaba que eso pudiera afectar la reputación de su padre. Al final, el general Flórez los convenció de que era un sacrificio por el país, que valía la pena si el objetivo era acordar un cese al fuego definitivo para acabar con una guerra que había dejado tantas cicatrices. "El soldado busca siempre la paz", les repitió.

Un día antes de emprender su viaje a La Habana tuvo un conato de crisis que casi lo hace desistir de su decisión. Un grupo importante de militares retirados le hicieron saber que no estaban de acuerdo con su designación. Según ellos, involucrar a militares activos era un paso peligroso que podía socavar la dignidad del Ejército. De nuevo lo invadieron la angustia y la duda, dos cosas que mitigaba fumándose unos cuantos cigarrillos. Los militares activos estaban de acuerdo en ir a La Habana a negociar el tema puntual del cese al fuego con las Farc pero los militares retirados, que en Colombia son una organización muy influyente en los cuarteles, se oponían. ¿Qué debía hacer? ¿Acaso debía llegar a La Habana sin su apoyo? ¿Cuál iba a ser el costo? El general Flórez, atribulado, hizo algunas consultas con varios generales allegados e incluso se dio el lapo de llamar a varios líderes políticos, pese a que sus relaciones con la política eran prácticamente nulas. Flórez quería escuchar argumentos a favor y en contra y si bien no logró disipar todas sus dudas, preso de una incertidumbre muy grande decidió partir hacia La Habana.

En febrero del 2015 el general Flórez aterrizó en la Habana en compañía de cinco oficiales más: el almirante Orlando Romero, el general Osvaldo Rivera, de la Fuerza Aérea, el brigadier general Álvaro Pico de la Policía y dos generales del Ejército: Martín Nieto y Carlos Rojas.

La doctrina militar claramente anticomunista con la que había crecido, inevitablemente activó todos sus prejuicios mientras atravesaba La Habana desde el aeropuerto José Martí hasta el Laguito.

De ese día el general Flórez recuerda especialmente el abrazo fraternal que le dieron los generales retirados Óscar Naranjo y Jorge Enrique Mora. Al caer la tarde los tres salieron a dar una caminata por el Laguito. Mientras mitigaba su nerviosismo fumándose un cigarrillo tras de otro, les escuchó sus consejos como si le estuviera hablando el oráculo de Delfos.

Flórez agradeció en especial las palabras del general Mora —a pesar de su retiro de gran influencia entre la tropa—, a quien él admiraba profundamente. Siendo comandante de las Fuerzas Militares, en el 2003, Mora fue el estratega del Plan Patriota, modernizó al Ejército, sacó a las Farc de las carreteras más importantes del país y concentró la guerra en el suroriente donde Flórez había combatido los últimos diez años. El Plan Patriota, concebido por el general Mora, cambió a la postre la correlación de fuerzas a favor del Estado. Si un militar de los quilates de Mora estaba en la mesa de negociaciones, Flórez no tenía de qué preocuparse.

Esa noche durmió mal y, como de costumbre, se levantó al alba. Tomó un desayuno frugal, se puso su uniforme y salió con la delegación rumbo al Centro de Convenciones de El Palco, donde se iba a instalar la subcomisión técnica para el fin del conflicto, con su contraparte, Carlos Antonio Lozada.

Minutos antes de la ceremonia protocolaria, Flórez reconoció de lejos a Lozada e intentó saludarlo pero el jefe guerrillero no pudo responder el gesto porque iba de afán y tenía una taza de café en la mano. Los dos se volvieron a encontrar de manera oficial en el salón, segundos antes de que se iniciara el acto protocolario.

Algo menos nerviosos, tuvieron tiempo de darse la mano y de verse finalmente a los ojos.

Flórez conocía muy bien a Lozada desde sus épocas de comandante de la Fuerza de Tarea Omega, la unidad militar que se creó en el 2004 integrada por 21 000 soldados en el suroriente del país para golpear a los bloques sur y oriental, considerados los enclaves de poder de las Farc.

Desde su llegada a la selva del suroriente, en el 2002, Lozada se las había ingeniado para seguir manejando toda la red urbana de Bogotá y por ese motivo era uno de los objetivos militares del general Flórez. En varias ocasiones estuvo personalmente envuelto en operaciones dirigidas a capturarlo pero no tuvo éxito. Una de las primeras operaciones estuvo a cargo del general Carlos Rojas, que acompañaba a Flórez a negociar el cese al fuego con las Farc. En el 2007, cuando era comandante de la Fuerza de Despliegue Rápido (Fudra), el cuerpo élite de la Omega, dirigió un ataque terrestre sobre el campamento en el que se encontraba Lozada que, con todo y una herida en la espalda, logró escapar del cerco. En el 2012, cuando el general Flórez era el comandante de las tropas del sur, Carlos Antonio Lozada sobrevivió a un intenso bombardeo efectuado sobre un campamento de las Farc en las estribaciones de la Cordillera Oriental, en el que Lozada vio morir a treinta de sus mejores hombres. Fue tan dura la arremetida que los medios alcanzaron a anunciar la muerte de Lozada, pero luego se supo que había logrado salir ileso. Dos años después, en marzo de 2014, cuando la negociación en La Habana avanzaba a paso lento y el general Flórez era el comandante del Estado Mayor Conjunto del Ejército, el campamento de Lozada en el Guaviare fue objeto de otro bombardeo en el que murieron tres guerrilleros. Siete meses después, con la desazón de la guerra a sus espaldas, a Carlos Antonio Lozada lo extrajo de las selvas del Yarí un helicóptero de la Cruz Roja y luego fue enviado en un avión a La Habana para unirse a la mesa de negociaciones.

En la información biográfica que tenía Wikipedia hasta hace poco sobre Carlos Antonio Lozada —fabricada en un gran porcentaje por la inteligencia militar— Lozada aparecía como un miembro del Secretario de las Farc instruido en su juventud en Moscú y graduado de la Facultad de Derecho de la Universidad Nacional.

Cuando entrevisté a Carlos Antonio Lozada por primera vez en La Habana le pregunté si su título de abogado de la Universidad Nacional era real. Se rio con cierta ironía y me dijo que solo había podido estudiar hasta cuarto de primaria por motivos económicos y que a los treinta años había logrado validar el bachillerato. Me contó que a la edad de quince años era un militante del partido comunista, como su padre, y que a los diecisiete ya estaba marchando como "fariano" por la Cordillera Occidental, viendo si podía sobrevivir a las inclemencias de la selva. No conoce Moscú y lo más lejos que ha llegado en su vida clandestina es a Ecuador, país en donde fue apresado por orden de la mafia colombiana cuando iba a realizar un secuestro extorsivo de un miembro del cartel de Cali. Para su pesar, nunca estudió en la Universidad Nacional pero en cambio, en más de una ocasión, sí tuvo que fingir ser profesor de Derecho, una de las tantas coberturas que tuvo durante los diecinueve años que vivió en el mundo de la clandestinidad como jefe de las redes urbanas de las Farc. Para que no lo detectaran, Lozada cambiaba de fachada cada seis meses, es decir, que tenía que empezar de cero en un nuevo barrio, en una nueva ciudad, y adaptarse a una personalidad distinta. A lo largo de esos años, además de abogado fue taxista y comerciante. Cuando asumía una nueva cobertura también arrendaba un nuevo apartamento y lo más difícil era conseguir fiadores que respaldaran la firma del contrato, obstáculo que generalmente solucionaba llamando a los que se ofrecían en los periódicos. Aprendió a fingir, a evadir las preguntas para no quedar en evidencia, a vivir con la soledad, con las carencias y con las contradicciones que acarrea una vida doble y a establecer relaciones pasajeras que no dejaran rastro. Lo único real y permanente en esos años de insoportable clandestinidad fueron su mujer y sus dos hijos, a quienes pudo ver con cierta regularidad hasta el 2002, cuando se rompió el proceso de paz en el Caguán y tuvo que salir de Bogotá a buscar refugio en el Bloque Oriental.

"Eso dice mucho de la ineficiencia de nuestros servicios de inteligencia", exclamó asombrado el general Naranjo el día en que Lozada, en uno de los recesos que se daban dentro de las sesiones de negociación, le contó en La Habana que él había estado casi veinte años viviendo como clandestino en la ciudad sin que lo detectaran.

Sin siquiera presentirlo, las selvas del suroriente del país que eligió Lozada para refugiarse cuando terminaron las negociaciones del Caguán se convirtieron en el nuevo teatro de operaciones de la guerra, con la ofensiva del Plan Patriota que le inyectó a las Fuerzas Armadas cerca de cinco mil millones de dólares entre los años 2002 y 2007.

Lozada sintió en carne propia los enormes cambios en la ofensiva militar y padeció los peores embates de su larga vida guerrillera. Para sortear ese nuevo desafío las Farc desistieron de moverse por la selva en grandes unidades guerrilleras, como lo hicieran hasta el fracaso del Caguán, y tuvieron que volver a las pequeñas acciones debido a que el poder de la aviación aumentó de manera considerable. Lozada también vio cómo penetraban en la selva grandes cantidades de tropas que se asentaban en el área, hecho que los obligó a replegarse aún más de zonas selváticas que ellos siempre consideraron como propias. Ante el temor de los bombardeos, las Farc abandonaron sus campamentos establecidos para estar en permanente movimiento; a los guerrilleros escasamente les quedaba tiempo para comer y las horas para dormir eran cada vez más escasas. "Nos tocó aprender a convivir con el enemigo en la selva. Era como si estuviéramos jugando al gato y al ratón dentro del mismo terreno", me confesó Lozada.

En el 2007, en pleno apogeo del Plan Patriota, Lozada recuerda que era bien temprano cuando escucharon el ruido de un helicóptero Arpía que pasó sobrevolando la zona. De inmediato prendieron las alarmas porque era obvio que habían identificado el campamento. Lozada intentó en vano sacar de su caleta el computador y sus objetos personales: a los pocos minutos se produjo el asalto terrestre. Como pudo, procuró evadir el cerco y en el último instante lo consiguió. En ese momento sintió en la espalda un golpe duro y seco que casi lo quiebra y supo que le habían pegado un tiro. A pesar de la herida pudo correr hasta el límite de la planicie con la selva y allí se escondió a la espera de que alguien de su guardia personal lo rescatara.

Mientras esperaba a que cayera la noche lo atormentaba el temor de que lo fueran a capturar y llegó a pensar que prefería pegarse un tiro antes de terminar enterrado en vida en una cárcel. Como a las cinco de la tarde, Isabela, una guerrillera que formaba parte de su guardia personal, lo encontró casi moribundo. Llamó a los demás guerrilleros que estaban reagrupándose y lograron sacarlo con vida. Días después, Carlos Antonio Lozada, ya en recuperación, leyó los periódicos que registraron esa operación militar y se le quedó grabado el apellido de un oficial que, según los informes de prensa, había conducido el ataque sobre el campamento: el general Carlos Rojas.

Luego de la ceremonia protocolaria que daba inicio al trabajo de la comisión del cese al fuego definitivo entre las Farc y el Gobierno, Lozada, sin saber todavía muy bien quiénes eran los otros generales que venían con Flórez, se acercó a dos oficiales para ver si era posible sostener una charla informal, lejos del protocolo. Se pusieron a conversar sobre combates y, en medio de la charla, Lozada advirtió que los oficiales habían estado al frente de importantes operaciones en el suroriente del país, su misma área durante los últimos diez años. En especial, le llamó la atención el oficial que tenía a su izquierda, un militar de mirada dura, quien al parecer también había sido jefe de operaciones de la Fudra en el 2007, precisamente el año del ataque al campamento del que él había salido vivo milagrosamente.

Uno de los oficiales que estaba en el corrillo —el coronel Rodríguez— le confesó que llevaba muchos años buscándolo en Bogotá para capturarlo. Lozada le puso su mano en el hombro y le soltó:

—En cambio el general Rojas sí me ubicó bien porque me pegó un tiro —dijo sin estar del todo seguro de si era él o no.

Rojas respondió a la franqueza de Lozada con una carcajada nerviosa.

—¡Yo pensé que usted no sabía quién era yo! —le dijo sorprendido.

—Yo sí sabía.

—Déjeme ver la cicatriz.

Carlos Antonio de inmediato se subió la guayabera blanca y le mostró una gruesa cicatriz que le salía de la parte lumbar, le recorría la cadera izquierda y terminaba en la ingle.

—Esta fue la chamba que usted me dejó —le dijo Lozada.

El general Rojas, al ver la cicatriz, recordó paso a paso la operación súper secreta realizada en el 2007, cuando él era el jefe de operaciones de la Fudra. Con esa facilidad con que se entienden los combatientes que saben que la guerra es inhumana, Rojas le contó a Carlos Antonio que esa operación no iba dirigida contra él sino contra Antonio, el Campesino, y que para ellos había sido una novedad saber que él estaba ese día allí en ese campamento. Cuando las tropas entraron y vieron más guerrilleros de los que esperaban sospecharon que en el campamento se encontraba un comandante. "Solo vinimos a confirmar que usted había estado en el campamento cuando descubrimos que uno de los computadores incautados era el suyo", le confesó.

—Ese día, general, que ustedes hicieron el operativo, se llevaron todas mis pertenencias, incluido un álbum familiar en donde estaban las fotos de mi esposa y de mis dos hijos, que son las únicas que tengo de ellos cuando eran pequeños —le dijo sabiendo que estaba pisando terrenos que no conocía—. No sé si usted se acuerda, general.

—Todo el material que nosotros les incautamos tiene que estar debidamente guardado —le respondió Rojas un tanto sorprendido por el comentario de Lozada.

—¿Será que usted puede indagar si ese álbum familiar está todavía en algún lugar? —le preguntó mirándolo a los ojos.

El general Rojas no le dio ninguna respuesta y Lozada tampoco le volvió a insistir.

La comisión de desarme sesionó durante cerca de año y medio en La Habana y a lo largo de ese tiempo los cinco generales liderados por el general Flórez, así como los negociadores de las Farc encabezados por Carlos Antonio Lozada fueron deconstruyendo sus roles históricos y acercando sus visiones en el terreno táctico con una facilidad que desconcertó a muchos. En los recreos entre una reunión y otra solían hablar de operaciones en las que los militares contaban cómo las habían planeado y los guerrilleros les respondían cómo las habían sorteado. La guerra es muy compleja pero también muy simple porque tiene unos códigos que solo comprenden quienes han estado en sus entrañas.

En un tiempo récord se acordaron los protocolos del desarme y el cese al fuego bilateral se firmó en junio del 2016 en La Habana. El día de la firma de ese acuerdo histórico en el que decidieron parar la guerra, el general Rojas caminó hacia donde estaba Carlos Antonio Lozada y le entregó una bolsa.

—Gracias —le dijo Lozada haciendo un gesto de curiosidad.

En frente del general Rojas, que lo miraba expectante, el jefe guerrillero sacó de la bolsa el álbum familiar con todas las fotos de sus hijos y de su esposa que hacía once años le habían incautado. El jefe guerrillero miró las fotos y sintió un nudo en la garganta. Levantó la mirada y le dio la mano en un gesto mudo que el general Flórez entendió.

El helicóptero que llevaba al general Flórez y su comitiva a las sabanas del Yarí apagó sus rotores; los guerrilleros de las Farc asistían atónitos a la primera visita de un general desarmado a su campamento. Del aparato también descendían el almirante Romero, el coronel Sarmiento, el general argentino Pérez Aquino y Jean Arnault, estos últimos delegados por las Naciones Unidas, el uno como jefe de observadores y el otro como jefe de la misión en Colombia. Carlos Antonio Lozada, vestido con su uniforme de comandante de las Farc, salió a su encuentro, también desarmado pero escoltado por cinco guerrilleros que llevaban sus armas al hombro.

Flórez y Lozada se saludaron con el respeto que suelen tenerse los guerreros que se han combatido hasta la muerte y que conocen los códigos de honor que operan en el campo de batalla.

Luego de la firma del acuerdo del cese al fuego en La Habana, las Farc enviaron a Colombia a Carlos Antonio Lozada para que se hiciera cargo de los protocolos que se tenían que activar para proceder al desarme. Según lo acordado, las Farc, deberían salir de sus enclaves e iniciar el proceso de reubicación a más tardar el 31 de diciembre del 2016. Una vez las Farc estuvieran reubicadas en esas zonas de transición, debía procederse al desarme. Esta cronología estaba sujeta al resultado del plebiscito.

La visita del general Flórez al Yarí era secreta y no trascendió a los medios sino mucho tiempo después. La razón para semejante sigilo era que en un sector del Ejército, sobre todo en el de los retirados, no había caído bien el acuerdo que creaba las llamadas zonas de transición que, regadas por todo el país, recibirían a las guerrillas como paso previo a su desarme. El Ejército había propuesto que esas zonas de transición fueran siete y las Farc plantearon ochenta. Al final, la canciller María Ángela Holguín, en una de las negociaciones más difíciles que tuvo el proceso, logró un número intermedio y se acordaron veintiséis zonas, más siete puntos menores donde se reunirían grupos más reducidos de guerrilleros.

De inmediato los militares retirados alzaron su voz aduciendo que esa negociación había beneficiado a las Farc en detrimento de la dignidad de las Fuerzas Armadas porque creaba nuevos enclaves de la guerrilla. El día que se anunció en La Habana el acuerdo de las zonas de transición, las críticas recayeron especialmente en el general Flórez, quien, atribulado por lo que le estaba sucediendo, se fue a acostar con un fuerte dolor de cabeza; al otro día, en el avión que los llevaba de vuelta a Bogotá, sufrió un preinfarto que no pasó a mayores gracias a que con él venía el senador Roy Barreras, que es médico y le prestó los primeros auxilios.

Por ser este un tema tan sensible, el presidente decidió enviar al general Flórez al Yarí a que dialogara con Carlos Antonio Lozada para delimitar muy bien las zonas donde las Farc se iban a reagrupar y para afinar la manera como iban a operar los mecanismos de verificación en esas áreas y evitar que se convirtieran en nuevos enclaves de las Farc, como ya lo estaba pronosticando la oposición uribista.

—General, tenemos dos opciones —le dijo Lozada cuando salió al encuentro de Flórez en el Yarí—, podemos hacer la reunión en esta casa campesina o vamos al campamento de las Farc; usted decide.

—Vamos al campamento —le contestó sin pensarlo dos veces.

Carlos Antonio no esperaba que el general accediera a ir a un campamento de las Farc.

—Fue una sensación extraña —me confesó el propio general cuando le recordé esa primera visita al campamento de Lozada en el Yarí—. Los guerrilleros se me acercaban, hombres y mujeres, muy amables a pedirme una fotografía y por un momento dudé en si debía tomarme fotos con ellos.

Si les decía que no aceptaba tomarse una foto enviaba una señal de que las cosas no habían cambiado, pero si las aceptaba corría el riesgo de que las empezaran a circular por internet sin ningún contexto y eso también era una carga muy difícil de sobrellevar. Flórez, ya jugado como estaba, aceptó el riesgo y se dejó tomar las fotos.

El campamento, situado a pocos kilómetros de los tepuyes del Parque Natural Serranía de Chiribiquete conocido como la "capilla Sixtina" del Amazonas, estaba oculto bajo la escasa selva húmeda que queda en el Yarí, talada al extremo de que hoy se ha convertido en lotes de engorde.

Construido en forma de estrella, el campamento se integraba por corredores delimitados en guadua alrededor de los cuales quedaban los dormitorios de los cerca de ochenta hombres y mujeres que formaban parte de la columna Jacobo Arenas del Bloque Oriental. El baño se había construido al lado de un nacimiento de agua y en el centro del campamento se encontraba una gran carpa que cubría una larga mesa rectangular y el acceso a un búnker construido bajo tierra para protegerse de los bombardeos aéreos. Sin embargo, desde el "desescalamiento" de la guerra lo utilizaban como aula para instruir a los guerrilleros sobre el acuerdo de paz.

Ese búnker, cuyas paredes aún conservaban los ecos de la guerra, fue testigo de la primera reunión entre dos enemigos históricos.

—General —le dijo Lozada a Flórez—, nosotros queremos que sea el Ejército el que nos garantice la seguridad en todo el proceso de transición que vamos a iniciar de la guerra hacia la paz.

Pese a que las Farc ya habían dicho en La Habana que querían al Ejército como parte del mecanismo tripartito que creaba el acuerdo para iniciar el proceso de transición hacia la paz, el general Flórez no dejó de mostrar cierto asombro con la petición.

—Lo voy a consultar con el alto mando —dijo el general Flórez avisado de que esa petición reflejaba una confianza construida poco a poco, que le había dado una dinámica especial al proceso.

Cuando Flórez informó al alto mando de la insólita petición de las Farc, el general Mejía, comandante del Ejército, casi no lo puede creer. Después de un fuerte debate, las Fuerzas Militares aceptaron el desafío, una tarea tan complicada como la misma guerra.

Días antes de que la décima conferencia de las Farc tuviera lugar en esas selvas del Yarí, en donde las Farc se iban a proclamar como un partido político, el general Flórez llamó a Carlos Antonio para darle una noticia:

—Tenemos una novedad —le dijo en un tono que preocupó a Lozada.

—¿Cuál será?

—Acabamos de incautar material de la décima conferencia —le informó—; cayó en un retén militar y lo llamo para decirle que se lo estoy enviando.

El día después de la firma del acuerdo de paz en Cartagena, el general Flórez y Lozada fueron a visitar las zonas de reubicación de las Farc con el propósito de que todo estuviera listo para activar los protocolos luego de las elecciones del plebiscito. Ninguno de los dos se preguntó qué podría pasar si el plebiscito se perdía porque la sinergia que se había construido entre ambos hablaba por sí sola de lo que este acuerdo ya había logrado.

Aquel domingo 2 de octubre al general Flórez se le aguaron los ojos cuando vio por el televisor de la sala de su casa, al lado de su esposa y de su hijo, cómo se iba apagando el Sí.

Capítulo 9

La debacle

A las cuatro y diez de la tarde, antes de que la Registraduría ofreciera su primer boletín por la televisión, María Clemencia se escabulló de sus invitados por unos instantes y entró a la biblioteca. Quería estar al lado de su esposo en este momento crucial donde iba a decidirse todo.

La biblioteca presidencial es un sobrio y agradable rincón estilo inglés de la casa privada, la morada habitual de la familia presidencial, ubicada en un ala del viejo y frío Palacio de Nariño, una antigua construcción que siempre ha requerido de un riguroso mantenimiento.

A su anterior inquilino, el expresidente Álvaro Uribe, nacido en Medellín, la capital del departamento de Antioquia, uno de los veinte en los que se divide el país, nunca le gustó vivir en la capital y utilizó muy poco la casa privada. Su condición de próspero hacendado y dueño de fincas de clima medio, no encajaba en esta fría y húmeda casa. Uribe prefería pasar los fines de semana cabalgando por sus propiedades, cuidando de sus caballos y terneros que viviendo entre esas inhóspitas paredes. Desde sus fincas se desplazaba los sábados a diferentes regiones del país para realizar los famosos Consejos Comunitarios en los que personalmente solucionaba los problemas de la comunidad y les daba órdenes a sus ministros allí presentes para que procedieran a ejecutar las decisiones tomadas.

Los pocos días de la semana que despachaba desde el Palacio de Nariño se sentía enclaustrado y preso de las élites capitalinas que siempre había despreciado pero que se vio obligado a tolerar porque las necesitaba para gobernar.

Durante sus ocho años de mandato esta casa privada pasó a ser un lugar de paso. Se fue llenando de humedades y goteras que nunca se arreglaron bajo la premisa un tanto extrema de que gastar en esos arreglos era una manifestación de un gobierno derrochón.

El día en que Santos entró a la casa privada como presidente electo encontró que requería de muchos arreglos y tuvo que posponer su traslado por tres meses más, mientras se llevaban a cabo.

Santos sí provenía de una familia adinerada pero no era terrateniente ni negociante de tierras, como la familia del expresidente Uribe; sólo poseía una finca de recreo de tres hectáreas en Anapoima, a unos noventa kilómetros al suroccidente de Bogotá. El poder de Juan Manuel Santos no estaba asido a la tierra sino a su estirpe: pertenece a esa élite capitalina acomodada y cosmopolita que maneja los hilos del poder, la misma que, a regañadientes, Uribe tuvo que incorporar a su proyecto político. Esa condición le dio a Santos la holgura y la libertad que nunca tuvo Uribe para abordar el tema de la tierra, uno de los nudos gordianos del conflicto en Colombia.

Producto de las mejoras hechas a la casa privada se habilitó una pequeña biblioteca para que el presidente pudiera trabajar hasta altas horas de la noche, sin que tuviera que hacerlo en su frío despacho del piso de abajo.

El espacio es acogedor y en la decoración se nota la mano de María Clemencia, que se esmeró para que no pareciera tan impersonal como los demás rincones de la casa privada.

El presidente estaba sentado en su escritorio cuando su esposa entró a acompañarlo. Tenía la televisión prendida para ver los resultados electorales. El primer reporte se produjo a las cuatro y diez de la tarde, con tan solo el 1,73 % de las mesas escrutadas. El Sí apareció ganando con una ventaja precaria, de no más de tres mil votos. La diferencia inquietó a María Clemencia que miró preocupada a su esposo. Santos, sin pronunciar palabra, la tranquilizó con la mirada.

A las 4 y 14, un minuto antes del segundo boletín, el presidente prendió un cigarrillo y recibió con una bocanada de humo el segundo informe que traía el 5,8 % de las mesas escrutadas: el Sí aparecía con 179 992 votos y el No con 166 705 votos. Esos 13 287 votos de diferencia los recibió con el aplomo propio del estratega que presiente su victoria. Se acomodó en su asiento como si se le estuvieran empezando a acoplar las últimas fichas de su estrategia.

La biblioteca empezó a llenarse con el bullicio de la fiesta que apenas comenzaba, mientras Santos y su esposa se preparaban para recibir el boletín de las 4 y 20, que ya traía el 15 % de las mesas escrutadas. Apuntó los nuevos datos: el Sí aumentaba la ventaja, pero solo en 28 900 votos. La escasa diferencia no lo alarmó pero sí lo desconcertó porque esa cifra no estaba en sus cálculos. Algo inquieto, prendió otro cigarrillo.

Todavía confiado en que le quedaban algunos ases bajo la manga, a las 4 y 25 —exactamente cinco minutos más tarde— escuchó el boletín número cuatro, pero de nuevo las cifras fueron desalentadoras: el Sí no se disparó —como él creía— y en cambio el No acortó su diferencia. Ahora —con el 30 % de las mesas escrutadas— la diferencia era solo de 17 666 votos. No lo podía creer. Un leve escozor en su cuerpo lo hizo volver a acomodarse en el asiento.

—No te afanes —le dijo a María Clemencia— falta la votación de la costa atlántica.

Aunque hasta ese momento nada de lo sucedido era lo que había previsto, Santos no perdió la esperanza. La balanza se iba a inclinar por el Sí cuando empezaran a contar los votos de la costa.

Cuando su esposa salió de la biblioteca a retomar su papel de anfitriona, el presidente un tanto atropellado por lo que había pasado en los últimos quince minutos, aprovechó para recalcular sus escenarios pensando que su triunfo iba a ser más apretado de lo previsto. Así de confiado estaba.

Ansioso, esperó el reporte de las 4 y 30 pero las nuevas cifras lo desconcertaron aún más: con el 50 % de las mesas escrutadas la distancia entre el Sí y el No era de escasos 10 862 votos.

No se alteró porque seguía convencido de que en el próximo reporte esta tendencia se iba invertir. Le parecieron horas los cinco minutos que tuvo que esperar para escuchar el boletín número seis, con casi el 70 % de las mesas escrutadas. De no repuntar el Sí….

Contuvo la respiración y con los músculos del cuerpo tensionados, escuchó el boletín número cinco. El mundo se le vino encima cuando escuchó que el Sí solo aventajaba al No por apenas 5 330 votos.

Hasta su biblioteca llegaron los lamentos que produjo ese boletín entre los invitados, muchos de los cuales empezaban a irse al ver la posibilidad de una derrota. El expresidente César Gaviria fue uno de los primeros en abandonar el festejo sin importarle demasiado su papel como jefe de debate en la campaña por el plebiscito.

Inquieto, pero sobre todo desconcertado, el presidente Santos decidió dirigirse a la zona social y allí saludó a varios de sus asesores y ministros, que dejaban ver en sus rostros la misma sombra que ya le empezaba a atravesar el alma.

María Clemencia de Santos y su hijo Martín, visiblemente afectados, lloraban de manera desconsolada. De la mujer altiva, siempre tan bien puesta que horas antes había recibido a sus invitados, fresca y radiante, no quedaba rastro. Su rostro anegado por las lágrimas no sólo reflejaba desconcierto, sino dolor. Más que abatida se le veía herida, como si estos resultados no solo fueran un batacazo contra el acuerdo de paz, sino un ataque personal que los impulsores del No le asestaban a su marido y a su familia. "Qué guarapazo" repetía una y otra vez llevándose la palma de las manos a su quijada en una señal de desconcierto. Su hijo Martín, con la mirada triste puesta en el suelo —todavía no daba crédito a lo que decían los reportes de la registraduría— no paraba de llorar.

El presidente, imperturbable, se dirigió a donde estaba su familia con el ánimo no solo de reconfortarlos sino de pedirles algo de compostura. No era el momento para dejarse llevar por las emociones y tampoco quería que se vieran tan abatidos. No era justo con ellos.

La derrota no produjo en Santos ninguna reacción fuera de tono. No alzó la voz, no se exasperó ni llamó a pedirle cuentas a nadie. Tal era su fama de que nada lo sacaba de casillas que sus colaboradores más cercanos decían que la verdadera razón por la que Santos nunca perdía los estribos en los momentos de crisis era porque, en lugar de sangre, lo que corría por sus venas era agua aromática. A pesar de todo, el rictus que se advirtió en su rostro aquella tarde del 2 de octubre dejaba notar su molestia y su perplejidad.

Camino a la biblioteca se cruzó con las caras largas de algunos de sus ministros, una de ellas la de Gina Parody, a quien Santos había encomendado liderar la campaña del plebiscito por el Sí mediante licencia de un mes de su cargo como ministra de Educación. Inconsolable, estaba sentada en un sillón con la mirada fija en el suelo. Ni siquiera se dio cuenta de que el presidente había pasado frente a ella.

A pocos pasos de la biblioteca se encontró con Humberto de La Calle, su vocero durante los cuatro años de negociaciones en la mesa de La Habana, y por señas le pidió que lo acompañara.

Santos se sentó en la silla enfrente de su escritorio y Humberto hizo lo mismo en el asiento en que momentos antes se había sentado la primera dama. En silencio, los dos oyeron el séptimo boletín de la Registraduría y comprobaron cómo el Sí se desvanecía mientras que el No avanzaba a pasos agigantados, situándose a tan solo mil votos de diferencia.

Incapaz de digerir todavía lo que estaba sucediendo, el presidente recibió a las 4 y 45, el boletín número ocho. El No aventajaba al Sí por 24 729 votos y las pocas esperanzas que le quedaban se esfumaron. A las 4 y 50 la derrota ya estaba consumada: el No había ganado por 50 000 votos. Santos ni siquiera tuvo fuerzas para contener el aliento.

Mientras los periodistas que estaban transmitiendo los resultados electorales por la televisión —también bastante sorprendidos— daban como virtual ganador al No, el presidente prendía un cigarrillo y se acomodaba en la silla de su escritorio, intentando procesar lo sucedido. Humberto, que no sabía muy bien qué hacer ni qué decir, hacía lo propio en su silla.

Por la forma en que pesaba ese silencio era evidente que las palabras sobraban. Habían pasado tan solo 45 minutos desde el primer informe de la Registraduría y nada hasta ahora parecía coincidir con lo previsto. Santos, que se ufanaba de mantener las cosas bajo control, cuidadosamente planificadas, había terminado víctima de las circunstancias, de la contingencia y de su mal cálculo político.

Comprendió que había subestimado los efectos del coletazo del huracán en la costa atlántica. Se equivocaron al descartar la propuesta de suspender las elecciones por el temor de que eso fuera a darle municiones a la oposición.

Sus ojos miraron las imágenes del televisor pero por dentro —en el fondo de su ser impenetrable— presintió que todo lo que había construido en cinco años de negociaciones en La Habana se había esfumado en los últimos treinta minutos.

"Fue como si se me hubiera caído la estantería", me confiesa Santos un año después de la derrota, sentando en la misma silla de la biblioteca que atestiguó aquella debacle mientras lo veo prender su tercer cigarrillo y el humo que exhala se escapa, como se le escapó el triunfo esa tarde fatídica del 2 de octubre. "Dos expresidentes estadounidenses, Truman y Roosevelt, dicen que el póker es lo que más se parece a la vida humana y a la política", agrega subiendo las cejas como revelándome sus más recónditos fantasmas. "Al igual que en la política, en el póker uno tiene que saber cuáles son las reglas de juego; tiene que saber medir a los adversarios, saber hasta dónde pueden llegar y cuándo debe darse uno la pela. Uno no se puede entusiasmar mucho porque en el póker, quien pone las reglas las tiene que cumplir… y sí: me confié demasiado."

Hasta este día fatídico, toda la estratagema diseñada por Santos había salido bien: a su llegada al poder dio un timonazo hacia la paz y tras cuatro años de arduas negociaciones, a pesar de sus bajos índices de popularidad y de los embates de una oposición implacable, logró firmar un acuerdo que se calificaba de imposible con las Farc, reduciendo así las estadísticas de muertes en combate a sus mínimos históricos. La elección de Barak Obama en los Estados Unidos, quien llegaba al poder con la propuesta de descongelar las relaciones con Cuba y de establecer una relación con América Latina distinta a la impuesta por la Guerra Fría, coincidió con la negociación. Santos no tuvo que hacer muchos esfuerzos para que Obama se sintonizara con sus propósitos de paz, al tiempo que lograba restablecer las relaciones con la Venezuela de Chávez y el Ecuador de Correa. Hasta el papa Francisco envió un delegado a La Habana como demostración de su apoyo al proceso. Solo le faltaba pasar la última prueba para que todo se le diera y ese último obstáculo eran las elecciones del plebiscito. Confiado en que tenía los astros alineados dio por hecho que ese era el obstáculo más fácil de sortear y cuando ya se sentía en el zenit de la victoria, el andamio se le vino encima.

Más que solo, se vio aislado de todo y de todos, como si el peso de la derrota lo hubiera empujado hacia un destino incierto. El poder que detentaba empezó a antojársele liviano y una orfandad lúgubre lo fue envolviendo hasta dejarlo inmóvil.

Al cabo de unos minutos de embarazoso silencio, el presidente salió de su mutismo. Impávido, miró a Humberto de La Calle y le hizo una confesión:

—Humberto, tengo que decirle que nunca me esperé este resultado —le dijo con una genuina convicción—. Habrá que evaluar lo que debo hacer y todos los escenarios son posibles, entre ellos el de mi renuncia. Ayúdeme a pensar cómo manejamos esto.

De La Calle se sintió honrado por esta confesión, que entendió como un acto de confianza, pero la franqueza de Santos lo dejó aún más perplejo. Ese acto de contrición del presidente le permitía advertir lo expuesto que había quedado con la derrota. El gran estratega, el que nunca daba un paso sin haberlo estudiado antes, el presidente que gobernaba desde el Olimpo con la reciedumbre de los emperadores romanos, le revelaba que se había quedado sin libreto porque solo estaba preparado para la victoria.

La posibilidad de su renuncia no le parecía exenta de lógica pero no se atrevió a discutirla con él porque de inmediato adoptó una actitud aún más enigmática e indescifrable que de costumbre. Pasado este minuto de flaqueza, el presidente rápidamente se recompuso y sin que Humberto de La Calle hubiera alcanzado a reaccionar, llamó a su secretario privado, Enrique Riveira, un joven diligente que entró a la biblioteca con una cara de preocupación que el presidente registró de inmediato.

—Llámeme, por favor, a los negociadores —le dijo en tono imperativo.

Uno a uno fueron entrando a la biblioteca y a todos les impactó el gesto de perplejidad que le vieron al presidente. Santos los recibió sin mirarlos, sentado en su escritorio, casi estático, con la mirada apuntando hacia el infinito.

El presidente, que ya se disponía a cerrar la puerta de la biblioteca, advirtió que venía otro de los plenipotenciarios y le hizo señas para que entrara pero cuando notó que detrás se acercaba su secretario general, Luis Guillermo Vélez, le cerró el paso y, en un ademán brusco, extraño en él, por poco le cierra la puerta en sus narices.

Ese portazo fue la única expresión salida de tono que se le vio aquel día. Como fuera, Santos se hizo entender. En este momento decisivo solo quería estar con su equipo negociador, con los hombres y mujeres que lo habían acompañado durante cinco largos años en La Habana. Ante ellos no era necesario explicar sus silencios ni los porqués de tan estruendosa derrota.

Los negociadores se quedaron de pie alrededor del presidente, y Santos permaneció sentado en su escritorio, en silencio. Por más consejeros o asesores que lo estuvieran rodeando, era consciente de que, al final, las decisiones que tenía que tomar eran, ante todo, un acto solitario, que solo él podía ejercer. "Ese día supe lo que significa la soledad del poder", acepta con un gesto que todavía refleja asombro, como si esa experiencia le hubiera permitido conocer los secretos mejor guardados de lo que le sucede a un ser humano cuando se enfrenta a su máximo arbitrio.

El silencio pesaba tanto como la impotencia y ninguno de los negociadores se atrevía a romperlo por temor a interrumpir su ensimismamiento.

¿Acaso el acuerdo de 279 páginas era un texto farragoso, lleno de artículos, de incisos, demasiado confuso para ser digerido por los colombianos? ¿Qué había fallado si todo lo tenía muy bien planificado? ¿Sería que la campaña por el Sí había pecado de gobiernista y el acuerdo había terminado pagando las consecuencias de sus bajos índices de popularidad? ¿Acaso había menospreciado el poder de su enemigo, Álvaro Uribe, y el odio que generaban las Farc en amplios sectores de la sociedad?¿Dónde estaba el error?

Rodeado por sus negociadores, todos esos interrogantes pasaron por su mente, hasta que fiel a su naturaleza de hombre racional, decidió ponerle freno a esas cavilaciones que ya empezaban a atormentarlo.

Se aisló por un instante —como lo hace cuando medita— y ordenó sus pensamientos. Sentía que su mente iba a mil por hora y que era el momento de dejar de mirar atrás para pensar en lo que tenía que hacer de ahí en adelante.

Sin cruzar palabra con sus negociadores, Santos recordó de nuevo a Winston Churchill, un hombre que también había conocido la humillación de la derrota: él decía que los momentos críticos también servían como una oportunidad de la que podían salir cosas buenas.

Se reacomodó en su asiento y, como solía hacer en los momentos de crisis, dibujó en su mente una "T", como la de los empresarios cuando evalúan riesgos. De un lado puso los costos y del otro lado los beneficios y se dispuso a evaluar mentalmente sus opciones.

La primera era la más lógica: poner su renuncia sobre la mesa, con la dignidad de quien acepta la responsabilidad de la derrota. Quien había insistido en el plebiscito desde el primer momento, pese a la oposición de varios de sus asesores y de las propias Farc, era él. Aunque los acuerdos de paz no necesitaban ser refrendados a través de un plebiscito porque la Constitución le confería la potestad de sentarse a negociar con la guerrilla, él se había obstinado en presentar el acuerdo a consideración de los colombianos. Esa era su manera de responderle a una oposición que lo tenía seco con el sambenito de que el acuerdo de La Habana era una entrega del país a las Farc. Si el plebiscito se había perdido debía asumir esa responsabilidad porque él era el padre de esa criatura.

Se le vino a la mente lo sucedido meses atrás en Inglaterra, cuando los partidarios de la salida de su país de la Unión Europea ganaron el plebiscito propuesto por el primer ministro James Cameron en contra de los pronósticos. Tras la inesperada derrota, el primer ministro renunció a su cargo y asumió de esa forma su responsabilidad política.

Con sangre fría, Santos puso la opción de su renuncia sobre el escenario imaginario en el que parecía estar diseñando su nueva estrategia y trazó la "T". Si renunciaba como lo había hecho Cameron daba el mensaje de que el acuerdo de paz era letra muerta y, peor aún, quedaba ante la historia como un fracasado. Ya se imaginaba a las Farc de nuevo en el monte y al país sumido en el caos y la incertidumbre. Su renuncia podía ser el paso más lógico a seguir si se trataba de asumir dignamente la responsabilidad de una derrota, pero si su salida del cargo generaba un caos que podría echar por la borda el acuerdo de paz, le pareció que no valía la pena. A pesar de todo prefirió no descartarla hasta no atender la opinión de sus negociadores.

Su segunda opción era no renunciar y desconocer el resultado del plebiscito alegando que, debido al huracán, muchos colombianos no habían podido votar en la costa atlántica. Los últimos datos arrojaban casi un millón de votos por debajo de lo esperado para la costa. Aunque tenía cómo sustentar esa opción con fuertes argumentos jurídicos, el costo le parecía muy alto ya que corría el riesgo de incendiar el país en momentos en que era imprescindible que prevaleciera la calma. En ese momento se dio cuenta de que tenía que salir lo más rápido posible a reconocer el resultado antes de que la oposición o las Farc se pronunciaran. No podía perder la iniciativa.

La tercera opción lo hizo prender otro cigarrillo: traer de La Habana al Secretariado y deshacer todo lo pactado con esa guerrilla, lo cual significaba volver a la guerra. Ese escenario era un acto de aceptación del resultado del plebiscito pero le parecía una alternativa desastrosa para el país.

Cuando ya tenía ordenadas en su mente sus opciones, sin que asomara en su rostro ninguna alteración, sacó su esfero Mont Blanc y tras veinte minutos de cavilaciones rompió su silencio, alistándose a escribir en un bloc de hojas en blanco.

—Aquí hay varias opciones para estudiar —les dijo con voz clara y contundente.

De manera pausada expuso una a una las opciones tabuladas mentalmente, a la espera de que sus negociadores pudieran nutrir con nuevos insumos la “T” de opciones.

Cuando los negociadores oyeron que el presidente estaba considerando seriamente su renuncia, se miraron entre sí. Ellos también fueron haciendo el ejercicio de revisar el escenario de la renuncia. Si se llegaba a eso quien debía reemplazarlo era el vicepresidente Germán Vargas Lleras, un ambicioso dirigente político con aspiraciones presidenciales cuyo grupo político había sido uno de los más beneficiados con la famosa “mermelada”[5]. Vargas no solo se mantuvo al margen del proceso de paz sino que

5 Así se llama en Colombia a los recursos que reciben los parlamentarios con el aparente propósito de ser invertidos en las regiones que representan cuando, en realidad, son una suerte de reconocimiento por aprobar las leyes que el Gobierno de turno propone al Congreso.

expuso serios reparos a varios de los temas medulares. Ninguno lo dijo en voz alta pero a muchos de los negociadores les resultaba muy desalentador que un político como él, cuyo apoyo a los acuerdos siempre había sido muy tibio, resultara ahora encargado de defenderlos.

—Presidente, ni se le ocurra renunciar —le dijo la ministra María Ángela Holguín, la primera en romper el silencio—. Eso ni nos ayuda a salir de esta crisis ni le sirve al país… Creo que es urgente mirar otras opciones.

Las palabras de la ministra fueron secundadas por Frank Pearl y el general Naranjo, afirmando que su renuncia era un peligroso salto al vacío. Humberto de La Calle, venciendo el estupor de la derrota, también dio su opinión.

—No creo que este sea el momento para renuncias ni para devolver a las Farc al monte. Presidente, acuérdese que podemos ser acusados de perfidia[6] —dijo mirando a Santos primero y luego a todos los allí presentes—. Antes de decidir cualquier cosa creo que es necesario saber primero qué opinan las Farc y cuál es su posición. Si ellos dicen que vuelven a la guerra… ¡pues listos! —remató De La Calle.

Sergio Jaramillo, quien había guardado silencio desde que entró en la biblioteca, era el único de los negociadores con el semblante relajado, como si los cuatro años de negociaciones en La Habana le hubieran servido para desarrollar una especial resistencia a las crisis. El alto comisionado intervino para leer un trino que acababa de escribir Timochenko, el jefe de las Farc: "Las Farc siguen con la voluntad de seguir adelante, en pos de la paz", leyó de su celular, subrayando al final lo positivo del mensaje.

6 Se incurre en ese delito si una de las partes en un armisticio viola el compromiso asumido.

Humberto de La Calle salió un instante de la biblioteca por la puerta que da al patio interior y marcó el número en La Habana del jefe guerrillero Iván Márquez, vocero de las Farc en las negociaciones:

—Maestro —le dijo—, lo estoy llamando desde el palacio presidencial. Acabamos de ver el trino que sacó Timochenko y nos pareció positivo…

—Pues nosotros estamos aquí todavía evaluando los últimos acontecimientos —le respondió con ese tono mordaz que fue su sello a lo largo de los cuatro años de negociaciones.

—¡Oiga, maestro! Creo que, con lo que ha pasado, tenemos que abrir de nuevo el proceso y para ello es necesario reabrir la mesa.

El tono de urgencia que revelaba Humberto en sus palabras fue advertido por Iván Márquez, en ese momento reunido con todos los comandantes de las Farc en el emblemático Hotel Nacional de La Habana. Allí estuvieron viendo la transmisión de las elecciones por el servicio de canal cerrado porque en la casa de El Laguito no lo tenían. Al momento de la llamada de Humberto, las Farc estaban ya redactando un comunicado oficial. Ellos, a diferencia de Santos, siempre mantuvieron entre sus cábalas la posibilidad de la derrota. Desde el inicio se opusieron a este mecanismo de refrendación porque se ponía en riesgo lo acordado en La Habana. "Se puede convertir en un plebiscito contra Santos teniendo en cuenta sus bajos índices de popularidad", me dijo Pastor Alape, el comandante del Bloque del Magdalena Medio y miembro del Secretariado, unas semanas antes, en la recepción del Hotel Parque Central de La Habana.

A regañadientes, las Farc terminaron aceptando el mecanismo del plebiscito pero volvieron a protagonizar un nuevo conato de crisis, en junio del 2016, cuando supieron que, de manera unilateral, se había incluido en un acto legislativo ya aprobado por el Congreso una cláusula que condicionaba la implementación de los acuerdos al resultado del plebiscito. Es decir, que si el plebiscito se perdía, lo firmado en La Habana se convertía en letra muerta. La crisis escaló a tal grado que las Farc decidieron suspender los diálogos y cortar todo vínculo con Sergio Jaramillo y Humberto de La Calle, a quienes responsabilizaban de ser los autores de esa cláusula. Para desempantanar el proceso, y viendo que se le agotaba el tiempo, Santos aceptó la propuesta hecha por Álvaro Leyva de acabar la mesa de La Habana y terminar la negociación en un cónclave en el que Jaramillo y De La Calle no fueran los directores de la orquesta.

Al cabo de diez días de intensas negociaciones, el 23 de agosto del 2016 se acordó el texto final del acuerdo y al otro día, convencido de que tenía a los astros alineados, Santos le anunció al país que las elecciones del plebiscito se realizarían el domingo 2 de octubre.

A estas alturas del partido, poco les servía a las Farc haber presentido que el plebiscito podía perderse. En ese momento varias columnas guerrilleras se encontraban fuera de sus enclaves bajo la seguridad del Ejército, rumbo a los nuevos lugares donde debían iniciar su proceso de desarme. Las Farc estaban más que expuestas, a merced del Ejército, y era evidente que el balón estaba en el campo del presidente Santos. Tenía que desenredar el ovillo que él mismo había enredado y si no lo hacía rápido, a las Farc no les iba a quedar más remedio que devolverse a la guerra.

—Entendemos lo que nos propone. Yo creo que lo mejor es que vengan lo más pronto posible a La Habana para ver cómo enfrentamos la nueva situación. Nosotros estamos dispuestos a seguir trabajando por la paz, doctor Humberto —le dijo Márquez antes de colgar.

La corta y explícita conversación reconfortó a Humberto de La Calle y más confiado caminó de vuelta a la biblioteca a darle la buena nueva al presidente.

—Creo que es necesario que Sergio y yo vayamos a La Habana lo más pronto posible para hablar más tranquilamente con ellos.

—Pues lo mejor es que se vayan mañana mismo —contestó el presidente.

Poco a poco Santos iba pasando a la acción. No solo necesitaba mandar a sus negociadores a La Habana a hablar con las Farc y saber en qué tónica andaban. También necesitaba saber qué estaba pensando su archienemigo, el expresidente Álvaro Uribe.

Como si le estuviera leyendo la mente, Sergio Jaramillo intervino:

—Yo creo que lo que se debería hacer es salir a reconocer el resultado electoral. De esa manera se le quita a la oposición el argumento, que ya se está esparciendo a modo de rumor por las redes, de que el presidente no va a reconocer el resultado.

Y aunque se estaba metiendo en una camisa de once varas, propuso ir más allá:

—Creo que no solo hay que reconocer el resultado. El triunfo del No nos obliga a hacer una negociación con ellos —afirmó de manera tajante.

A Santos le pareció que valía la pena evaluar la propuesta de dialogar con el No y la sometió a su tabla de costos y beneficios. Esa opción le permitía no solo aceptar el resultado sino que abría la posibilidad de renegociar con el No un nuevo acuerdo.

Frank Pearl advirtió que le parecía extraño el que hubiesen pasado ya 45 minutos desde que se anunciara el triunfo del No y no se conociera todavía ninguna reacción de Uribe a través de su twitter.

—Solo se ha pronunciado Pacho Santos —le dijo—. Y el trino tiene un tono conciliador.

La advertencia de Frank más la propuesta de Sergio Jaramillo de abrir un diálogo con el No, lo llevaron a una nueva reflexión. "¿Y si resulta que los del No están tan desconcertados con el triunfo como nosotros con la derrota?", se preguntó. Si ese era el escenario, la posibilidad de abrir un diálogo con el No, una opción que inicialmente no había contemplado, empezaba a tomar forma.

Gonzalo Restrepo, el importante y exitoso empresario del grupo económico conocido como el Sindicato Antioqueño, uno de los más importantes y poderosos de Colombia, tomó la palabra. Restrepo, que había sido nombrado en representación de los empresarios y su llegada a la delegación se interpretó como un espaldarazo de ese poderoso grupo al proceso de paz, desempeñó su papel de negociador en La Habana siempre dentro de un bajo perfil, pese a ser uno de los empresarios más exitosos del país. Al oír que había necesidad de saber en qué tónica estaba el expresidente —Restrepo mantenía con él relaciones cordiales—, intervino para decir que él podía hacer esa gestión. Estaba al tanto de que en ese momento Álvaro Uribe se encontraba en su finca de Rionegro, en el departamento de Antioquia, terminando el discurso que tenía pensado dar en contados minutos. Sabía, así mismo, que estaba en compañía de Manuel Santiago Mejía, otro prestante empresario antioqueño que además de ser cercano a Uribe también tenía una muy buena relación con el presidente Santos. Manuel Santiago fue uno de tantos canales que el mandatario colombiano utilizó en los múltiples intentos que hizo antes de que se iniciara la campaña por el plebiscito, para ver si lograba abrir un diálogo con Uribe que permitiera bajarle los decibeles a la confrontación. Si esta derrota le abría esa posibilidad, no la podía rechazar.

El presidente autorizó de inmediato a Gonzalo para que hiciera esa gestión. Antes de tomar cualquier decisión él necesitaba saber en qué tónica se encontraban no sólo las Farc sino el expresidente.

Los demás negociadores vieron salir a Gonzalo Restrepo de la biblioteca con el propósito de llamar a su amigo Manuel Santiago Mejía. Al cabo de un rato, Gonzalo volvió a entrar a la biblioteca y por su rostro se podía adivinar que traía buenas noticias:

—Al parecer el expresidente está tranquilo. Manuel Santiago dice que habló con Uribe y que sí hay un espacio para hablar y que Uribe no se va pegotear la paz.

Con esta nueva información, Santos recalculó sus riesgos, algo más entusiasmado. Era evidente que se le estaba abriendo una nueva opción que hasta ahora era impensable: la posibilidad de abrir un diálogo con el No con miras a hacer un nuevo acuerdo. No lo podía creer.

De pronto se escuchó la voz del senador Roy Barreras, uno de los políticos que habían estado en la mesa de negociaciones en La Habana. Su intervención le aportó nuevos insumos a la evaluación de riesgos que él estaba haciendo mentalmente sobre la opción de abrir un diálogo con el No.

—No creo que la coalición del No tenga la intención de hacer un nuevo acuerdo —afirmó de forma categórica—. Presidente, usted tiene mayorías en el Congreso: ¡úselas! Yo creo que el acuerdo se puede refrendar en el Congreso sin necesidad de tener que hacer un acuerdo con los del No.

La intervención que Santos más recuerda aquella tarde la hizo el general retirado Jorge Enrique Mora, el negociador que más reparos tuvo a lo largo de las negociaciones y quien le había renunciado por los menos cinco veces durante estos cuatro años, dimisiones que desde luego él nunca le había aceptado:

—Presidente, este momento requiere de decisiones rápidas y lo mejor que puede hacer es salir a aceptar el resultado y proceder a señalarnos el rumbo para evitar que nos vayamos a la deriva —le dijo casi que de manera perentoria—.Usted es el presidente de la república de los del No y de los del Sí.

El tono imperativo del general Mora le levantó los bríos. Se dio cuenta de que no había tiempo para más lamentaciones ni para titubeos y que esta era la hora de pasar a la acción y de tomar las decisiones.

En un momento, el presidente pidió que le llamaran a Juan Carlos Torres para comenzar a hacer el discurso. Sin que en realidad ninguno de ellos supiera qué era lo que el presidente había decidido, la reunión se diluyó a las seis de la tarde.

Faltando veinte minutos para las siete, el presidente subió a sus aposentos para ponerse una corbata y bajó de nuevo a la oficina donde Juan Carlos Torres se encontraba escribiendo el discurso.

Acompañado de Juan Mesa, asesor de comunicaciones del presidente, Sergio Jaramillo llegó a la oficina cuando estaban trabajando en las correcciones y pidió una copia del discurso. Luego de leerla los dos concluyeron que no quedaba clara la propuesta de que había que abrir un diálogo con el No con el propósito de hacer un nuevo acuerdo. El presidente los oyó y sin pensarlo mucho decidió pulir aún más la frase en que hacía esa invitación. Arreglado ese tema, se dirigió al salón de los gobelinos donde se iba a hacer la alocución en vivo y en directo y se sentó en un escritorio convenientemente alejado de los pocos colaboradores que todavía no se habían ido a sus casas. A su paso varios de ellos intentaron abrazarlo para demostrarle su solidaridad, pero él les impuso la distancia de siempre y los saludó desde lejos.

El presidente se sentó en un sofá del inmenso salón a releer su discurso y sus negociadores vieron cómo lo ensayaba y cómo preparaba sus músculos bucales para la alocución presidencial. Luego de diez minutos el presidente dio luz verde para que prendieran las luces. Se levantó del sofá y caminó con paso decidido hacia el podio que le habían instalado.

Así, sin mayores prolegómenos, rodeado de sus fieles negociadores, Santos, con un rostro demacrado, pronunció el único discurso que no tenía previsto para ese día: el de la derrota.

"Mañana mismo convocaré a todas las fuerzas políticas, en particular a las que se manifestaron por el 'No', para escucharlas y abrir espacios de diálogo para determinar el camino a seguir. Vamos a decidir entre todos cuál es el camino que debemos tomar para que esa paz sea posible."

Capítulo 10

Cónclave

Los seis meses anteriores a la firma del acuerdo se convirtieron en una carrera contra el tiempo. La fecha del 23 de abril pactada con las Farc para poner fin al acuerdo no se cumplió. Desde diciembre del 2015, cuando se firmó el acuerdo de justicia en La Habana, las discusiones tomaron paso de tortuga: si bien algo se avanzaba en el punto seis de la agenda, sobre el cese al fuego y el proceso de desarme, para mayo del 2016 todo se volvió a interrumpir con temas tan importantes como el de la reincorporación social y política de las Farc sin resolver. La razón de este nuevo retraso tuvo que ver con la modificación hecha a última hora por el Gobierno en el proyecto de ley que reglamentaba el plebiscito, que condicionaba la implementación de los acuerdos al resultado de esa elección. Para las Farc, esa modificación era un error garrafal porque significaba que, si el plebiscito se perdía, el acuerdo quedaba en el limbo. Aunque el Gobierno argumentó que esa modificación tenía el visto bueno de su asesor Enrique Santiago, las Farc insistieron en que eso no era cierto y que esa modificación había sido introducida de manera unilateral. Los efectos de este incidente se sintieron en el último ciclo de negociaciones, en el que la guerrilla, por primera vez en los años de negociaciones, se había negado a ir a las reuniones en el centro de convenciones El Palco de La Habana.

El tema de la refrendación del acuerdo siempre fue un punto de gran desacuerdo entre el Gobierno y las Farc. Aunque en la agenda ambas partes aceptaron que el acuerdo debería ser refrendado, tras cuatro años de negociaciones no estaba claro cuál sería el mecanismo para hacerlo.

En un principio las Farc eran partidarias de que dicha refrendación se hiciera a través de una asamblea constituyente, mientras que el Gobierno, después de barajar varias propuestas, planteaba la idea del plebiscito. Poco a poco las Farc se fueron desmontando de la tesis de la constituyente y habían terminado accediendo al mecanismo del plebiscito luego de que el senador Roy Barreras, ponente en el Congreso de la ley que reglamentaría el plebiscito, fue a La Habana a exponérselas y justificarla.

Según Barreras, un médico cirujano llegado a la política a través de la clientela, su proyecto ofrecía escenarios menos riesgosos. Como este mecanismo no tenía un umbral de votos establecido, eso le permitía ponerle uno más bajo que el que se exigía para otras formas refrendatorias ya reguladas. Pero además, el senador les aseguró que en ese proyecto de ley la implementación de los acuerdos no iba a quedar atada al resultado del plebiscito. Clarificar este tema era fundamental para las Farc. No podían empezar a desarmarse si corrían el riesgo de quedar en el limbo en caso de que el plebiscito se perdiera, una posibilidad que varios de los jefes de las Farc no descartaban.

En efecto, el proyecto de ley salió aprobado con estas características en el Senado, pero antes de entrar en la Cámara, el Gobierno, a última hora, decidió hacer la ya mencionada modificación y condicionar la implementación de los acuerdos al plebiscito.

Ese episodio horadó fuertemente la confianza de las Farc y de hecho acusaron a los delegados Humberto de La Calle y Sergio Jaramillo de ser los autores de esa modificación. Las Farc decidieron no asistir al ciclo de negociaciones alegando toda suerte de inconvenientes, con lo cual dejaban saber que no estaban dispuestos a sentarse con esos negociadores.

Álvaro Leyva se encontraba esa semana en La Habana y presenció todo el tira y afloje de las Farc y el Gobierno por cuenta de este incidente. Como siempre, desde que entrara a formar parte de las negociaciones, estaba alojado en El Palco, un modesto hotel del gobierno cubano donde también se hospedaban la mayoría de los asesores de las Farc. Llamó por teléfono al senador Roy Barreras, quien se encontraba en La Habana como integrante de la delegación del Gobierno, y le dijo que lo invitaba esa misma noche a tomarse un ron en su hotel.

A las siete de la noche apareció el senador en el *lobby* del hotel El Palco. Encontró a Álvaro Leyva esperándolo sentado en un sofá verde con grandes espaldares. Lo saludó amablemente:

—Usted me dijo que viniera y acá estoy. Dígame para qué soy bueno.

—Creo que se ha llegado la hora de que salgan de la negociación Humberto de La Calle y Sergio Jaramillo —le contestó Leyva de manera contundente y directa.

Roy Barreras reaccionó de inmediato y le dijo que ese escenario no era posible y que si de lo que se trataba era de desempantanar de nuevo el proceso había que estudiar y explorar otras opciones.

—La otra opción es hacer un cónclave, en otro lugar distinto, con nueva gente. Si eso se hace le prometo que sacamos este proceso en menos de dos semanas.

Roy se quedó pensando en la propuesta y a medida en que la desmenuzaba le parecía más interesante.

—Deme la lista de esos nuevos nombres y yo le comento la idea al presidente —le propuso Barreras.

Roy se devolvió a Bogotá con la tarea de convencer al presidente de la propuesta de Álvaro Leyva, que a él le parecía más que acertada. A su llegada a la capital llamó al presidente y este le hizo saber que al día siguiente tenía previsto un viaje a Cartagena para inaugurar el congreso de la Asociación Nacional de Empresarios de Colombia (Andi). Lo convidó a irse en el avión presidencial para que pudieran discutir sobre el tema en compañía de la canciller Holguín, quien ya conocía la propuesta de Álvaro Leyva después de un desayuno en su casa.

En ese desayuno habían avanzado en los nuevos nombres que podrían ir a ese cónclave en representación de las Farc y estuvieron de acuerdo en la necesidad de cambiar a los representantes del Gobierno en la mesa de La Habana. Sin necesidad de mencionar a De La Calle y Jaramillo, era evidente que no los querían presentes. También se acordó que el cónclave debía reunirse en una casa en las afueras de La Habana, donde pudieran encerrarse las dos delegaciones hasta que hubiese humo blanco.

—No volvamos a las conversaciones paquidérmicas —dijo el senador Barreras—. Vámonos para un hotel lejos de todo y no volvamos hasta que tengamos el acuerdo listo.

En el avión presidencial la canciller y el senador llenaron al presidente de razones para hacer un cónclave y sacar la negociación de la mesa. El presidente los oyó, como siempre, sin dar señales de lo que iba a decidir.

No era la primera vez que el presidente hacía intentos por descentralizar las negociaciones con el propósito de sacarlas de la mesa, cada vez más rígida. A comienzos de ese año, preocupado por la poca confianza que habían construido las dos delegaciones tras cuatro años de negociaciones, Santos decidió enviar a la canciller María Ángela Holguín con el mandato de mejorar el clima de confianza entre las partes, como bien se lo había aconsejado su sanedrín de expertos internacionales. A oídos del presidente llegó la versión de que el carácter recio de Sergio Jaramillo había impuesto unos estrictos códigos sociales que poco habían servido para crear un clima de confianza, indispensable para poner fin al acuerdo con las Farc.

Era cierto que Jaramillo procuraba mantener las distancias con las Farc y que su fórmula de negociación un tanto acartonada hasta ese momento había dado resultado: cada vez que entraban a un tema, el Gobierno o las Farc presentaban un documento que debía ser correspondido con otro documento de la contraparte. Se abría la discusión en la mesa y lo que se acordaba se iba escribiendo de manera conjunta. De parte del Gobierno, la abogada Elena Ambrossi —franca, impetuosa y sin pelos en la lengua, era la mano derecha de Sergio Jaramillo desde el inicio de las negociaciones secretas— cumplía ese papel. Del lado de las Farc era Jesús Santrich, un guerrillero ciego considerado entre ellos como un gran intelectual —pintaba cuadros y era experto en Beethoven—, pero para la opinión publica una de las voces más duras y más agresivas de las Farc. Sergio, el filólogo, se había cuidado de que cada palabra que quedaba impresa dijera lo que tenía que decir para que no hubiera lugar a ninguna interpretación y lo que hasta ahora se llevaba escrito daba la impresión de que lo que se estaba construyendo no era solo un acuerdo de paz sino un tratado que diseñaba un nuevo país.

Los ciclos eran de diez días con intervalos de quince días y se realizaban desde las ocho de la mañana hasta las doce del día. A la hora del almuerzo cada delegación se iba por su lado y por la tarde, si no había que redactar un documento, regresaban a las sesiones hasta las siete de la noche. A las ocho, la delegación colombiana por instrucciones de Sergio debía irse al búnker de la embajada de Colombia en Cuba para hacer una reunión de análisis sobre lo ocurrido durante ese día. Este rígido formato no dejaba mucho margen para que las delegaciones se encontraran de manera informal por fuera de la mesa y era cierto que las oportunidades para que ambas delegaciones coincidieran por fuera de la mesa eran muy escasas. No obstante, pese a la rigidez del formato, había funcionado para sacar adelante cuatro de los seis puntos de la agenda.

La víspera del viaje de la ministra, en medio de la fiesta del matrimonio de su hija María Antonia, el presidente se acercó a Sergio Jaramillo y a Humberto de La Calle para informarles —con esa manera fría y sucinta que suele usar para notificar sus decisiones— que al otro día María Ángela Holguín salía rumbo a La Habana. Los dos quedaron un poco perplejos con la noticia pero ninguno de los dos se atrevió a decirle nada.

Las fricciones entre los negociadores y la canciller eran previsibles. El primero en reaccionar de manera airada fue Humberto de La Calle, quien se sintió desautorizado y menguada su legitimidad como negociador. Desde su llegada a la mesa María Ángela se había convertido en la interlocutora de las Farc y el propio Iván Márquez le dejó saber a De La Calle en varias oportunidades que el negociador no era él sino la canciller. Le pareció tan indigno el trato que no dudó en presentarle su renuncia al presidente como vocero de la delegación y aunque el presidente no le aceptó su renuncia y refrendó su confianza en su papel como vocero de la mesa, el ambiente dentro de la delegación del Gobierno seguía deteriorándose día a día.

Pese al mal clima, Holguín logró destrabar la mesa y sacar adelante el punto que tenía atascado el tema del desarme, el relacionado con el número de las zonas de reubicación una vez se firmara el acuerdo. Sin embargo, para mayo, las negociaciones se habían vuelto a detener por cuenta de la modificación en la ley que reglamentaba el plebiscito.

Cuando el presidente Santos se bajó del avión que lo llevó a Cartagena, ya tenía tomada la decisión: haría el cónclave e incluiría nuevos nombres en la delegación del Gobierno. Sus negociadores en La Habana estaban desgastados, algo normal después de cinco años de discusiones, pero el amenazante sonido del tic tac del reloj le decía que el tiempo se le estaba acabando: le quedaban dos años de gobierno, uno de los cuales era un año electoral, y el escenario de un cónclave era su mejor opción.

El presidente y su comitiva se dirigieron a la Casa del marqués de Valdehoyos, una hermosa casona colonial situada dentro de la ciudad amurallada que pertenece a la Cancillería colombiana. Allí la ministra tenía previsto un almuerzo de trabajo al que también asistirían Sergio Jaramillo y Humberto de La Calle.

Era una mesa amplia, convenientemente alejada del bullicio. Al lado del presidente se sentaron María Ángela Holguín y el senador Roy Barreras. Al cabo de unos minutos entraron Humberto y Sergio, recién llegados de La Habana luego de otro ciclo de negociaciones. Siempre que terminaban un ciclo en La Habana, lo primero que hacían a su llegada a Colombia era dirigirse al presidente para darle personalmente el reporte de lo acontecido. Sergio tomó la palabra y le informó al presidente que las Farc, por primera vez en cuatro años de negociaciones, no habían asistido a la mesa.

El presidente, sin abandonar sus buenos modales, lo interrumpió:

—Sergio, quiero informarle que la mesa de La Habana no va más.

Jaramillo miró el rostro de los demás comensales, incluido al propio Humberto, y se dio cuenta de que el único que no sabía era él. Hizo silencio y comprendió que era mejor quedarse así.

Acto seguido el presidente le informó que la próxima semana lo quería en una reunión de Naciones Unidas en Nueva York que era clave para revisar el tema del acompañamiento de ese organismo como verificador del acuerdo.

Después de este momento ríspido el presidente les comunicó a todos los asistentes su decisión de hacer un cónclave la semana siguiente en La Habana conformado por personas que no habían participado en las negociaciones de La Habana.

—El propósito de ese cónclave —les advirtió— es que ambos lados se sienten a concluir la negociación y solo salgan de ese encierro con el acuerdo final debajo del brazo.

El presidente justificó el cónclave con varios argumentos, todos muy convincentes. Si no se concluía el acuerdo en este primer semestre del 2016, se dificultaba la aprobación en el Congreso de todas las normas necesarias para la implementación, especialmente las más urgentes, como la amnistía, la creación de los tribunales de justicia transicional y las que iban a convertir a las Farc en un partido político. Sin embargo, la preocupación mayor era que se traslaparan las elecciones del plebiscito, previstas para el 2 de octubre, con la discusión en el Congreso de una dura reforma tributaria que su gobierno tenía que presentar a más tardar a finales de septiembre para subsanar el déficit fiscal dejado en el país por la caída de la renta petrolera. Si no se llegaba a un acuerdo con las Farc en septiembre, el presidente tendría que escoger entre hacer el plebiscito o la reforma tributaria, porque era evidente que no podía hacer las dos cosas al mismo tiempo.

Aunque no se atrevieron a expresárselo, en la mente de algunos de sus colaboradores reunidos aquel día en esa casona colonial, se les cruzó una tercera motivación, acaso menos altruista: la de que su afán también estuviera motivado por su interés personal de ajustar las fechas para que la firma del acuerdo con las Farc se produjera antes de que la Academia noruega anunciara en octubre el nombre del nuevo premio Nobel de la Paz.

El 10 de agosto del 2016 se dio inicio al cónclave en La Habana pero la idea inicial de irse a una casa en las afueras no cuajó y finalmente se hizo en la que fuera casa de Batista, también en el sector de El Laguito.

La representación de las Farc en el cónclave fue casi la misma que protagonizó los cuatro años de negociaciones formales en La Habana. Además de todo el Secretariado, estuvieron Álvaro Leyva, el abogado español Enrique Santiago y Jairo Estrada, un reputado académico perteneciente al partido comunista.

En cambio, la delegación del Gobierno sí fue muy distinta a la que por cuatro años estuvo en la isla. Por primera vez asistía Rafael Pardo, el alto consejero para el posconflicto, un político liberal que tuvo que recurrir a los buenos oficios de Álvaro Leyva para que las Farc le levantaran el veto que le tenían desde que, en 1990, como ministro de Defensa ordenara el bombardeo a Casa Verde, el campamento madre del Secretariado de las Farc, que significó su destrucción y el fin del proceso de paz.

En el cónclave también estuvo el ministro del Interior, Juan Fernando Cristo, quien poco a poco se había ido haciendo un espacio en las negociaciones, al igual que el senador Roy Barreras.

De los negociadores oficiales solo quedaron dos: el general Naranjo y Frank Pearl. En cuanto a los demás, nadie les informó del cónclave, ni siquiera a Humberto de La Calle. Cuando el general Mora y el empresario Gonzalo Restrepo llegaron a La Habana para iniciar un nuevo ciclo de negociaciones, uno de los asesores de Jaramillo les informó que la mesa ya no existía y que todo se estaba concluyendo en un cónclave al que ellos no habían sido invitados. La más sorprendida fue Elena Ambrossi, que intentó entrar al cónclave pero se lo impidieron.

La amplia casa, venida a menos, tenía una larga mesa que sirvió durante cerca de diez días con sus noches de epicentro de las discusiones. Se abandonó la estrategia de negociación de la mesa y en vez de presentar un documento y esperar a que la contraparte lo respondiera, decidieron volver a la negociación cara a cara, uno a uno. Para ese propósito se crearon varias comisiones con el propósito de avanzar en los puntos pendientes. Una comisión abordó el tema de la reincorporación de las Farc a la vida civil, otra su incorporación a la política y una tercera ahondó en los mecanismos de seguimiento y verificación de lo acordado.

Las jornadas fueron infernales. Comenzaban a las siete de la mañana y terminaban a las doce de la noche. Ni siquiera paraban para almorzar. Comían en la casa en medio de papeles y de discusiones.

Aunque Humberto de La Calle fue nombrado revisor de lo que se acordaba, en realidad el director del cónclave era el presidente Santos, al que le reportaban no solo sus ministros sino también los facilitadores, como el senador del partido de izquierda, Polo Democrático, Iván Cepeda, y asesores de la mesa como Álvaro Leyva, quienes sin duda alguna fueron con la canciller María Ángela Holguín, los conductores del cónclave.

Aunque el presidente cerró la mesa de negociaciones, luego de su viaje a Nueva York y con la anuencia de Santos, Sergio Jaramillo llegó a La Habana al cuarto día del cónclave y se unió a Humberto de La Calle en su papel de revisor. No podían entrar a las reuniones del cónclave pero estuvieron pendientes de todo lo que se acordaba.

Durante el cónclave, el manejo del computador, que siempre estuvo en manos de Elena Ambrossi, pasó a manos de las Farc, específicamente del profesor Jairo Estrada, quien había ido al cónclave en representación de la guerrilla. Desde su computador se escribieron varios de los comunicados oficiales que daban cuenta de los avances de las negociaciones.

En esa encerrona se evacuaron temas importantes que nunca se habían abordado en La Habana, como el de las curules en el Congreso para las Farc. El presidente le ordenó a su ministro Juan Fernando Cristo que ofreciera sólo tres curules en el Senado, las cuales podrían ser obtenidas bajo una fórmula escalonada que les permitiera ganar más curules de acuerdo con el número de votos. Las Farc respondieron pidiendo diez curules en Senado y 32 en Cámara, una por cada departamento, peticiones inadmisibles para el Gobierno. Una de las líneas rojas impuestas por el presidente era que el tope máximo de curules era de cinco, la base mínima exigida a los partidos en Colombia. Luego de una dura negociación, se acordó que las curules de las Farc serían diez en total, cinco en la Cámara y cinco en el Senado. Si les iba bien en las elecciones obtendrían más curules en las mismas condiciones que los demás partidos. Si les iba mal tenían asegurados diez asientos por dos elecciones más.

En el tema de la justicia quedó aún más explícito el tema de que las Farc podían participar en las elecciones, sin perjuicio de sus compromisos con la justicia jurisdiccional que se creaba. El Gobierno accedió a reconocer las emisoras clandestinas de las Farc como emisoras comunitarias y, en materia internacional, se dieron las puntadas finales para acordar los mecanismos de verificación de la implementación de los acuerdos.

Solo un tema quedó en punta: el de la reincorporación social de las Farc. Rafael Pardo, quien había sido el estratega de la reincorporación social de la guerrilla del M-19 veintiocho años atrás, llegó al cónclave a proponer el mismo esquema de ayudas utilizadas para reincorporar a las guerrillas como el M-19 y el EPL en los años noventa: se acordó que cada guerrillero recibiría dos millones de pesos por una sola vez y luego un salario mínimo mensual por espacio de dos años y se dispuso otro monto para la creación de un centro de pensamiento como de hecho había sucedido con los desmovilizados del M-19 y del EPL en su momento. Como no se pudo llegar a un acuerdo sobre cuál debía ser la política de reincorporación —las Farc insistían en que debía ser colectiva y no individual, como proponía el jefe de la agencia de reincorporación—, Pardo propuso crear un comité para que entre las dos partes se encargaran de elaborar esa política. Luego de dos años de creado este comité no se han podido poner de acuerdo en el diseño de esa política de reincorporación colectiva.

Aunque el Gobierno se cuidó de no revelar los pormenores de lo acordado en el cónclave en materia de reincorporación social, temiendo que pudiera ser usado por la campaña del No como munición en contra del acuerdo, la oposición se las ingenió para obtener una copia de lo establecido en materia de asistencia social a las Farc.

Y en efecto, varios de los puntos acordados fueron utilizados hábilmente por la campaña del No para ganar adeptos y despertar la ira de muchos colombianos que viven del salario mínimo y se indignaron al saber que los guerrilleros iban a recibir de entrada dos millones de pesos.

La noche de la derrota del 2 de octubre, el senador Iván Cepeda escuchó desde el sofá de su casa el lacónico discurso del presidente en el que invitaba al No a entrar en la negociación y anunciaba el viaje de dos de sus negociadores, Humberto de La Calle y Sergio Jaramillo.

Visiblemente preocupado llamó a Álvaro Leyva.

—Hay que ir lo más pronto posible para hablar con las Farc. Hay que ayudar a que esto no se rompa —le contestó Leyva al senador con tono pragmático.

Quedaron en que Cepeda llamaría al presidente para que les diera luz verde y pudieran viajar lo más pronto posible.

A las diez de la noche el senador llamó al presidente y antes de que le pudiera decir algo, el mandatario le dijo que necesitaba que Leyva y él se fueran a La Habana al otro día junto con Sergio Jaramillo y Humberto de La Calle.

El senador Cepeda salió el 3 de octubre de su casa, bien temprano, con la maleta lista para viajar a La Habana después de cumplir una cita en palacio con todos los partidos políticos que habían apoyado el Sí.

Al término de esa reunión en la que le expresaron su respaldo al presidente, Cepeda le preguntó:

—¿Algún mensaje para Timoleón?

—Dígale que hoy más que nunca somos socios en esta empresa de la paz —le respondió el presidente.

A las cinco de la tarde de ese lunes 3 de octubre, el senador Cepeda y Álvaro Leyva se subieron al avión de la Fuerza Aérea que los llevaría a La Habana y se encontraron con Humberto de La Calle y Sergio Jaramillo. Se volvían a ver desde aquel cónclave en el que estos habían sido desplazados por los dos facilitadores en la sombra que el presidente había impuesto a última hora.

Se saludaron, no obstante, sin mayores resquemores, como si la derrota del plebiscito hubiera vuelto insignificantes sus desavenencias.

Antes de que el avión despegara, el senador Cepeda les ofreció una rama de olivo.

—Humberto, aquí no se ha perdido nada y tú eres el primero que debería estar orgulloso de lo que sucedió. Ustedes —y miró también a Sergio— van a ser claves para que esto nos salga bien.

A su llegada a La Habana, los negociadores del Gobierno se fueron a su casa en El Laguito para preparar la reunión que iban a tener esa noche con las Farc. Cepeda y Leyva se fueron directo a la casa 33, morada del jefe máximo de las Farc, Timoleón Jiménez.

El jefe máximo de las Farc es un hombre de baja estatura, barrigón, de gesto afable. Su barba desordenada y su gesto bonachón le imprimen un aire de abuelo venerable que logra neutralizar su imagen de guerrillero terrorista reflejada en las encuestas. La imagen negativa del grupo guerrillero era tan alta como la de Nicolás Maduro, el presidente venezolano.

Timoleón proviene de una familia campesina de La Tebaida, un pueblo del departamento del Quindío cercano a Génova, donde nació Manuel Marulanda Vélez, el campesino liberal que fundó las Farc. Su madre, católica, vivió la Violencia en carne propia: a su primer marido, que era liberal, lo asesinaron los conservadores al frente de su casa, a los pocos días de tener una niña en un parto del que casi no sale viva. La recién nacida murió meses después debido, en gran parte, a los problemas de salud que se derivaron de su trauma emocional. Un año después conoció al que sería padre de Timoleón y un hermano menor. Él era un campesino liberal de hacha y machete que se volvió comunista luego del asesinato del jefe del partido liberal, Jorge Eliécer Gaitán, en 1948, bajo el gobierno conservador de Mariano Ospina Pérez. Muchos liberales se vieron forzados a huir de sus moradas para evitar el acecho de los conservadores y de su policía política, y algunos buscaron refugio en Marquetalia, una región situada en el departamento de Caldas. Allí se fue creando una autodefensa campesina al mando de un grupo comandado por Jacobo Frías Álape, conocido como Charro Negro, un campesino comunista, y por varios guerrilleros liberales como su cuñado, Manuel Marulanda Vélez.

En 1957, luego de que se firmara la paz entre liberales y conservadores, el primer presidente del Frente Nacional, el liberal Alberto Lleras, les ofreció a las guerrillas liberales y comunistas una amnistía y les prometió una serie de incentivos económicos a cambio de su desarme. Charro Negro y Marulanda fueron unos de los tantos guerrilleros comunistas que aceptaron esa propuesta. Los dos depusieron sus armas pero nunca dejaron su militancia comunista. Charro Negro decidió comprar un cinematógrafo e irse por toda la región del sur del Tolima exhibiendo películas como *El acorazado Potemkin* y Marulanda aceptó el trabajo de inspector de carreteras que le ofreció Estado.

En 1960, luego de dos años de haber abandonado el monte y las armas, Marulanda fue informado del asesinato de su cuñado Charro Negro a manos de Mariachi, un guerrillero liberal que se había desmovilizado y que terminó aliado con la fuerza pública.

Forzado por las nuevas circunstancias y temiendo por su vida, Marulanda abandonó su trabajo y decidió volver a Marquetalia a ponerse al frente de la defensa de los atemorizados campesinos que esperaban en cualquier momento la llegada al pueblo de las tropas del Gobierno o las huestes de Mariachi. Marulanda se internó en las montañas y nunca volvió a salir de ellas. Años más tarde, en 1964, creó la guerrilla móvil de las Farc.

Timochenko creció oyendo las historias de la Violencia. En las reuniones familiares era común escuchar relatos sobre el asesinato de Gaitán y de cómo su padre se había escondido cuando los conservadores llegaron al pueblo y quemaron su casa, o cuando tuvo que huir hacia el sur del país, en donde estuvo un tiempo reburujando el monte y tumbando selva, hasta que decidió volver a La Tebaida cuando liberales y conservadores firmaron la paz.

Sus padres no eran propietarios de tierras, como sí lo era Marulanda, sino unos modestos comerciantes. Vivían en una casa grande, en el centro del pueblo, acondicionada para que a un lado su padre tuviera una tienda donde vendía abarrotes, granos, arroz y panela, y al otro su madre atendiera la "miscelánea", como se les llama en los pueblos de Colombia a las tiendas donde se puede encontrar desde un alfiler hasta un vestido de novia. Ella tejía sacos de lana y confeccionaba ropa para niños en una máquina de coser Singer. En las vacaciones del colegio sus padres enviaban a Timoleón a trabajar en las fincas de sus familiares recolectando café y así compartía sus días con los campesinos que llegaban de toda Colombia a la zona cafetera a recoger la cosecha por un salario miserable.

Como su madre le enseñó a leer a los seis años, casi de corrido, Timoleón tenía la tarea de leerle el periódico del partido comunista *Voz Proletaria* y *El Tiempo* a su padre todos los días. En esas sesiones de lectura empezó a darse cuenta de que las hazañas de Marulanda en Marquetalia que él conocía desde su infancia no coincidían con la imagen de bandolero y cuatrero que describía el diario *El Tiempo*. Aún más incompresible le resultaba el hecho de que en los informes que ese diario publicaba sobre los combates entre la fuerza pública y los guerrilleros, se presentara a las tropas de Marulanda en el bando de los malos y a los soldados de ingrata recordación en su casa y en el pueblo, como héroes.

Esas versiones del diario *El Tiempo* sobre quién era en realidad Marulanda sólo sirvieron para aumentar su admiración por el jefe guerrillero. A diferencia de otros miembros del Secretariado de las Farc, que solo tenían hasta cuarto de primaria, como Pastor Alape y Carlos Antonio Lozada, Timochenko terminó el bachillerato. Participó en el movimiento estudiantil de La Tebaida y alcanzó a liderar un paro cívico en protesta por los malos servicios públicos. Sin embargo, cuando fue el momento de saber qué estudios universitarios iba a cursar, para tristeza de su madre tomó la decisión de irse a la guerrilla. Y aunque es cierto que la noticia de la muerte de Allende en Chile truncó su sueño de creer que los cambios se podían hacer por la vía democrática, lo que más lo impulsó a tomar esa decisión fue el temor de que lo cogieran las fuerzas del Estado sin que tuviera cómo defenderse.

Para entonces sus simpatías con las Farc eran evidentes. En compañía de unos amigos se las arregló para conseguir el periódico de las Farc, *Resistencia*, un boletincito mimeografiado que leían con fruición cada vez que llegaba a sus manos. Luego hacían jornadas nocturnas para meterlo por debajo de las casas, a sabiendas de que esa era una actividad ilegal. Un buen día tuvo las agallas de acercársele a un compañero del movimiento estudiantil que tenía un contacto con la guerrilla:

—Oiga, quiero irme para "allá".

—¿En serio? —le ripostó el joven con incredulidad al verlo tan bajito y flaco.

—En serio.

Al poco tiempo le mandaron a un sujeto que le explicó lo que significaba irse a la guerrilla. Fue tanta su insistencia en señalar los padecimientos propios de la vida guerrillera que Timoleón llegó a pensar que la charla tenía el propósito de hacerlo desistir. Le explicaron que allá se sufría, se aguantaba hambre y frío, y que por medidas de seguridad, era necesario desconectarse totalmente de la familia. Nada de lo que le dijeron lo hizo echar para atrás.

El día en que se fue a la guerrilla lo hizo sin contarle nada a su padre, ni a su madre ni a su hermano. Cuatro años después tuvo la oportunidad de visitar a sus padres, aunque con el temor de exponerlos porque se suponía que ya los organismos de seguridad debían saber que él era un guerrillero de las Farc.

Nunca más los volvió a ver. Primero murió su madre de muerte natural y a los seis meses su padre. Timochenko supo de la muerte de su viejo tres meses después de su fallecimiento.

Si por la vida de guerrillero perdió a su familia, en las Farc aprendió a establecer relaciones fuertes construidas en medio del temor a la muerte y a la inclemencia de la selva. Timochenko fue ascendiendo con una relativa rapidez en las escalas de poder de las Farc, de la mano de su amigo Alfonso Cano. A los pocos días de caer Cano, sus camaradas del Secretariado lo eligieron por consenso como su sucesor.

El jefe máximo de las Farc es un hombre tan tímido o más que el propio presidente Santos. No le gustan ni los actos públicos ni los discursos y se ha visto obligado a afinar muchas cosas desde su llegada a la jefatura de las Farc, comenzando por su precario estado de salud. Se salvó de milagro de un infarto gracias a que Mauricio Jaramillo, el Médico, se dio cuenta de que le estaba dando un ataque al corazón mientras comían en la Casa de Piedra. Lo llevaron de urgencia al hospital y cuando se recuperó le dijeron que se había salvado de milagro. Le prohibieron el trago y el cigarrillo, pero bastaba verlo aquella noche a la entrada de su casa en El Laguito, para advertir que no había acogido ninguno de esos consejos[7].

—¿Cómo estás? —fue el saludo de Álvaro Leyva y de Cepeda.

Timochenko sacó un cigarrillo, aspiró la primera bocanada y les dijo:

—Esas son vainas que acontecen. Nosotros estábamos listos para perder o ganar, porque siempre creímos que esto del plebiscito era muy difícil. Por eso teníamos preparado un discurso en caso de que ganara el Sí y otro en caso de que ganara el No.

La celebración que tenían prevista para el día del plebiscito nunca se dio y a eso de las siete de la noche, de común acuerdo, decidieron emitir un comunicado, que fue leído por Timochenko que incluso salió antes que la alocución presidencial. "Las Farc mantienen su voluntad de paz y reiteran su disposición de usar solamente la palabra como arma de construcción hacia el futuro". Esa había sido su afirmación más contundente.

7 Debido a su mal estado de salud, agravado por un problema pulmonar, Timochenko renunció a su candidatura a la presidencia. Actualmente vive entre Bogotá y La Habana, hecho que lo ha alejado de las bases guerrilleras.

Leyva y Cepeda entraron a la casa y vieron tranquilo a Timochenko.

—Después de haber vivido tantas vicisitudes en la guerra —les dijo el jefe guerrillero—, esto es otro evento que hay que asumir. Nosotros no vamos a volver a la guerra, de eso pueden estar seguros. Por eso es necesario avanzar en esta nueva fase.

—Habrá que introducir modificaciones al acuerdo —le recordó Leyva.

—Pues habrá unas que sí se puedan tocar pero otras no, porque son la esencia del acuerdo, pero habrá que discutirlas —le contestó.

CAPÍTULO 11

A TIENTAS...

El miércoles 5 de octubre el presidente salió de su despacho a las once de la mañana con la mente preparada para encontrarse con el expresidente Álvaro Uribe.

Solo habían pasado dos días desde la pérdida del plebiscito y poco a poco se había ido recuperando de semejante golpe. No se salió de sus cabales ni se encerró en sus cuarteles, como lo hizo Álvaro Uribe cuando supo que había perdido el referéndum del 2003. Sin embargo, todavía se sentía desarticulado, a tientas, como si caminara sobre los escombros dejados por un terremoto.

El desafío de estos nuevos paradigmas lo llevaba a estar más hermético que de costumbre, y aunque le costara trabajo reconocerlo, más dubitativo. La derrota produjo en él cambios que no terminaba de masticar y también su familia quedó tocada por esa avalancha de nuevas sensaciones. No se atrevía a pronunciar frente a ellos la palabra fracaso ni a revelarles su abatimiento porque ya tenían suficiente con su propia aflicción, en especial María Clemencia y Martín no habían cesado de llorar. Se les veía tristes e invadidos por un sentimiento de decepción que les hacía aún más difícil aceptar lo sucedido. Verlos así de menguados, debatiéndose en medio de tantas sensibilidades a flor de piel, tampoco le ayudaba a mantener ese modo reflexivo y silente que se había autoimpuesto luego de la derrota.

La noche en que el plebiscito fue derrotado sus tres hijos durmieron apeñuscados y abrazados a sus padres como si estuvieran buscando abrigo. Al día siguiente decidieron que lo mejor era hacer el duelo en el apartamento de Rosales, menos el menor, Esteban —probablemente el más estoico de los tres—, que quiso quedarse al lado de su padre luego de prometerle que iba a ser fuerte y no iba a desfallecer.

Al día siguiente, a las siete y media de la mañana, el presidente bajó de la casa privada a su oficina, con los ojos abotagados, escoltado por Esteban. Su primera sorpresa del día fue el cálido y espontáneo saludo de los edecanes de la casa militar. Durante los seis años de gobierno ellos habían sido los responsables de su seguridad y la de su familia, y siempre se caracterizaron por su extrema prudencia, pero ese día rompieron el protocolo y los abrazaron. Esa demostración de solidaridad —casi que de cariño—, era para el presidente Santos una sensación nueva. Él no era precisamente el tipo de gobernante que consiguiera suscitar pasiones ni entre sus colaboradores ni, por supuesto, entre el electorado. Su karma, desde que llegó al poder, habían sido las encuestas. La caída en los sondeos de opinión comenzó en junio del 2012, en momentos en que estaba por comenzar la fase secreta de conversaciones en La Habana y Santos andaba inmerso con los negociadores y su sanedrín de expertos construyendo la estrategia de una negociación que era el secreto mejor guardado de su gobierno.

Por instrucciones suyas, el ministro del Interior presentó ante el Congreso una ley cuyo propósito era mejorar la administración de la rama judicial. En su trámite por ambas cámaras la reforma fue desvirtuada y utilizada para aprobar una serie de privilegios para los magistrados de las altas cortes que nada tenían que ver con el espíritu de la reforma. El presidente Santos la avaló con su firma sin ningún reparo, pese a que los medios de comunicación advirtieron las componendas que entre congresistas y varios magistrados de la Corte Suprema de Justicia consiguieron torcer los objetivos de la reforma. Tres días después de dar su visto bueno el presidente Santos tuvo que recular en vista de las innumerables protestas que inundaron las redes sociales y las convocatorias a manifestarse en la calle en contra de la reforma de justicia. A última hora, el presidente echó mano de la gimnasia jurídica para evitar que ese adefesio de reforma se convirtiera en ley de la República. Sin embargo, su marcha atrás no le sirvió para evitar una aguda caída en las encuestas ni para dejar la sensación de que era un gobernante con grandes dificultades para medirle el pulso al país.

El declive en las encuestas se acentuó aún más en agosto del 2013, cuando se produjo un paro agrario impulsado por varias organizaciones campesinas. Los manifestantes salieron a protestar por los altos costos de los insumos agrícolas, por los bajos precios de compra que tenían los productos colombianos de exportación y por la exigencia del Gobierno de usar semillas extranjeras, sobre todo las provenientes de Estados Unidos, en detrimento de las semillas nacionales. En medio de las fuertes protestas, que ya empezaban a bloquear varias de las más importantes vías del país, Santos, que estaba incursionando en el mundo del twitter, puso un trino que se propagó por las redes como un virus: "El tal paro agrario no existe".

El presidente escribió el trino al bajarse de un avión a su llegada a Bogotá, recogiendo una frase que le escuchó a su ministro de Trabajo, que en ese momento era Lucho Garzón, un hombre de izquierda y exdirigente sindical que había pasado gran parte de su vida en las orillas de la protesta social. Santos había sobrevolado en compañía de Garzón varias de las zonas donde los campesinos decían estar protestando y no vieron mucha gente reunida. Santos les preguntó a sus asesores sobre el tamaño de las otras manifestaciones y tanto ellos como Garzón le confirmaron que no eran muchos los campesinos que participaban en el paro. Así pues, el presidente, confiado, retomó la frase de su ministro y la trinó desde su cuenta de twitter.

El trino causó gran indignación entre los cientos de campesinos que se encontraban bloqueando una vía arteria del país y, evidentemente, no habían sido detectados por el radar de los asesores del presidente ni por el ministro de Trabajo. Cuando Santos llegó a palacio el país estaba incendiado: los promotores del paro incrementaron sus peticiones y para demostrarle al presidente que el paro sí existía, prácticamente bloquearon el país atravesando sus tractocamiones en las carreteras más importantes.

Esa frase le costó a Santos una caída en su popularidad del diez por ciento de la que nunca se volvió a recuperar. En los últimos meses antes del plebiscito, esos índices de aprobación habían mejorado, impulsados por los acuerdos de paz pero, ni siquiera entonces, pudo dejar el insólito trofeo de ser el único presidente de Colombia en haber logrado firmar un acuerdo de paz con los índices de popularidad más bajos de los últimos veinte años.

Sin embargo, tras la derrota, comenzó a percibir que era posible escalar esa pared que lo separaba de la opinión pública. No solo por el abrazo de los edecanes de palacio sino también por la señora de los tintos, las secretarias, los funcionarios con los que nunca había cruzado palabra y hasta amigos que él creía perdidos lo llamaron para decirle que siguiera insistiendo en la paz.

Incluso su vapuleada imagen en las redes, siempre tan atiborrada de epítetos como "traidor" y "castrochavista", ahora recibía —según le contaron sus hijos— trinos a favor del acuerdo y de la necesidad de hacer uno nuevo para evitar retornar a la guerra.

Todas esas manifestaciones de apoyo y solidaridad lo hicieron sentir más ligero, como si la derrota le hubiera quitado su pesada armadura. Paradójicamente, el estigma de perdedor lo había convertido en un héroe frágil que lograba despertar empatía entre muchos, algo que un político frío y calculador pocas veces conseguía.

Cuando entró a su oficina tenía mensajes telefónicos de casi todos los presidentes de América Latina, ente ellos Enrique Peña Nieto de México, Pedro Pablo Kuczynski del Perú y Michelle Bachelet de Chile, así como varios presidentes de Europa. Todos querían expresarle su respaldo. Federica Mogherini, alta representante de la Unión Europa para Asuntos Exteriores y de Seguridad, le preguntó cómo se sentía tras la derrota. "Como un león, lamiéndome las heridas", le respondió dando a entender que ya había empezado a recuperarse de una derrota que no esperaba.

No obstante, la cara agria y dura de la derrota tocó a su puerta desde muy temprano. A las ocho de la mañana Humberto de La Calle, evidentemente atribulado, entró a su oficina y le puso su renuncia sobre la mesa.

—Esta derrota tiene que tener un responsable y ese soy yo —le dijo con firmeza el vocero del Gobierno en la mesa de negociaciones a lo largo de cuatro años—. Yo creo que mi papel ha terminado en este proceso y debo asumir mis errores.

En estos años de negociaciones Juan Manuel Santos tuvo que aprender a sortear toda clase de roces entre sus negociadores, todos ellos personas tan complejas. En varias ocasiones había tenido que entrar a limar asperezas para que las cosas no se deterioraran. Tal y como lo pronosticaran sus asesores extranjeros, después de cierto tiempo el desgaste emocional y psicológico entre un equipo de negociadores era algo normal.

—No hay poder humano que me haga aceptar esta carta de renuncia. Lo necesito más que nunca en este barco —le dijo sin ningún asomo de molestia.

El presidente se levantó de la silla y antes de que Humberto pudiera responderle, le hizo una invitación:

—Acompáñeme a la reunión con los partidos políticos que votaron por el Sí, que vienen a expresar su apoyo.

El aura de orfandad que rodeaba aquella mañana al presidente dejó sin maniobra a Humberto de La Calle, quien entendió que este no era momento para renuncias y un tanto desconcertado entró a la reunión con los políticos del Sí. Santos saludó uno por uno a los senadores y representantes. Cuando estrechó la mano de Iván Cepeda, uno de sus facilitadores en La Habana, el senador notó el rostro descompuesto de Humberto de La Calle.

La coalición del Sí estaba integrada por los partidos de la Unidad Nacional que formaban parte del gobierno Santos: el partido conservador, el partido liberal, la U, Cambio Radical y dos partidos que no estaban en el Gobierno pero que apoyaban el proceso de paz, el Partido Verde, de centro izquierda, y el Polo Democrático, de izquierda. Un delegado del partido de la U de la costa atlántica pidió la palabra y, mirando al presidente, le dijo que la derrota en el plebiscito se debía a que, como el Gobierno no había repartido la "mermelada", los políticos guardaron su maquinaria clientelista. Es decir, que el Gobierno, al no adjudicar puestos ni ofrecer dádivas a los políticos, estos no sacaron a votar a su gente.

El término "mermelada" fue sin duda uno de los más desafortunados del gobierno Santos. Lo puso en boga el ministro de Hacienda, Juan Carlos Echeverry, cuando en un debate en el Congreso presentaba la reforma que buscaba democratizar las regalías del petróleo de manera que también se beneficiaran los departamentos no petroleros. Para hacerse entender, dijo que esa "era la mejor forma de distribuir la mermelada sobre toda la tostada".

Hábilmente la oposición uribista retomó de inmediato la frase y la utilizó para demostrar que el gobierno de Santos le pagaba a los políticos con dádivas y puestos, es decir, con mermelada. Aunque era una acusación insólita viniendo de un expresidente que, como Uribe, había hecho lo mismo, la oposición la utilizó de manera inclemente para forjar la imagen de que este era un gobierno corrupto.

En realidad, la así llamada "mermelada" es lo que por décadas ha mantenido vivo a un sistema político en el que desparecen las líneas ideológicas y nuevas colectividades y movimientos reemplazan a los partidos tradicionales. La coalición de gobierno estaba unida, no por afinidades ideológicas, sino por la mermelada. El partido Cambio Radical de Germán Vargas Lleras, en ese momento el poderoso vicepresidente de la República, tenía cuatro ministerios escriturados. El deteriorado partido liberal tenía dos ministerios y prácticamente todos los puestos claves en materia de implementación de los acuerdos. El resquebrajado partido conservador tenía también sus bazas en varias agencias importantes del Estado y lo propio sucedía con el partido de la U, el partido fundado por el expresidente Uribe con la esperanza de consolidar su proyecto político y del que se salió con un portazo cuando se sintió traicionado por Santos. Posteriormente creó el Centro Democrático, un partido de corte populista, más de derecha, que interpreta al pie de la letra los dogmas que, según Uribe, Santos había traicionado.

Apelando a su tremendo carisma, el expresidente Uribe decidió encabezar la lista de su nuevo partido para el Congreso, logrando una importante votación en las elecciones parlamentarias del 2014, hecho que impulsó las posibilidades de su candidato para las elecciones presidenciales de mayo de ese mismo año.

Santos sostiene hasta hoy que, en realidad, el impulso para reelegirse en el 2014 no fue esa supuesta obsesión por el poder que lo precede, sino la feroz oposición de Uribe al proceso de paz, que para entonces seguía inconcluso. "Si no hubiera sido por

Uribe, no me hubiera hecho reelegir", me asegura a pesar de que el Santos calculador apoyó las dos aspiraciones reeleccionistas de Álvaro Uribe. Como su antepasado Eduardo Santos, él se define como un demócrata y se ufana de que en su gobierno abolió la reelección inmediata "porque no le gusta la política caudillista".

En las elecciones del 2014 Santos perdió en primera vuelta con el candidato del uribismo, Óscar Iván Zuluaga, pero en la segunda lo derrotó. La victoria de Santos le quitó oxígeno a las pretensiones de Uribe de volver al poder a través de uno de sus alfiles. Santos, experto en jugadas audaces, esperaba asestarle el golpe final en las elecciones plebiscitarias. Sin embargo, la posibilidad de que la figura de Uribe pudiera resurgir como el ave Fénix tras el triunfo del No, era una pesadilla que empezaba a quitarle el sueño.

Antes de terminar la reunión en palacio una intervención de la senadora por el Partido Verde, Claudia López, lo reafirmó en su decisión indeclinable de abrir una negociación con el No.

—Seamos sinceros —dijo Claudia—. A todos nos derrotaron el domingo y hay que escuchar el clamor del pueblo y sentarnos a discutir con la oposición.

Santos se despidió de los congresistas y se devolvió rápidamente a su despacho para atender otra reunión que tenía pendiente con su asesora jurídica, Cristina Pardo. El presidente quería saber cuáles eran, en realidad, los efectos jurídicos de la derrota del plebiscito, un tema que le preocupaba desde la noche del domingo. Teniendo en cuenta que la implementación de los acuerdos se había amarrado al triunfo en el plebiscito, era evidente que todo el andamiaje de la paz había quedado en vilo. Le urgía saber cuáles eran sus opciones para refrendar un nuevo acuerdo. La asesora le dijo que existía la posibilidad de que el acuerdo fuera refrendado por el Congreso, pero que no era muy claro que esa vía tuviera un fuerte sustento jurídico. Con esa idea rondándolo, se encontró a eso de las doce y media con su hijo Esteban, en la casa privada, y durante los 45 minutos que se tomaron para almorzar, Esteban no se atrevió a cruzar ni una palabra con su padre porque lo veía tan ensimismado y pensativo que le daba pena importunarlo.

A las tres de la tarde, mientras seguían entrando las llamadas de importantes personalidades a su despacho, el presidente recibió la visita de todos los comandantes de las Fuerzas Armadas que fueron a expresarle su apoyo sin reservas. Allí estaba el general Flórez, el oficial a cargo de la subcomisión del acuerdo del cese al fuego bilateral en La Habana. Uno de los temas más preocupantes de la derrota era que el cese al fuego también había quedado sin fuerza jurídica. Y aunque Santos no lo dejara ver, lo aterraba que tanta incertidumbre pudiera horadar la confianza que había permitido pactar un cese al fuego entre dos enemigos que se habían enfrentado a muerte. Desde el mismo instante de conocer los resultados del plebiscito le había dado instrucciones a Sergio Jaramillo para que se iniciaran de manera urgente las consultas con las Farc con el propósito de buscar una fórmula que permitiera mantener el cese al fuego mientras encontraban una solución.

Esa misma noche de la derrota, Jaramillo se comunicó con general Flórez para decirle que debía hablar con Carlos Antonio Lozada, que se encontraba en las selvas del Yarí para ver si estaban en la tónica de mantener el cese al fuego. Ansioso por saber cómo iba el tema, el presidente se acercó al general Flórez.

—¿Qué ha sabido, general? —le preguntó.

—La situación es bastante delicada —le respondió.

El alto oficial le informó al presidente que llevaba dos charlas por radio con Carlos Antonio Lozada y en ambas lo había sentido muy preocupado. La derrota del Sí cogió a varias columnas guerrilleras en medio de sus desplazamientos hacia las zonas veredales designadas en el acuerdo para iniciar el proceso de desarme.

—Varios de esos contingentes están parados en la selva sin saber a qué atenerse —le explicó al presidente—. La buena noticia es que hay voluntad de mantener el cese por parte de las Farc.

Con esa preocupación, Santos llegó a las siete de la noche a la casa privada a comer con su familia. Aunque los vio más aliviados y en mejor tónica, no tuvo mucho tiempo para dialogar con ellos porque su mente iba a mil por hora. Tenía que poner en su sitio las piezas del nuevo andamiaje impuesto por la derrota: debía diseñar la estrategia para iniciar el diálogo con los del No con miras a establecer un nuevo acuerdo; el desafío consistía en conseguir que las Farc aceptaran reabrir la negociación y, por si fuera poco, mantener el cese al fuego mientras se firmaba el nuevo acuerdo.

Solo el martes, 36 horas después de la derrota, terminó de asimilar el golpe y pudo pasar a la acción. La noche anterior había dormido mejor y sentía que poco a poco estaba volviendo a encontrar su senda. Por la mañana tuvo que enfrentar una nueva cascada de renuncias por parte de los negociadores: el general Mora, el general Naranjo, Frank Pearl y el empresario Gonzalo Restrepo, pero ninguna de ellas fue aceptada. Durante todo el día del martes se la pasó construyendo la estrategia para abrir los diálogos con el No y recibiendo a diversos grupos de colombianos que habían ido a expresarle su solidaridad. Por la mañana estuvo con pastores de las iglesias cristianas que votaron por el Sí y por la tarde se reunió con los empresarios integrantes del Consejo gremial, quienes le expresaron su solidaridad pero lo urgieron en su propósito de concertar con el No un nuevo acuerdo. A eso de las cinco de la tarde el presidente tuvo la primera buena noticia desde la derrota: la reunión en La Habana entre el alto comisionado y Humberto de La Calle había sido más que fructífera. Las Farc no solo aceptaron reabrir el acuerdo para volver a negociar sino que sentaron los protocolos para mantener el cese al fuego hasta el 31 de octubre.

La mañana del miércoles 5 de octubre bajó muy temprano a su despacho con el propósito de preparar los primeros encuentros con la coalición del No. No quería dejar nada al azar.

La primera reunión fue con el expresidente Andrés Pastrana, alineado con las huestes del No lideradas por Uribe, su antiguo contradictor. Era de tal tenor la inquina entre Pastrana y Uribe que los duros epítetos usados hasta el momento por Santos y Uribe parecían un juego de niños. "A mí explíqueme cómo Uribe se sentó con el narcotráfico, con el cartel de Medellín y los paramilitares y no le da la oportunidad a Santos de hacer un proceso con la guerrilla", fue una de las frases públicas que pronunció Pastrana en defensa de Juan Manuel Santos cuando el uribismo empezó a tildarlo de traidor por abrir negociaciones con las Farc. "Yo fui elegido para la paz, Uribe para la guerra", era otra frase que el expresidente Pastrana usaba para diferenciarse de Uribe, a propósito de que, en su gobierno, él había abierto unos diálogos de paz con las Farc que, luego de tres años de infructuosas negociaciones, tuvo que cancelar. La repentina alianza entre dos enemigos tan feroces como Uribe y Pastrana tampoco causó mayor estruendo político ya que en el país esas volteretas se habían vuelto tan comunes como las arepas, los pandebonos y los mototaxis. De todas formas, no dejaba de causar sorpresa ver a un expresidente que creía en la necesidad de una salida dialogada al conflicto, aliado del expresidente que se oponía a ella y que además siempre lo consideró un mandatario débil ante las Farc, e insignificante, porque aceptó un despeje de tropas en cuarenta y dos mil kilómetros en el Caguán, una región situada al sur del país, para que la guerrilla pudiera adelantar durante tres años consecutivos unos diálogos de paz con su gobierno, y que al final no llegaron a buen puerto.

Aunque el expresidente Pastrana apoyó el proceso en sus inicios, poco a poco se fue distanciando, en parte por la actitud displicente de Santos y también porque veía cómo entraban por la puerta grande sus enemigos políticos, como el expresidente Samper, a quien Pastrana denunció por haber recibido dineros del cartel de Cali en su campaña para la presidencia en 1994.

A pesar de todos esos tropiezos, la reunión fue bastante cordial.

—Yo vengo en ánimo de ayudar —le dijo con una franqueza que sorprendió a Santos—. El No ganó pero eso no significa que haya que botar todo a la caneca.

Ambos acordaron nombrar a unos compromisarios para iniciar de inmediato el diálogo constructivo. Santos se despidió optimista y con esa sensación salió de su despacho rumbo a la reunión con las huestes de Álvaro Uribe. Ajustó su mejor sonrisa y sin mayor perturbación, Santos le dio la bienvenida al expresidente Uribe a la Casa de Nariño y de manera cordial le extendió la mano. Uribe le respondió el gesto en una actitud amable pero distante, con esa seguridad envidiable que siempre lo acompaña en sus acciones y en sus palabras. Con la propiedad de un mariscal de campo, le presentó a Santos sus tropas. El presidente saludó con deferencia a cada miembro de la delegación del No que había llegado con Álvaro Uribe. Primero saludó a Iván Duque, un joven economista que despuntaba ya como una figura moderada dentro del Centro Democrático. Luego a Carlos Holmes Trujillo, un veterano político que había participado en anteriores procesos de paz, y a Óscar Iván Zuluaga, el candidato contra el que él se había enfrentado en las elecciones del 2014. También le tendió la mano a César Castellanos, un poderoso pastor cristiano cuya Iglesia evangélica apoyaba a Uribe desde el 2002; a la excandidata presidencial Marta Lucía Ramírez, una mujer bien preparada que, al igual que Juan Manuel Santos, había sido ministra de Defensa de Álvaro Uribe, puesto del que fue removida a pedido del alto mando —en especial del general Mora, que nunca se llevó bien con ella—; aunque Uribe como presidente apoyó su salida y durante un tiempo se distanciaron, ella se había acercado de nuevo al expresidente, sobre todo en la campaña del plebiscito en la que decidió formar parte de la coalición por el No. A su lado estaba el único general retirado que acompañaba a Uribe: Héctor María Velasco de la Fuerza Aérea. Santos sabía muy bien a quién le estaba dando la mano: Velasco había salido de la Fuerza Aérea por presión del gobierno estadounidense, señalado de no haber cooperado en la investigación de la masacre de Santo Domingo, cuando un avión de la FAC lanzó una bomba *cluster* y mató a diecisiete campesinos en 1998. Washington aseguraba tener evidencias de que ese general había ocultado pruebas importantes en la muerte de los civiles en el bombardeo y obstruido la investigación. Durante el gobierno Uribe, la propia embajadora Anne Patterson había ido a visitar al presidente para decirle que si el general Velasco no renunciaba, a su gobierno le iba a quedar muy difícil certificar a Colombia en materia de derechos humanos, un requisito que exigían los Estados Unidos para darle luz verde al Plan Colombia. Y al cabo de un tiempo Velasco renunció. Si bien el gobierno Uribe, incluida su ministra Marta Lucía Ramírez, nunca aceptó que su salida hubiese sido producto de la presión de Washington, toda la prensa colombiana la presentó así.

El presidente Santos, en medio de esa cordialidad forzada mutuamente aceptada, procedió a sentarse en la cabecera de esa gran mesa rectangular que Uribe también había utilizado. Mientras todos se acomodaban, recordó que hacía por lo menos cinco años que no se encontraba con el expresidente Uribe.

Las relaciones entre los dos políticos comenzó a resquebrajarse desde el mismo día de la posesión del presidente Santos. En esa ceremonia, el presidente del Congreso, Armando Benedetti —que, como casi todos los políticos sumados a la coalición de Santos, también había sido uribista— sorprendió a los asistentes, entre los que se encontraba el expresidente Uribe, con un duro discurso que cuestionaba su legado. Uribe se había molestado mucho, no solo con Benedetti sino con el propio Santos. Conociéndolo como lo conocía, tenía claro que no existía la menor posibilidad de que Benedetti pronunciara su discurso sin que Santos lo conociera de antemano.

Las relaciones se enfriaron aún más cuando Santos integró a su gabinete varios nombres que estaban en la lista de vetados del expresidente Uribe. Recordó que en una de sus últimas reuniones, en Palacio, Uribe le hizo el reclamo por los nombramientos de Juan Camilo Restrepo como ministro de Agricultura y de Rafael Pardo como ministro de Trabajo, dos personas que Uribe consideraba desleales y traidoras a su causa. Sin embargo, el nombramiento que en verdad sacó de casillas a Uribe fue el de Germán Vargas Lleras como ministro del Interior y de Justicia.

Vargas había militado en el uribismo sin plegarse completamente a sus designios. Durante ese gobierno y siendo presidente del Congreso, Vargas Lleras —otro delfín político con aspiraciones presidenciales, sobrino nieto del expresidente Carlos Lleras Restrepo— hundió el primer intento de reforma constitucional que Uribe quiso plantar en el Congreso con el propósito de revivir la figura de la reelección inmediata. En alianza con los liberales, en ese momento en la oposición, también le había hundido en el Congreso un artículo de la Ley de Justicia y Paz que le dio vía libre a la desmovilización de los paramilitares. La norma que Vargas Lleras ayudó a hundir establecía una conexidad entre el narcotráfico y el delito político que de manera clara beneficiaba a muchos paramilitares, que en su mayoría provenían de las estructuras dejadas por los grandes carteles del narcotráfico.

Las desavenencias entre Uribe y Vargas Lleras se agravaron todavía más luego del atentado hecho a este último a la salida del programa radial Hora 20 de Caracol, en el 2005. Después del bombazo que casi lo mata, el presidente Uribe fue a expresarle su solidaridad a Vargas Lleras pero este, en un acto que nadie se esperaba, no le quiso dar la mano. Sus sospechas de que el Departamento Administrativo de Seguridad (DAS), organismo de inteligencia adscrito a la presidencia de la República, estaba involucrado, se confirmarían años más tarde, luego de que esa cuestionada agencia fuera cerrada por el propio Juan Manuel Santos cuando era ministro de Defensa, presionado por las denuncias hechas por los medios comunicación, de que estaba al servicio de los paramilitares. En el 2011, la revista *Semana* publicó el contenido de algunos archivos del DAS en los que se decía que uno de sus agentes había suministrado los explosivos a un civil con el propósito de asesinar a Vargas Lleras.

El presidente Santos, que estaba al tanto de estos distanciamientos, no les dio mayor relevancia y empezó a considerar el nombre de Germán Vargas Lleras para la cartera del Interior. Sin embargo, tal era la inquina de Uribe contra Vargas Lleras que, cuando el expresidente supo que lo iba nombrar, salió raudo al Palacio de Nariño y, bastante alterado, le advirtió que si nombraba a Germán Vargas él se iba al exilio. Santos no aceptó los vetos de Uribe. Él no estaba en la presidencia para ejercer como peón de brega de nadie y prefirió seguir las enseñanzas de Lincoln, quien decía que un presidente tenía que gobernar con sus enemigos a bordo.

La gota que rebosó la copa se produjo meses más tarde, en marzo de 2011, cuando el presidente Santos decidió reconocer de manera pública que en Colombia sí había un conflicto armado y no una amenaza terrorista, como sostenía Álvaro Uribe. El reconocimiento lo hizo dentro de la Ley de Víctimas y de Restitución de Tierras que puso en consideración del Congreso, cuando por primera vez el Estado aceptaba su responsabilidad en el conflicto y se comprometía a devolverles a los campesinos las tierras arrebatadas por la violencia. Esta decisión, en apariencia tan lógica para un país sumido en una de las guerras más largas del continente y probablemente del mundo, tenía especiales connotaciones en Colombia, todavía enfrascada en debates ideológicos trasnochados, heredados de la Guerra Fría.

Uribe fundamentó su política de seguridad democrática sobre la tesis de que en Colombia había una amenaza terrorista y convirtió la guerra contra las Farc en el epicentro de la formulación de las políticas interna y externa. Para Uribe, quienes sostenían que en el país había un conflicto, eran seres doblegados, dispuestos a hacerles concesiones a las Farc y a graduar de delincuentes políticos a narcoterroristas. Lo que acababa de hacer Santos era una herejía que lo desmarcaba del dogma que había jurado defender cuando fue ungido por el uribismo como su candidato y cuando resultó electo con sus banderas en las elecciones del 2010. Desde entonces el presidente Santos no se ha podido quitar el INRI de "traidor", un señalamiento que siempre ha considerado injusto: "Lo que hice con la paz fue retomarla desde el estadio en que él la dejó. Incluso me llevé a su alto comisionado de paz a trabajar conmigo y reactivé el canal secreto que él había abierto con las Farc a través de Henry Acosta", me dijo cuando le pregunté cómo se sentía con el título de traidor del uribismo. "Aunque el país no lo supiera, Uribe estaba buscando hacer una negociación de paz con las Farc, mientras hacía la guerra —insiste—. Esa misma estrategia es la que he seguido desde el día de mi posesión... ¿Acaso soy un traidor porque no le nombré a la gente que él quería?".

Santos en el fondo sabía que ese era un matrimonio que nunca iba a funcionar: Uribe no iba a gobernar a través de él como pretendía. A pesar de que su divorcio era ya irremediable, varias veces intentó recomponer esa relación sin ningún resultado: buscó acercamientos a través de empresarios amigos como Manuel Santiago Mejía; le envió mensajes a través de su cuñado Mauricio Rodríguez, cercano a Uribe; con Frank Pearl, que fuera su alto comisionado para la paz, y con el abogado Néstor Humberto

Martínez, de muy alta estima para Uribe. Incluso intentó abrir un canal de diálogo a través de Lina Moreno, la esposa de Álvaro Uribe, pero tampoco funcionó.

El último intento lo hizo unos meses antes del plebiscito, cuando supo que Uribe estaba en Roma y aprovechó para enviarle una carta a través del embajador de Colombia en el Vaticano. Uribe dejó esperando al embajador seis horas en el hotel donde se alojaba y no logró entregarle la carta. Santos entendió que no quedaba espacio para más intentos. Por eso le sorprendió la rapidez con la que Uribe había respondido su llamado con miras a negociar un nuevo acuerdo y aceptado reunirse con él en palacio.

Con su celular, Uribe se grabó a sí mismo llamando a pedir una cita con el presidente Santos para subir el video a su cuenta de twitter como prueba de su voluntad de diálogo. Santos recordó a su reverenciado Churchill quien decía que había que aprovechar las cosas buenas de las crisis. De todas maneras, si era cierto que Uribe estaba dispuesto a sentarse a la mesa, Santos tenía que darle la bienvenida y las gracias.

El primero en hablar fue Álvaro Uribe, y lo hizo durante una de las cuatro horas que duró la reunión. Haciendo gala de su verbo, una destreza que contrastaba con la parquedad de Santos, se fue lanza en ristre contra el Gobierno pero fue conciliador con las Farc y pidió una protección especial para sus miembros mientras se salía de esta crisis.

Santos detalló cada movimiento y cada palabra dicha por Uribe. En el memorial de agravios con que el comenzó su larga intervención se quejó de la falta de garantías a lo largo de la campaña; dijo que el financiamiento público para las campañas del No y del Sí no había sido equitativo. Lo fustigó por haber utilizado su músculo político para cambiar en el Congreso el umbral electoral, reduciendo considerablemente el número de votos que se necesitaban para ganar el plebiscito. Denunció que la publicidad estatal realizada a través de las agencias del Gobierno con mensajes alusivos a la paz fue un elemento que actuó en favor del Sí; le reclamó haber autorizado a sus funcionarios a participar activamente en la campaña plebiscitaria lo que había generado graves desequilibrios que "favorecían claramente a los seguidores de los lineamientos gubernamentales". Uribe incluso lo acusó de haber permitido que los promotores de los acuerdos hubieran utilizado un mensaje maniqueo y, como prueba del argumento, le recordó que durante la campaña plebiscitaria, e inclusive en días previos a la misma, se habían emitido múltiples mensajes mediáticos en ese sentido. "Se dijo, por ejemplo, que la paz es mejor que la guerra", le recordó mirando al presidente con cierta indignación, "con ello, presidente, se buscaba crear un falso dilema frente al proceso electoral".

Uribe hábilmente incorporó en su diatriba gran parte de las acusaciones que ya el No había hecho en la campaña plebiscitaria: le volvió a decir que había negociado el modelo de desarrollo rural con las Farc y que el acuerdo era un pacto de impunidad para los terroristas porque les permitía no ir a la cárcel y entrar a la política activa. Solo al final de su memorial Uribe se refirió al triunfo del No. "A pesar de los desequilibrios anotados, en una votación de 13 066 047 votos, el voto por el No obtuvo la mayoría con el 50,21 % frente a los votos por el Sí que obtuvieron el 49,78 % con 6 377 482 sufragios". Tomó agua del vaso, recuperó el aliento y concluyó diciendo que en razón de que los votantes por el No habían rechazado los acuerdos a los cuales era necesario introducirles correcciones sustanciales, se debía abrir la posibilidad de "un gran acuerdo nacional que permitiera reconocer el mandato ciudadano y materializarlo".

La manera insólita como Uribe se empeñó en señalarlo como manipulador de las elecciones de un plebiscito que su coalición había ganado, sorprendió tanto a Juan Manuel Santos que revivió su instinto político. Como si se tratara de una revelación divina, se dio cuenta de que él no era el único descolocado. Todo indicaba que Uribe estaba tan desconcertado con su triunfo como él con su derrota. Después de este instante de epifanía, Santos escuchó a las tropas del No. Todas las intervenciones fueron igual de duras. Uno de los primeros en tomar la palabra fue el exprocurador Alejandro Ordóñez, un lefebvrista que oye misa en latín, no cree en el holocausto de los judíos y se ufana de haber participado en una famosa quema de libros realizada en 1985 en su ciudad de origen, Bucaramanga, la capital del departamento de Santander, en la que se echaron al fuego revistas pornográficas, varias obras de García Márquez y el *Decamerón* de Boccaccio, ente otros, con el argumento de que atentaban contra la moral y las buenas costumbres. En 2014 resultó elegido para dirigir la Procuraduría General de la Nación, un órgano de control autónomo que se encarga de disciplinar a los funcionarios públicos, una institución cada vez menos frecuente en países democráticos; desde el día de su posesión dejó claro que sus convicciones religiosas iban a estar por encima del Estado de Derecho que juró defender. Así, por ejemplo, se ocupó de ponerles palos en la rueda a la aplicación del fallo de la Corte Constitucional que permite el aborto en Colombia en tres casos específicos; a la unión legal entre parejas del mismo sexo y a reconocerles a esas parejas el derecho de adopción. Sin embargo, su gran bandera fue el combate contra la "ideología de género", una corriente de pensamiento que, según Ordóñez y los jerarcas de la Iglesia, subyacía de manera subliminal en el acuerdo firmado en La Habana. Para el exprocurador, la ideología de género era el fin de la familia tradicional porque anulaba los roles femeninos y masculinos en la sociedad con el propósito de justificar el homosexualismo. Esa fue la razón por la cual los obispos, desde los púlpitos, invitaron a los feligreses a que votaran por el No, y lo mismo que pasó con una gran parte de las iglesias cristianas, que en Colombia tienen más de siete millones de seguidores.

Este político conservador, que se presentaba a sí mismo como el defensor de la moral y de las buenas costumbres, también tenía sus pecados: un fallo del Consejo de Estado le ordenó que saliera del cargo por haber nombrado en puestos de alto nivel en la Procuraduría a familiares de magistrados que ternaron su nombre en su aspiración a ser reelegido en el Senado, hecho que no le ha impedido seguir presentándose como un adalid de la lucha contra la corrupción.

En el uso de la palabra siguió Diana Sofía Giraldo, directora de una organización de víctimas que no formó parte de ese grupo de sesenta víctimas del conflicto que viajó a La Habana y tuvo la oportunidad de hablar con sus victimarios. Su discurso le dio a la reunión el primer toque de crudo realismo porque puso el dedo en la llaga, en el epicentro del desacuerdo. Su intervención le recordó a Santos que no todas las víctimas en Colombia estaban de acuerdo con que sus victimarios no tuvieran que ir a la cárcel y pudieran hacer política. Entendió sus argumentos pero, por lógicos que estos sonaran, él tenía muy claro que por esa vía no se lograba acabar con el conflicto, sino que se extendía la guerra por muchos años más. Ninguna guerrilla en el mundo deja las armas para irse a la cárcel con la prohibición de entrar en la política.

La reunión, prevista para una hora, fue tan intensa que pasaron de largo la hora del almuerzo y a eso de las tres y media de la tarde, cuando estaban ya todos muy cansados y sabían que había llegado el momento de terminar, el presidente tomó la palabra por primera vez.

"Es claro que ustedes ganaron y que el país hoy está dividido. De mi parte, quiero expresarles mi disposición para la construcción de un nuevo acuerdo de paz. La paz es un propósito que nos debe unir a todos porque por encima de nuestras diferencias está el futuro del país."

Sus cortas palabras sorprendieron a la delegación del No, que esperaban una mayor elocuencia por parte del presidente. Antes de que la gente se empezara a poner de pie, Santos miró al expresidente Álvaro Uribe y le hizo una propuesta que sacó como un as bajo la manga:

—En el espíritu de hacer un nuevo acuerdo, como prometí, les propongo que nombren un delegado para que viaje a La Habana.

El expresidente Uribe, que hasta ese punto había estado relativamente calmado, reaccionó:

—No aceptamos esa propuesta, señor presidente. La negociación que ustedes hicieron es entre el Gobierno y las Farc. Nosotros no nos sentamos con terroristas.

Al término de la reunión ambas partes se comprometieron a nombrar compromisarios para iniciar una renegociación con el propósito de lograr un nuevo acuerdo. El presidente nombró a Luis Carlos Villegas, su ministro de Defensa y amigo personal, a la canciller María Ángela Holguín y a Humberto de La Calle. Y el expresidente Uribe decidió nombrar a sus tres precandidatos presidenciales, Iván Duque, Óscar Iván Zuluaga y Carlos Holmes. Era evidente que el triunfo en el plebiscito le daba a Uribe nuevos bríos para ganar las elecciones presidenciales del 2018. Los temores de Santos se estaban cumpliendo: su enemigo se había crecido.

El presidente Santos salió de la reunión rumbo a su oficina con una sensación agridulce. Cuando iba entrando a su despacho alguien le informó que a pocas cuadras, en la Plaza de Bolívar, estaba empezando a llegar una marcha de gente que se había volcado a la calle para pedirles al presidente y a los del No que dejaran a un lado sus diferencias e hicieran un acuerdo ya. Si era cierto que las crisis siempre traían oportunidades, esta le había abierto la puerta para que el acuerdo de paz dejara de ser un mamotreto que pocos colombianos se habían animado a leer.

Capítulo 12

El peso de la derrota

Era la primera vez, desde que iniciaron los diálogos de paz, que Humberto de La Calle y Sergio Jaramillo llegaban a La Habana sin tener un libreto preparado. Ni siquiera consideraron el escenario que tenían enfrente: conseguir que las Farc aceptaran renegociar el acuerdo de paz firmado en la ceremonia de Cartagena tan solo una semana atrás.

Aunque la corta conversación de Humberto de La Calle con Iván Márquez el día de la derrota le dejó la impresión de que las Farc habían entendido este difícil momento político, en realidad iban a ciegas y sin ninguna hoja de ruta. Solo contaban con la experiencia acumulada en estos años de negociaciones, que por cierto cambió su percepción inicial sobre las Farc. De cualquier forma, aunque se habían sentado con ellos cada quince días en ciclos de diez días durante cuatro años, ninguno de los dos podía predecir cómo reaccionarían.

A eso de las ocho de la noche llegaron a la Casa de Piedra en el sector del Laguito, donde antiguas mansiones de propiedad de las familias ricas de la época de Batista sirven como casas de protocolo. La Casa de Piedra es una construcción grande, austera, con un jardín en piso de piedra. Sergio propuso, antes de empezar cualquier discusión, que se sentaran en un rincón a beberse un ron Santiago y fumarse un puro. Cuando entraron a la casa, Granda, Pastor Alape, Pablo Catatumbo e Iván Márquez estaban sentados en los sofás del jardín que esperaban usar. El gesto de sus rostros, mientras él y Humberto los saludaban de manera protocolaria, reflejaba un nerviosismo que los negociadores del Gobierno nunca les habían visto. La pérdida del plebiscito no solo había dejado en vilo lo firmado, también el cese al fuego bilateral y el traslado de los frentes a las zonas de reubicación, que en ese momento se estaba llevando a cabo. Desde el 26 de septiembre, fecha de la firma del acuerdo de Cartagena, se habían abierto unos corredores humanitarios para que los siete mil hombres armados que integraban los bloques guerrilleros iniciaran su tránsito a estas zonas con el propósito de iniciar los protocolos fijados para el desarme. Casi todas las columnas habían empezado a desmantelar ya sus campamentos e incluso varias de ellas se encontraban muy cerca de sus nuevas zonas de reubicación. Por los reportes de Carlos Antonio Lozada, encargado de esos traslados con el general Flórez desde las selvas del Yarí, sabían que varias columnas guerrilleras tenían suspendida la marcha y a esas mismas horas se encontraban acampando en mitad de la selva sin saber a qué atenerse.

Las Farc se sentían más que expuestas. El Ejército conocía las coordenadas de sus tropas y cualquier provocación de un bando o del otro, producto de la incertidumbre dejada por la derrota, podría avivar de nuevo las llamas de la guerra. Ese día, tanto Sergio Jaramillo como Iván Márquez, sentían desde orillas contrarias, la febril debilidad de una paz derrotada. Sergio ofreció uno de sus habanos Churchill a Humberto de La Calle y a Iván Márquez, quienes de cuando en vez se fumaban un buen puro. Finalizada la ceremonia de la encendida del tabaco, Humberto de La Calle, bastante más tranquilo que los últimos días, empezó la charla.

—Maestros… perdimos… nos derrotaron —dijo con una franqueza que parecía venirle del alma—. Hay que aceptar que es una derrota política que no esperábamos. Por eso, como ustedes han visto, iniciamos un diálogo nacional con los del No, con el objeto de reabrir lo acordado y discutir con ellos nuevamente el acuerdo sin ninguna salvedad. En otras palabras, aquí toca volverse a sentar y reabrir la mesa.

Humberto expuso sus razones de la derrota. Se refirió a lo sucedido con el huracán y sus consecuencias en la baja votación de la costa, trajo a colación las mentiras del No y aceptó que varias de ellas habían logrado arraigar en ciertos sectores de la opinión menospreciados por el Gobierno. Los comandantes de las Farc escucharon atentamente, sin interrumpirlo.

Siguió Sergio Jaramillo, a quien no veían desde el famoso cónclave de finales de junio en el que se le trató como persona non-grata.

—Lo primero que tendríamos que proponerles es que saquemos un comunicado reconociendo el resultado —les dijo escogiendo muy bien sus palabras en ese mismo ánimo propositivo que había tenido la intervención de Humberto—. En segundo lugar hay que reconocer que tenemos que hacerle cambios al acuerdo porque la ciudadanía no lo votó; y tercero, hay que mandar el mensaje lo más pronto posible de que el cese al fuego se mantiene y que ambas partes conservan su confianza.

De manera espontánea la reunión siguió los formatos que el alto comisionado había impuesto durante las negociaciones en La Habana. El siguiente en hablar fue Iván Márquez.

—Entendemos la urgencia y la necesidad de reabrir la mesa aquí en La Habana —les dijo en un tono serio, casi que cortante—, pero me permito recordarle, doctor Humberto, que las razones que usted trae para explicar la pérdida del plebiscito no se deben exclusivamente a las mentiras de Uribe ni al evento del huracán.

Iván Márquez se paró del sofá y continuó de pie.

—Quiero recordarles que nosotros nunca estuvimos de acuerdo con el plebiscito. Nunca lo consideramos necesario, ya que según la Constitución de Colombia el presidente tiene la atribución de hacer las políticas de paz. Terminamos de aceptarlo casi al final de las negociaciones, como una muestra de buena voluntad; tampoco estuvimos de acuerdo en que la entrada en vigencia de los acuerdos se hubiera atado al triunfo del plebiscito porque temíamos que este pudiera perderse, como de hecho ocurrió. Ahora que el acuerdo ha quedado comprometido por la miopía de ustedes, las Farc está convencida de que hay que salvarlo.

Granda intervino:

—Mire, doctor De La Calle, yo tengo la convicción de que si nos hubieran dejado hacer la campaña por el plebiscito con ustedes, como varias veces se lo propusimos, el resultado hubiera sido diferente —dijo con una seguridad que desconcertó a los dos negociadores—; si eso hubiera pasado, si la sociedad nos hubiera visto acompañándolos a explicar el acuerdo, otro sería el escenario.

—Maestro —ripostó De La Calle—, si hubiéramos hecho eso tenga por seguro que la derrota no hubiera sido por cincuenta mil votos sino total. No se imaginan el repudio que ustedes suscitan todavía en vastos sectores de la opinión pública colombiana.

La cruda respuesta de Humberto de La Calle enrareció la atmósfera. Era evidente que la percepción de las Farc sobre sí mismas era muy distinta a la que de ellas tenía la opinión pública. Esa especie de autismo también impidió que las Farc se esforzaran por establecer empatías con la sociedad a la que iban a reintegrarse.

Jaramillo casi que ni reparó en la discrepancia entre Humberto y Granda porque seguía sorprendido con la intervención de Iván Márquez, que en la mesa de La Habana siempre fue el más impenetrable y duro de los negociadores de las Farc. Su carácter rígido, mezclado con una sagacidad política muy particular, lo fue convirtiendo en un vocero con una influencia creciente sobre las estructuras de poder de las Farc, que incluso llegó a opacar al propio Timochenko. A Iván Márquez —como les sucedió a casi todos— la negociación en La Habana lo cambió. Comenzó siendo el más pesimista y el más incrédulo y acabó por labrar una inusitada admiración por la Constitución de ese Estado contra el que se había alzado en armas. Jaramillo y De La Calle sabían que Iván Márquez tenía razón: las Farc se opusieron a ese recurso del plebiscito propuesto por el presidente. Tampoco creyeron en el mecanismo del *fast track* ideado por el Gobierno e implementado de manera unilateral para que las cerca de sesenta reformas que se desprendían del acuerdo pudieran ser aprobadas en el Congreso en dos legislaturas y no en cuatro. Las Farc sostenían que era contraproducente porque sacaba los acuerdos del ámbito político y los convertía en un asunto jurídico. Las reformas derivadas del acuerdo de paz aprobadas por *fast track* tenían que ser revisadas por la Corte Constitucional, lo cual les parecía inaudito porque significaba que lo acordado entre ambas partes podía ser alterado por un fallo de la Corte. Las Farc tenían todos los argumentos para negarse a renegociar ningún punto del acuerdo porque ese invento del plebiscito, y su fracaso, eran exclusiva responsabilidad del Gobierno. Y aunque era cierto que las Farc estaban a medio camino del desarme, todavía no atravesaban el punto de no retorno, de modo que volver a la guerra era una opción abierta. Esas columnas guerrilleras que esperaban en medio de la más grande incertidumbre podían devolverse y esfumarse entre la espesura en cualquier momento.

Sin embargo, Márquez pronunció un discurso reposado en el que demostró una madurez política que Jaramillo, en tantos años de negociaciones, no le había visto. Sergio creía conocerlos como nadie, había detectado sus fortalezas y sus flaquezas, como seguramente ellos también habían descubierto las suyas, pero esto, pensó, tendría que recordarlo para siempre.

En la redacción del comunicado que propuso Sergio se demoraron casi cuatro días. Día y noche, sin descansar, los dos equipos se sentaron a negociar y a redactar el texto hasta que, un día después del primer encuentro entre el presidente Santos y los del No en palacio, el día jueves 6 de octubre en la tarde, lograron terminar.

En los cuatro años de negociaciones nunca habían sacado un comunicado conjunto que les hubiera tomado tan poco tiempo.

Extenuados, ese mismo jueves hacia las ocho de la noche los delegados de Santos tomaron el avión de la FAC que los regresaría a Bogotá. En la cabina, Humberto y Sergio traían la extraña sensación de haber abierto una puerta pero ninguno de los dos sabía si ese nuevo camino los conducía a una salida o al precipicio.

La noche de reflexión

A la misma hora que Jaramillo y De La Calle salían de La Habana, Juan Manuel Santos se preparaba para salir de su despacho rumbo a su apartamento en Rosales. Su esposa se encontraba en la finca de Anapoima y pensó que le haría bien salir de esas frías paredes del palacio a tomarse unos *whiskys* con algunos funcionarios y ministros en su apartamento. Después de una semana tan dramática se lo merecía.

Su caravana salió por la carrera octava y pasó a escasos metros de la Plaza de Bolívar, donde la noche anterior cerca de treinta mil personas habían marchado desde diversos puntos de la ciudad para exigirle que hiciera un "nuevo acuerdo ya" con los del No. La marcha, convocada de manera espontánea mediante las redes sociales, la conformaron en su mayoría jóvenes profesionales entre los 25 y los 30 años a quienes la derrota del plebiscito les causó un impacto que les hirvió la sangre. Casi todos pertenecían a esa franja ajena a la política tradicional, seguidores de la Ola Verde, el movimiento político de Antanas Mockus, el candidato presidencial derrotado en las elecciones del 2010 por Juan Manuel Santos, cuando militaba en el uribismo. De ascendencia lituana, Mockus era un excéntrico profesor universitario cuyo discurso de ruptura en contra del clientelismo le sirvió para seducir a los jóvenes y ocupar en dos ocasiones la Alcaldía Mayor de Bogotá[8].

Los organizadores de la marcha escogieron unos puntos de encuentro en toda la ciudad y la gente empezó a llegar a esos lugares desde las cuatro de la tarde del miércoles 5 de octubre. Uno de los puntos de reunión con más afluencia de gente fue el Planetario Distrital, donde yo me encontraba. A las siete de la noche, mientras Santos todavía estaba en su despacho ultimando su estrategia para abrir un diálogo con los del No en ese lugar ya había más de cinco mil personas reunidas. La mayoría de marchistas llevaba puestas camisetas blancas sin alusiones a ningún partido político, petición exigida por los promotores de la marcha. En un país donde las manifestaciones son escasas, no era usual ver a tanta gente tan disímil, junta. Entre la muchedumbre había estudiantes de las universidades públicas y privadas; abuelitas con sus nietos, padres con sus hijos pequeños, indígenas, profesores universitarios, intelectuales, líderes afro y víctimas de la guerra. También se encontraron los votantes por el Sí y por el No, así como muchos otros apáticos que salieron a marchar para mitigar su culpa por no haber ido a las urnas. Según datos de la Registraduría, el gran

8 Mockus irrumpió en la política colombiana desde un día en que siendo rector de la universidad estatal más importante de Colombia se quitó los pantalones y mostró su trasero a una enardecida manifestación estudiantil que protestaba por los efectos de una reforma universitaria.

triunfador del plebiscito había sido la abstención, porque cerca del sesenta por ciento de la población apta para votar no fue a las urnas.

Que la derrota del plebiscito tocó una fibra que los colombianos pensábamos no tener se comprobó con el canto del himno nacional que abría la marcha. Sus estrofas, siempre tan barrocas, ininteligibles para la mayoría, produjeron esta vez un torrente de sensaciones que recorrió las venas de los presentes. Pocas veces experimentamos una catarsis colectiva que nos evocara las cicatrices dejadas por una guerra tan larga y dolorosa.

A las nueve de la noche, cuando ya la plaza se estaba desocupando, siete de los promotores de la marcha decidieron poner una carpa y pasar la noche en la fría Plaza de Bolívar. A pesar de que no se conocían, duraron hablando toda la noche como viejos amigos. Algo les decía que no podían devolverse a sus vidas como si nada hubiera sucedido. A ellos el conflicto no los había afectado de manera personal pero eran conscientes de que, en ese momento, a muchos colombianos en las zonas de guerra los aterrorizaba la posibilidad de que la guerra se reiniciara.

En esa fría madrugada del jueves 6 de octubre, los siete del campamento decidieron que no saldrían de la Plaza de Bolívar hasta que no hubiese un acuerdo nuevo. Así nació el campamento por la paz. "La derrota fue como un despertar", me dijo una de ellos, Katerine Miranda, frase con la que resumía a la perfección la efervescencia que se sentía en los días posteriores a la derrota del plebiscito. "No podíamos permitir que el acuerdo se quedara en el limbo ni que nos devolviéramos a la guerra… ¡No queremos más violencia!", me dijo Juliana Bohórquez cuando le pregunté, días más tarde, por qué una artista plástica como ella, que estudiaba en Londres, había decidido acampar por cerca de un mes en medio de ratas gigantes en la Plaza de Bolívar.

De camino a su apartamento, aún resonaban en su cabeza los ecos de esa impresionante manifestación; seguramente Juan

Manuel Santos pensó que esas 297 páginas acordadas en La Habana, que pocos habían leído completas, empezaban a tener un significado para la gente.

Entre los invitados a su apartamento estaba el ministro del Interior, Juan Fernando Cristo, un político liberal con el que había desarrollado cierta amistad. Al calor de unos *whiskys* repasaron el carrusel de emociones vivido en los últimos días. Aunque mantuvo su mente ocupada en buscar las salidas a esta crisis, poco a poco fue abriéndole campo al ejercicio de mirar con detenimiento las causas de la derrota y las fallas de la estrategia.

La conversación franca con el ministro Cristo le permitió juzgar lo que ya era evidente. Por ser demasiado precavido mantuvo las negociaciones fuera de la órbita de los medios con la premisa de que "nada está acordado hasta que todo esté acordado". Si bien esa divisa les permitió avanzar sin intromisiones, también convirtió el acuerdo en un mamotreto sin alma que muy pocos entendieron en su real dimensión. La manera vergonzante con la que defendió el acuerdo de los ataques de la oposición —como si se tratara de un hijo calavera— incrementó las sospechas de que el acuerdo era una entrega del Estado a las Farc y al terrorismo. Le quedaba claro que por haber menospreciado a sus enemigos se había vuelto inmune a las señales de alarma. La derrota también puso de relieve que con el político audaz convivía un político ingenuo.

A Santos nunca le inquietó que la oposición uribista lo hubiera graduado de castro-chavista, ni que lo señalara de haberles entregado el país a las Farc, porque para él era imposible que el país llegara a creer que un hombre de centro derecha, como él, nacido en el seno del establecimiento colombiano, pudiera convertirse en amanuense del castro-chavismo o ceder el Estado.

Su lectura sobre la ceremonia de la firma del acuerdo de paz en Cartagena —que él había retenido en su memoria como un instante culminante— también había sido errada. Ese acto público de Cartagena no había sido su mayor día de gloria sino una de las razones de su derrota.

Al ver al presidente Santos acompañado de los comandantes guerrilleros, responsables de delitos atroces, y de los presidentes Nicolás Maduro de Venezuela y Raúl Castro de Cuba, muchos colombianos creyeron que el fantasma del castro-chavismo cobraba vida en esa tarima.

"Me confié demasiado —me responde cuando le pregunto por las razones de la derrota—. Confieso que fue una sorpresa darme cuenta de que a mucha gente le pareció un error la ceremonia de Cartagena", me dice como si también hubiera subestimado el profundo rechazo que generan las Farc en la sociedad luego de tantos años de guerra. "Tampoco pensé que a un consentido del Fondo Monetario Internacional como yo, que crecí en el Country Club, mis enemigos pudieran graduarme de traidor o de castro-chavista por el hecho de que hice dos reformas tributarias, me senté a hacer un acuerdo de paz con las Farc y me propuse reactivar las relaciones con el entonces presidente Chávez de Venezuela."

Se queda pensativo, como si estuviera a punto de decir algo que nunca pensó que diría.

"Eso no solo demuestra que en el país hay una derecha obtusa… también habla muy mal de sus élites, las cuales tienen que darse cuenta de que así no son sostenibles en el tiempo."

Este es el mismo mandatario que, parafraseando a Roosevelt, pronosticó que al término de su mandato lo señalarían de ser traidor a su clase por haber logrado un acuerdo de paz con las Farc. Pero su vaticinio iría más allá: se quedaría con el estigma de ser el presidente más impopular de los últimos tiempos. En estos momentos en que los astros parecían desajustársele, sentía en carne propia las injusticias de la política y comprobaba lo difícil que era hacer la paz en contraste con lo fácil que le había resultado hacer la guerra.

A Santos tampoco le preocuparon las multitudinarias manifestaciones que, meses antes de las elecciones plebiscitarias, protagonizaron los grupos cristianos y los obispos de la Iglesia católica en contra del acuerdo, alegando que introducía la ideología de género. Para las iglesias evangélica y católica, esta corriente de pensamiento era una puerta diabólica ideada por los homosexuales para pervertir y acabar con la familia tradicional.

Ese nuevo frente le surgió de manera intempestiva por cuenta de la elaboración de unas cartillas que se hicieron en el Ministerio de Educación como producto de un fallo de la Corte constitucional. El alto tribunal le ordenó al ministerio diseñar unas cartillas para promover en los colegios el respeto a los alumnos sin distinción de credo ni de condición sexual, luego de haber fallado una tutela interpuesta por una madre cuyo hijo gay se había suicidado, víctima del matoneo.

Según las iglesias evangélicas, en esas cartillas se introducía de manera malévola la tesis de la ideología de género. La ministra de Educación, Gina Parody, una ambiciosa e inteligente mujer de 35 años, intentó explicar que la elaboración de esas cartillas era un mandato constitucional pero no tuvo eco. Salió en los medios a decir que todo se debía a una exageración de las iglesias cristianas y además las acusó de enrarecer el ambiente por haber puesto a circular en las redes unas tiras cómicas pornográficas belgas haciéndolas aparecer como si fueran las cartillas, pero no pudo calmar los ánimos. En cosa de días el escándalo escaló hasta remover los más recónditos resortes de una sociedad profundamente católica, cristiana y pacata.

Sin que el Gobierno hubiera entendido todavía la dimensión del problema, tuvo que enfrentar una marcha de protesta que llenó casi todas las plazas de las grandes ciudades del país en las que los jerarcas de la Iglesia y los evangélicos salieron a denunciar la presencia de la ideología de género, no solo en las cartillas del Ministerio de Educación sino en el acuerdo de La Habana.

A los tres días de esa gran manifestación, Juan Mesa, asesor de comunicaciones del presidente, propuso una reunión de emergencia con los jerarcas de la Iglesia católica en la Casa de Nariño, con el propósito de calmar las aguas. A las nueve de la mañana llegaron a la cita el nuncio apostólico, Ettore Balestrero; monseñor Fabio Suescún, obispo castrense de Colombia, y el presidente de la Conferencia Episcopal, monseñor Luis Augusto Castro.

El presidente los recibió escoltados por Gina Parody, su ministra de Educación, su asesora jurídica Cristina Pardo, muy cercana a la Iglesia, y Luis Guillermo Vélez, secretario general de la presidencia.

Monseñor Suescún tomó la palabra y, tras agradecer la invitación a palacio, le explicó al presidente las razones por las cuales la Iglesia estaba en contra de la ideología de género. Le dijo que deconstruía los roles femeninos y masculinos de la sociedad y que acababa con la familia tradicional, base de la sociedad católica. Al final de su intervención, el obispo Suescún miró al presidente y le dijo muy seriamente:

—Esa corriente de pensamiento está incluida no solo en las cartillas sino en el acuerdo de paz con las Farc.

Por la seriedad con que se abordaron las cosas, para el presidente fue evidente que el tema de las cartillas de educación no era precisamente lo que más les preocupaba a los jerarcas de la Iglesia y que su disgusto iba más allá.

—¿Qué es ideología de género? —le preguntó el presidente Santos al monseñor Suescún.

—Presidente —le respondió el prelado—. Le repito: es un mundo donde no hay géneros, porque se acababan los roles femeninos y masculinos que forman parte de la familia tradicional base, no solo de la sociedad, sino de la doctrina católica.

—Si ustedes están en contra de eso… ¡yo también lo estoy!

Los tres jerarcas lo miraron sorprendidos con la manera directa con que el presidente había decidido salirle al tema. Santos, prosiguió:

—Ahora bien —dijo volviendo a un tono coloquial—. Nosotros lo que sí estamos defendiendo es el enfoque de género, que es una política dirigida a equilibrar las desigualdades que han enfrentado las mujeres, las minorías étnicas y sexuales… pero sobre todo, cuando en el acuerdo de paz se habla del enfoque de género, lo que se busca es darle la posibilidad a las mujeres cabeza de familia que, por efecto del conflicto se han quedado solas, a que puedan acceder a los mecanismos de crédito y financiación a los que hoy difícilmente tienen acceso por que no tienen marido.

La intervención del presidente fue escuchada por los prelados sin mayor reacción.

—Me complace saber que el presidente no endosa la ideología de género —le dijo uno de los jerarcas que omitió referirse a los demás aspectos de la intervención presidencial.

Al ver que la reunión podía quedar en punta, el propio presidente tomó la ofensiva y les hizo una pregunta más:

—¿Ustedes no creen que mucho del ruido que se hizo alrededor de las cartillas fue por cuenta de que la ministra de Educación, Gina Parody, es gay?

La pregunta así, soltada al rompe, descolocó no solo a los obispos que no se la esperaban sino a la propia ministra. Desde su llegada al mundo de la política, Gina Parody se abstuvo de mencionar su condición sexual. Hasta ese momento, políticos e incluso presidentes gays se cuidaron de declarar su orientación sexual. De hecho, la primera vez que Gina Parody decidió hacer pública su relación con Cecilia Álvarez, ministra de Comercio Exterior del gobierno Santos fue apenas unas semanas antes de las elecciones plebiscitarias.

Las dos concedieron varias entrevistas hablando de su relación que coincidieron con el fallo de la Corte constitucional que abría la puerta de la adopción para las parejas homosexuales, fallo que fue rechazado por los jerarcas de la Iglesia y por los evangélicos. Estos hechos parecían demostrar que la sociedad colombiana estaba avanzando en el reconocimiento de los derechos de las minorías sexuales, pero para la Iglesia y para sectores como los abanderados por el exprocurador Ordóñez, era el principio del fin de la familia tradicional; que dos ministras hicieran alarde de su amor en público solo significaba un acto de Lucifer.

De modo que la pregunta del presidente sonaba demasiado cruda pero estaba dirigida a aclarar una duda relevante.

Monseñor Suescún, que había llevado la voz cantante y que era sin duda el más representativo de ellos, tomó la palabra. Con una cara que demostraba cierta incomodidad le respondió:

—En lo más mínimo.

Al finalizar la reunión, el presidente Santos y los más altos prelados de la Iglesia católica hicieron una rueda de prensa en la que declararon que no compartían la ideología de género.

Al otro día, el presidente se reunió con varios de los pastores cristianos que habían encabezado las marchas y les dejó claro que ni su gobierno ni el acuerdo con las Farc se relacionaban con lo que ellos denominaban "ideología de género".

Santos pensó que luego de esas reuniones se saldaba el tema y no vio mayor problema en designar como jefe de la campaña del plebiscito a Gina Parody.

Faltando dos semanas para las elecciones del plebiscito, su secretario general, Luis Guillermo Vélez, y el vocero de las negociaciones en La Habana, Humberto de La Calle, asistieron a una reunión en Pitalito, al sur del Huila, un departamento reconocido por ser enclave conservador y católico. El pueblo tenía un alcalde a favor del Sí que los había invitado a que hicieran pedagogía del acuerdo. Al llegar al lugar del evento y ver que había tan poca gente, preguntaron el por qué y les explicaron que seguramente se debía a una carta del arzobispo de Garzón a favor del No, en la que volvía a empuñar como bandera el tema de la ideología de género. En ese departamento el No ganó con el noventa y seis por ciento de los votos.

Unas semanas antes de las elecciones del plebiscito, en un almuerzo en mi casa, fui testigo de que los reparos que los jerarcas de la Iglesia al acuerdo de paz iban más allá de la polémica en torno a la ideología de género. En ese almuerzo fue evidente que varios de los prelados no comulgaban con lo acordado en el tema de justicia. No veían con buenos ojos que se hubiera incluido a los civiles que hubiesen participado en la conformación de grupos paramilitares. "Si el acuerdo de paz es con las Farc, los únicos que deberían ir a esos tribunales de justicia transicional deben ser las Farc", fue la precisión que le escuché a uno de ellos. En esa ocasión me sorprendió advertir la tensa relación de los jerarcas de la Iglesia colombiana con el papa Francisco en torno a los acuerdos de paz. A diferencia de los prelados colombianos, el Vaticano había mostrado un especial interés por apoyar las negociaciones al extremo de nombrar un enviado especial en los diálogos de La Habana, apoyo cuestionado privadamente por los obispos colombianos, que lo encontraban apresurado y desmedido. Sus divergencias quedaron expresadas con la manera reiterada como los obispos se opusieron a que el papa Francisco apareciera públicamente avalando unas negociaciones que ellos no veían con buenos ojos.

Quince días después de la derrota el presidente recibió los resultados de un informe pedido por él mismo a su secretario general con la idea de conocer las causas de la derrota. Lo que quedó absolutamente claro es que una de las razones de más peso fue el papel activo de la Iglesia en el posicionamiento del tema de la ideología de género a lo largo de la campaña plebiscitaria. Cerca de un cuarenta por ciento de los partidarios del No votaron porque pensaban que el acuerdo imponía el homosexualismo.

Aunque la Iglesia planteó su neutralidad en las elecciones plebiscitarias, la mayoría de los obispos votaron por el No y al único obispo que salió a invitar a sus feligreses a votar por el Sí, monseñor Monsalve, obispo de Cali, lo sancionaron. En una entrevista realizada dos semanas antes de las elecciones, monseñor Monsalve dijo que "todo ciudadano honesto dará su voto por el sí a los acuerdos". Aunque el prelado pronunció esta frase diciendo que la paz era un valor supremo que estaba por encima de cualquier polarización política, la oposición uribista reaccionó airada en contra del obispo porque sintió que acusaba a los que estaban por el No de deshonestos. "Que se quite la sotana y se ponga el camuflado de guerrillero", le ripostó duramente Susana Correa, senadora por el Centro Democrático.

Santos, tan precavido en detectar los posibles escenarios que podían erosionar su estrategia de paz, nunca detectó este frente. Pasó por alto el hecho de que los nuevos obispos como monseñor Suescún, representaban a una generación de prelados más conservadores que fueron desplazando a obispos de reconocido perfil progresista. Tampoco se dio cuenta de las dimensiones que tenía el tema de la ideología de género y del costo asumido con el nombramiento de una ministra gay al frente de la campaña plebiscitaria, en momentos en que muchos feligreses tenían la percepción de que el acuerdo de paz acababa con la familia tradicional. El Santos estratega, el que más se ufana de anticiparse a las jugadas de sus enemigos, terminó derrotado en su propio terreno.

Que Juan Manuel Santos dijera que no aspiraba al Premio Nobel de la Paz era un alarde de humildad que no le quedaba. Aunque el tema nunca estuvo presente en la mesa de negociaciones ni en las conversaciones con sus negociadores, la posibilidad de que se lo otorgaran se le había pasado por la cabeza. Con el acuerdo de paz el mundo podía registrar una guerra menos y, semejante hazaña, así sus detractores en Colombia no se lo reconocieran, era un hecho histórico. Además, Noruega, sede de los premios Nobel de la Paz, venía jugando un papel clave como facilitador en las negociaciones de paz que se abrieron con ELN y con las Farc bajo el gobierno de Álvaro Uribe en la isla de Cuba, y luego fueron el país garante junto con Brasil en los acercamientos que se hicieron con Frank Pearl al final de ese gobierno. Desde su arribo al poder Santos mantuvo esas relaciones y como era apenas lógico desde el inicio, nombró a Noruega y Cuba como los países garantes de su proceso de paz. Los noruegos siguieron paso a paso los desafíos sorteados en este proceso y sabían mejor que nadie lo que significaba.

Todos los políticos desean la gloria y Juan Manuel Santos no era la excepción. Para él la política no tenía mayor sentido sino era capaz de reescribir la historia. Eso lo había aprendido de Churchill y de Roosevelt, y sin ninguna falsa modestia pensaba que después de lograr un acuerdo de paz que frenaba una guerra de más de medio siglo se merecía entrar a la gloria por la puerta grande, como lo ambicionaron varios de sus antecesores.

"Mis problemas en la política buena parte de las veces provienen de que siempre escojo lo correcto sobre lo conveniente porque siempre tengo muy presente el juicio de la historia", confiesa.

Por eso, desde que en febrero del 2016 se supo que el mandatario colombiano aparecía entre los nominados al Premio Nobel de la Paz por segunda vez consecutiva, el presidente decidió recurrir a la sangre fría heredada de su madre para no ilusionarse demasiado, así las noticias dijeran que él era uno de los candidatos con más opciones. Juan Manuel Santos confiesa que de esa forma se curó de espantos: "si ganaba el Nobel de la Paz, el triunfo no se me iba a ir a la cabeza y si sucedía lo contrario no iba a sufrir una decepción", me dice.

La noticia de inmediato fue presentada como una muestra de que el presidente quería lucrarse personalmente de la paz. La oposición, siempre al acecho, lo sindicó de haber planeado las fechas de la firma del acuerdo y de las elecciones del plebiscito del 2 de octubre con el objetivo de tener el acuerdo refrendado antes del 7 de octubre, el día en que el comité del premio suele anunciar los ganadores. "Ese es el calendario del Nobel", me dijo en su momento José Félix Lafaurie, un dirigente del Centro Democrático.

Para evitar que las críticas lo afectaran Santos aprendió a cubrirse con una piel de cocodrilo que lo distanciaba de todo y de todos. Siempre que estaba al borde de perder los estribos y de reaccionar de manera emocional se acordaba de lo que su mamá le decía: "mijito, ¡cuente hasta diez!, acuérdese que no reaccionar de manera emocional a todo lo que dicen es una virtud".

Las pocas personas que lo han podido conocer sin su escudo protector aseguran que Santos es menos pragmático y calculador que el que proyecta. "Yo también tengo mi corazoncito", me advierte cuando le critico su trato frío y distante.

Por llevar a cuestas su pesado lastre de gobernante impopular todos sus actos quedaron bajo sospecha desde que se conoció la noticia de su postulación para el premio Nobel de la Paz. Su decisión de renovar la mesa de La Habana y enviar a un grupo de ministros a que concluyeran el acuerdo en un cónclave a finales de junio del 2016, levantó suspicacias sobre si estaba motivada por razones de Estado o si era porque ya tenía en su mente el calendario del Nobel. La justificación que dio para acelerar el proceso a pesar de estar revestida de buenas razones, también fue objeto de toda suerte de prevenciones. En vista de la reducción de la renta petrolera ocasionada por los bajos precios del crudo,

Santos debía presentar en el segundo semestre una dura reforma tributaria, la cual no podía poner en marcha antes de las elecciones plebiscitarias porque podría afectar de manera negativa su resultado. Pese a que sus justificaciones para acelerar las cosas eran más que lógicas, hasta entre sus huestes comenzó a hacer carrera la tesis de que su afán por finiquitar el acuerdo estaba impulsado de manera subrepticia por la agenda del Nobel.

Afortunadamente la derrota en el plebiscito acabó de un tajo con especulaciones tan mortificantes. Hasta sus detractores se olvidaron del tema del Nobel, tanto como él mismo. Cerró el tema y sin mayores aspavientos enterró sus sueños de gloria y sus remordimientos por hacerle caso a la vanidad. Es más, en la reunión del jueves en su apartamento, este tema del Nobel ni siquiera se mencionó.

A cuatro días de la derrota más grande de su carrera política no tenía tiempo para pensar en lo que hubiera podido pasar de haber ganado el plebiscito sino en cómo aprovechaba para relegitimar el acuerdo de paz.

Miró el reloj y vio que eran las dos de la madrugada. Despidió a su último invitado, el ministro Cristo, y emprendió su viaje de vuelta al frío Palacio de Nariño.

Santos tenía claro que si cometía otro error acabaría con la capacidad de maniobra que todavía le quedaba. Era obligatorio pactar con los opositores un nuevo acuerdo pero sabía que tendría que hacerlo sin destruir el puente de oro construido durante cinco años con la guerrilla de las Farc.

En palacio recapituló lo que tenía por delante. Pese a que estaba pisando territorio desconocido, salió moderadamente optimista de la reunión con Uribe, con todo y el golpe de realidad que significó la explosiva entrevista del jefe de la campaña uribista por el No, Juan Carlos Vélez, al diario *La República,* en la que revelaba sin pudor cómo la estrategia del No se había enfocado en exacerbar los ánimos para lograr que "la gente saliera a votar verraca".

La primera reunión entre los compromisarios se produjo ese jueves en la mañana, en una casa de la Armada situada cerca del parque de la 93 en el norte de Bogotá; en representación del Gobierno asistieron María Ángela Holguín, Roy Barreras, Óscar Naranjo y el ministro de Defensa. Por el No se presentaron sus tres compromisarios, Marta Lucía Ramírez y Alejandro Ordóñez comandados por Álvaro Uribe. Los reportes sobre la reunión eran esperanzadores, como también lo eran las noticias que venían de La Habana. Al parecer sus negociadores ya tenían lista la redacción del comunicado en que las Farc se comprometían a reabrir el acuerdo pactado y a extender el cese al fuego bilateral.

Sentía que la derrota lo había bajado de ese pedestal en que se acostumbró a ejercer la política y que se había empequeñecido.

Exhausto, se fue a la cama a eso de las tres de la madrugada pero apenas hora y media después, a las cuatro y media de ese viernes 7, su hijo Martín lo despertó para darle una noticia que lo hizo creer que seguía durmiendo:

—¡Te acabas de ganar el premio Nobel!

—Ahh… qué bueno —le contestó, y sin darle tiempo a su hijo para responderle, añadió—: hablamos mañana.

Extrañado por la reacción de su padre, Martín salió de inmediato para recoger a su hermana María Antonia y casi a las cinco de la mañana estaba otra vez en la casa privada. Un rato después de la despertada de su hijo con la noticia entendió lo que estaba pasando. Ahí sí se paró de la cama como un resorte y cuando sus dos hijos entraron el presidente Santos ya estaba bañado y vestido.

Cuando su hijo Martín y María Antonia llegaron él estaba listo para el combate. Su semblante —en especial sus ojos abotagados— traslucía las escasas horas de sueño. Sus dos hijos lo saludaron de manera efusiva, gesto que él respondió con esa actitud hierática que siempre le habían conocido.

A las cinco y cuarto el conmutador de palacio le pasó una llamada de Kaci Kullmann, presidenta del Comité de selección del Nobel quien, en un perfecto inglés, le notificó que había sido galardonado con el premio Nobel de la Paz. Según se lo expresó la señora Kullmann, el Nobel lo premiaba por su persistencia en la paz. No se lo dijeron de manera expresa pero Santos sintió que este premio era un salvavidas que se le enviaba tras el naufragio en el plebiscito para que pudiera retomar fuerzas y llevar al país hacia una paz estable y duradera.

El primer funcionario en llegar fue su asesor de comunicaciones Camilo Granada y Juan Carlos Torres, su *speach writter*. Con ellos acordó que a eso de las nueve de la mañana haría un discurso de aceptación del premio, porque a esa hora debía llegar la primera dama de su finca en Anapoima.

A las nueve en punto, un presidente Santos visiblemente cansado salió a hacer una muy corta alocución presidencial. Tranquilo, más que contento, aceptó el premio en nombre de "las millones de víctimas que ha dejado este conflicto que hemos sufrido por más de cincuenta años".

En esa tarima no estaban ausentes su pléyade de negociadores que cuatro días antes lo habían rodeado y que de manera solidaria habían estado a su lado para repartir las cargas de la derrota. Esa mañana en que empezaba a recoger la cosecha de lo sembrado, solo quería estar escoltado por su esposa María Clemencia.

Capítulo 13

El Uribe conciliador

A pocos pasos del Palacio de Nariño, el 12 de octubre, Doris Salcedo, una de las artistas plásticas colombianas de mayor reconocimiento en el mundo, decidió tomarse la Plaza de Bolívar para unirse a ese clamor que pedía la firma de un nuevo acuerdo. Su instalación consistió en una inmensa tela blanca de cien metros que fue cubriendo poco a poco la plaza en la medida en que se iban zurciendo los nombres de las dos mil doscientas víctimas de la violencia que ella había escrito en ceniza. La obra la tituló *Sumando ausencias* y por la romería que llegó a la plaza a prestar sus servicios para zurcir la tela se pudo sentir la orfandad que reinaba entre la ciudadanía, ajena a lo que sucedía en las altas esferas donde, para muchos, se negociaba lo imposible.

Y los días corrían sin noticias de un nuevo acuerdo.

El miércoles 25 de octubre, preocupado por los escasos avances en las negociaciones con el No, el ministro del Interior decidió llamar al presidente con la idea de que era necesario cambiar de estrategia.

“Esto no va para ningún lado, presidente, ellos están dilatando la negociación y creo que tenemos que presionarlos para que quede en evidencia que no quieren avanzar.”

En realidad, la negociación con los del No se había convertido en un forcejeo político entre un presidente al que el nobel de paz le devolvió una inusitada gobernabilidad y un político que se sentía reviviendo minuto a minuto, tras el triunfo del No. Aunque ambos acordaron una metodología y nombraron sus compromisarios, desplegaron sus propias maniobras.

El presidente Santos decidió invitar por separado a palacio a los diversos grupos del No, mientras continuaban las reuniones con los compromisarios.

Desde el 10 de octubre, ya como premio nobel de paz, Santos recibió en palacio a los cristianos, a la excandidata presidencial Marta Lucía Ramírez, al grupo del exprocurador Ordóñez y a las organizaciones de víctimas de las Farc opuestas desde el inicio a la manera como el Gobierno había manejado ese escenario.

En esas reuniones cada integrante del No le hizo entrega al presidente de sus peticiones de manera oficial y Santos a su vez nombró a un funcionario de su entera confianza para que se encargara del seguimiento a sus peticiones.

Entre los documentos recibidos sobresalieron, por su seriedad y estudio del acuerdo de paz, los presentados por Marta Lucía Ramírez y por el grupo del expresidente Andrés Pastrana. Sus peticiones bien sustentadas contrastaron siempre con la pobreza argumentativa de otros documentos presentados por la coalición del No, incluidos los que elaboró el Centro Democrático. Todos esos documentos se insertaron en una matriz que fue armando la oficina de Sergio Jaramillo en la que se podía ver cuáles eran los ejes temáticos que más les preocupaban, en cuáles aspectos había similitudes y en cuáles no.

Cuando el expresidente Uribe, molesto, se dio cuenta de que mientras él asistía religiosamente a las reuniones de los compromisarios, por palacio desfilaban todos los del No menos él, decidió cambiar de estrategia. En la siguiente reunión de compromisarios hábilmente propuso que se cambiara de dinámica para que, en adelante, se hicieran reuniones no solo con los compromisarios sino con todos los integrantes de la coalición del No. Por cuenta de esa nueva táctica, Uribe llegaba a esas reuniones cada vez con más gente y eso hizo prácticamente imposible cualquier posibilidad de negociación.

Al cabo de dos semanas era evidente que estas reuniones estaban empantanadas al punto de que a la última reunión, citada para el miércoles 25 de octubre, los triunfadores del plebiscito no asistieron. El ministro Cristo salió a los medios a decir que los del No estaban faltando a las citas, e Iván Duque, uno de sus voceros, declaró que "a las malas no iban a ninguna parte".

Llámelos y cítelos al Ministerio del Interior —le respondió el presidente a Cristo cuando lo llamó desesperado aquel miércoles 25 de octubre—. Acéptele la propuesta a Uribe de que vayan todos los que él quiera en representación del No pero con la condición de que al final deben sacar sus propuestas para llevarlas a La Habana, la próxima semana a más tardar.

Cristo colgó con el presidente y de inmediato llamó a Iván Duque.

—Hola Iván, ustedes no asistieron a la última reunión y están en todo su derecho —le dijo el ministro— pero aquí los estamos esperando para ver si podemos hacer una gran reunión con todos los que quieran venir del No el próximo viernes con el propósito de que podamos llevar sus propuestas a La Habana lo más pronto posible. Esto está lleno de medios preguntando si ustedes van a venir o si es que se van a sustraer de las negociaciones.

—No se ponga así, ministro. Yo estoy listo —le respondió Duque de manera amable —. Pero llámese a Carlos Holmes para verificar si todos podemos asistir.

Cristo de inmediato llamó a Holmes, a quien conocía bien por su compartida militancia hasta hace poco en el partido liberal. Su relación con él era cordial y sincera.

—Voy a hablar con Uribe y te avisamos, Juancho —le dijo Holmes en un tono tranquilo.

El jueves 27, Carlos Holmes lo llamó por la mañana y le dijo que el viernes era imposible porque Uribe no estaba, pero que se veían el sábado en el ministerio, sin falta.

A las ocho de la mañana de ese sábado 29 de octubre, el expresidente Uribe fue recibido por el ministro Juan Fernando Cristo y Humberto de La Calle a la entrada de la casa colonial de La Giralda, sede del Ministerio del Interior. Seguido de su séquito, subió las escaleras hasta la sala de juntas, al lado del despacho del ministro, donde lo estaba esperando el alto comisionado para la paz, Sergio Jaramillo.

La sala tiene una mesa grande, rectangular, con capacidad para sentar a veinticuatro personas en unos sillones un tanto aparatosos. El salón de juntas da a un balcón en el que ondea una bandera de Colombia que da a la Casa de Nariño, desde donde el presidente Santos monitoreaba la reunión.

De un lado se sentaron los seis voceros del No, liderados por Álvaro Uribe, y del otro seis negociadores del Gobierno liderados por Humberto de La Calle y Sergio Jaramillo.

Como anfitrión, el ministro Juan Fernando Cristo les dio la bienvenida. En una corta presentación explicó que el Gobierno había analizado muy seriamente el documento entregado por el Centro Democrático, donde consignaban sus objeciones al acuerdo, y les puso de presente que el objetivo de este mini-cónclave era discutir esas propuestas e informarles de los avances con las Farc en La Habana y en cuáles temas tenían dificultades.

"Ese informe se los va a dar el propio Humberto de La Calle", les indicó.

Antes de que tomara la palabra Humberto de La Calle, Álvaro Uribe intervino para dar las gracias en nombre de la coalición del No y para aclararle al Gobierno sus condiciones para adelantar la reunión:

—Hemos insistido en hacer un trabajo colectivo con los voceros del No de diferentes tendencias... Para nosotros, un acuerdo debe satisfacer a todas las tendencias del No. Eso debe quedar muy claro.

Humberto de La Calle, que entendió bien las palabras que acababa de pronunciar Uribe, comenzó su exposición diciendo que partía de la base de que en esta mesa no había enemigos de la paz y que por eso era importante la búsqueda de un acuerdo nacional.

—Aspiramos a lograr un consenso lo más amplio posible que vaya incluso más allá de nuestros desacuerdos —afirmó—. Creí que este acuerdo era el mejor pero luego vino el plebiscito y esa tesis quedó sin sustento. Hay que respetar los resultados y luego de leer los documentos de los voceros del No, estoy convencido de que este acuerdo es posible mejorarlo.

El expresidente Uribe propuso como metodología para la discusión que se evacuara punto por punto del acuerdo, sugerencia que fue aceptada por toda la mesa. El primer ítem de la agenda fue el tema agrario.

El acuerdo proponía una reforma agraria integral diseñada sobre la base de un estudio hecho por la Misión Rural, un grupo de expertos que a petición de las partes estudió durante varios meses cuáles eran los grandes obstáculos que el campo colombiano debía superar para salir de su atraso y volverse productivo. El estudio detectó que uno de los grandes problemas era el acceso a la tierra, porque encontró que solo un treinta por ciento de los campesinos tenían los títulos de propiedad de sus predios.

Desde el inicio, el expresidente Uribe se opuso a ese diagnóstico, demostrando con ello que más allá del tema de las Farc, existía una gran diferencia entre la visión modernizadora del agro impulsada por el gobierno Santos y los parámetros conservaduristas que defendía el No. Varios representantes del No miraron con sospecha la reforma rural integral concebida por el gobierno Santos y muchos creyeron que detrás del propósito de modernizar el campo y aumentar su productividad se estaba cocinando un cambio de modelo económico.

La reunión de aquel sábado comenzó con el No pidiendo toda suerte de aclaraciones: Marta Lucía Ramírez le pidió al Gobierno aclarar si la reforma rural se iba a hacer de acuerdo con la disponibilidad del presupuesto y respetando la regla fiscal.

El Centro Democrático, también de la mano de Marta Lucía Ramírez, expuso sus reparos al Fondo de Tierras que se creaba para suplir el problema de escasez de predios para los campesinos detectado por la Misión Rural. Las tierras que iban a ese fondo deberían salir de procesos de expropiación que el Estado debía adelantarle a propietarios de tierras improductivas que no cumplieran con la función social y ecológica de la tierra inscrita en la Constitución. Para el Centro Democrático, esta decisión de expropiar para democratizar el acceso a la tierra era una reforma agraria disfrazada que afectaba la propiedad privada y, en especial, los intereses de los grandes terratenientes, en buena parte representados por el propio expresidente Uribe, dueño de varias fincas en Colombia.

Marta Lucía Ramírez y Álvaro Uribe pidieron en la reunión que se aclarara lo que se entendía por "función social de la tierra", petición por demás insólita dado que dicha noción está consignada en la Constitución desde 1936, cuando el gobierno de López Pumarejo intentó en vano —las poderosas élites latifundistas se lo impidieron— hacer una reforma agraria mucho más agresiva que la ahora propuesta por Santos.

En su mayoría, los representantes del No rechazaron de plano la tesis avalada por el acuerdo de permitirles a las comunidades participar en la construcción de los planes de desarrollo con enfoque territorial. Para muchos de esos voceros, las comunidades que vivían en esos territorios eran controladas por las Farc. Con ese argumento en la mano, le pidieron al Gobierno que dijera, textualmente, que "la participación comunitaria era el ejercicio de un derecho y no un mecanismo de control social y territorial de las Farc en el posacuerdo".

El expresidente Uribe planteó también serios reparos en el tema de la modernización del catastro rural, cuyo rezago es de treinta años. El acuerdo proponía su actualización, no por cuenta de las Farc, sino de las conclusiones arrojadas por el estudio de la Misión Rural, que puso de presente los problemas en la titulación de tierras y la baja tributación, según los expertos, una de las más bajas del mundo; ello constituía una de las grandes talanqueras para acabar con la inequidad social en el campo colombiano.

Uribe fue el único que intervino varias veces ese día para decir que no estaba de acuerdo con la propuesta de aumentar el impuesto predial rural, que se derivaba de la actualización del catastro multipropósito planteado por el acuerdo. Según él, una actualización del catastro basado en el avalúo de los predios, y no en su productividad, podría afectar al dueño de la tierra porque le incrementaría considerablemente el impuesto predial rural que, según sus cifras, era ya uno de los más altos de América Latina.

—Yo le pediría al Gobierno el favor de que me explicara cuál es el interés de las Farc con el catastro —les preguntó a los representantes del Gobierno como si ellos fueran también voceros de las Farc—. Si lo que se busca es actualizarlo donde está atrasado o crear instrumentos para determinar el avalúo, lo primero no genera controversia. Lo segundo se trata de una negociación con las Farc para que haya repercusiones en el precio de los avalúos de la tierra.

—Cifras que tenemos en materia de catastro —le respondió Sergio Jaramillo al expresidente—. La tercera parte del país no tiene catastro formado. La base de una paz estable y duradera es que haya protección de los derechos a la propiedad y que los municipios tengan más recursos.

El expresidente Uribe también fue el único que planteó la tesis de que los acuerdos le daban un espaldarazo a la ley de víctimas y de restitución de tierras que, desde su perspectiva, castigaban injustamente a los poseedores de predios que habían comprado terrenos producto del expolio[9].

—Insisto en materia de la Ley de restitución de tierras —dijo el expresidente Uribe, quien volvía a exponer su descontento de manera abierta y clara frente a esa decisión del presidente Santos—. Debe primar la buena fe exenta de culpa no desvirtuable para los dueños de la tierra. Hemos reclamado que se reforme esa parte en la ley de víctimas porque, como está, crea una enorme inseguridad.

Después de un almuerzo que fue servido en la mesa donde todos estaban trabajando y que consistió en una buena posta cartagenera acompañada de arroz con coco, se pasó al tema de la participación política.

9 Cuando Santos llegó al poder en el país había siete millones de desplazados, en su mayoría expulsados de sus predios a sangre y fuego. La ley que tenía como propósito restituirles la tierra a los campesinos le permitía al Estado expropiar las tierras de los terceros que hubiesen comprado predios producto del expolio. Para Uribe, el espíritu de esa ley había sido uno de los puntos de ruptura con Santos.

Se sometieron a debate las dieciséis circunscripciones de paz previstas en el acuerdo, creadas para los líderes sociales de las regiones más afectadas por el conflicto. La propuesta era del Gobierno, no de las Farc, y se había formulado para darles mayor representatividad en el Congreso a las regiones que por años permanecieron no solo subrepresentadas sino sometidas por la guerra. Aparte de la aprobación expresada por Marta Lucía Ramírez, los demás voceros del No las consideraron una nueva concesión a las Farc:

—La guerrilla controla las organizaciones sociales en el territorio y en ese contexto estas circunscripciones especiales se van a convertir en vehículos cooptados por las Farc —dijo Rafael Guarín, uno de los voceros del No—. La fórmula es que estas circunscripciones deban ser para todos los partidos. De esa manera se garantiza el pluralismo.

—No hay ningún elemento diferenciador si creamos circunscripciones especiales con los partidos tradicionales —le respondió el ministro Juan Fernando Cristo.

Iván Duque intervino en la polémica y propuso una nueva fórmula:

—Se podría privilegiar a las víctimas pero dejando participar a todos los partidos. ¿Ustedes quieren que en esas regiones surjan nuevos liderazgos?... pues no los limiten.

Marta Lucía Ramírez planteó otro tema que le preocupaba. En el punto del acuerdo referente a las garantías para la movilización y la protesta ciudadanas se decía que las protestas y disturbios se iban a tratar con civilidad. Según ella, tal como estaba escrito, podría interpretarse como que a la fuerza pública se le estuviera restringiendo su papel como autoridad legítima del Estado. Alarmada, le pidió al Gobierno que, en lugar de "protesta ciudadana", se pusiera "protesta pacífica", y que se agregara la aclaración de que las movilizaciones y las protestas, incluyendo los disturbios, se tratarían con civilidad, sin perjuicio del ejercicio de la autoridad legítima del Estado.

En cuanto a la reforma política, varios de los voceros del No cuestionaron la decisión de crear un comité por fuera del Congreso para determinar en qué consistiría esa reforma, cuyo objeto era favorecer una política más transparente y darles cabida a nuevas expresiones. En realidad, dicha reforma se ha ido aplazando por cuenta de que la clase política, en general, se opone a ella.

En materia de seguridad para los integrantes de las Farc, uno de los voceros se quejó de que se estaba creando casi que una institucionalidad paralela para darles seguridad a los guerrilleros desmovilizados que incluía la creación de una comisión de garantías presidida por el propio presidente.

—No se está creando institucionalidad paralela de ningún tipo —le aseguró Sergio Jaramillo—. Lo que es operativo lo hacen la Unidad de Protección y la Policía. Lo que se trata es de tener un sistema de protección que tenga un responsable desde arriba que le haga el seguimiento, pero no se crean nuevas instancias.

Rafael Pardo intervino para explicar que el tema de la seguridad de la Farc tenía varios niveles. El primero tenía que ver con un sistema de seguridad que el general Naranjo, presente en la reunión, había trabajado en La Habana con Pablo Catatumbo. Otro nivel era el entrenamiento y entrada de las Farc en las fuerzas del Estado.

—Esto no es nuevo —acotó Pardo—. Esto viene desde el M-19 y fue positiva.

—Eso no fue bueno —le ripostó Uribe—. La corrupción del DAS vino de allá.

Su frase causó sorpresa entre varios miembros del Gobierno ya que Uribe había defendido al DAS hasta el final, si bien tuvo que cerrarlo tras las irrefutables denuncias de los medios que aseguraban que ese organismo estaba en manos de los paramilitares.

Humberto de La Calle quiso terciar en el debate para explicar la importancia de esos cuerpos mixtos de escoltas.

—Estamos hablando de un grupo guerrillero que ha combatido al Estado colombiano y que tiene el imaginario de que siempre ha sido traicionado. Siempre parten de una enorme sospecha y estos cuerpos mixtos intentan resolver esas desconfianzas. Hace poco un miembro del Secretariado me dijo que ellos eran conscientes de que por lo menos la mitad del Secretariado pensaba que podían morir asesinados.

A eso de las cuatro y media de la tarde, precisamente cuando estaban entrando en los temas más espinosos, el ministro Cristo mandó a traer pandebonos, pandeyucas y buñuelos y la llegada de estos deliciosos amasijos sirvió para distender el ambiente.

—Ministro, deme uno de esos pandeyucas, ¡pero sin mermelada! —pidió con chispa alguno de los voceros del No, demostrando que pese a la crudeza de la reunión, los ánimos para seguir dialogando seguían intactos.

El tema de la participación política de las Farc en las elecciones del 2018 era sin duda el que unía a todas las vertientes del No y, a diferencia de otros puntos, no solo los argumentos que esgrimían eran poderosos y convincentes sino que coincidían con lo que opinaba la mayoría de los colombianos en las encuestas.

El acuerdo establecía que las Farc debían ir a los tribunales de justicia transicional y, si decían la verdad y se comprometían a reparar a sus víctimas, podían ser beneficiarios de sanciones restaurativas. Esas penas las podían pagar en unas zonas especiales en las que el condenado tenía que cumplir una serie de restricciones que venían siendo acotadas por parte de Sergio Jaramillo en tensas sesiones sostenidas con las Farc en La Habana.

Según el acuerdo, estas condenas las debían cumplir sin que eso afectara su derecho de participar en política. En términos prácticos, las Farc podían participar en política antes, durante y después de que hubieran sido sancionados por la justicia transicional que se creaba.

El hecho de que las Farc pudieran hacer campaña política antes de haber pagado sus deudas con la justicia ha sido de muy mal recibo por la ciudadanía en general, que ve en ellos a los asesinos terroristas que tanto daño infligieron a la sociedad.

Humberto de La Calle, sabiendo que estaban llegando a uno de los temas más complejos, les dijo de manera honesta que en esa materia era donde las Farc más resistencia a los cambios habían demostrado.

—Han insistido en decir que ellos son rebeldes y que están dejando las armas para participar en política. Involucran un elemento de dignidad… —explicó.

—¿Cómo se respeta la dignidad de quien ha delinquido? —le replicó Uribe—. ¿Cuál es el ejemplo hacia adelante? El ELN sigue delinquiendo y ya tiene las expectativas de llegar a un acuerdo y están seguros de que van a obtener la elegibilidad… ¿Qué efecto puede producir esto en el país?

—Tampoco me parece justo decir que estos señores van a ser premiados —le contestó De La Calle—. El cuadro no es fiel cuando se dice que terminamos aplaudiendo a esos señores. El vicefiscal Stewart de la CPI dice que las sanciones penales efectivas pueden tener distintas formas pero que siempre debe haber una condena pública, reconocimiento del sufrimiento de las víctimas y disuasión de acciones criminales posteriores. No hemos descuidado los elementos que plantea Stewart, doctor Uribe.

—Así el propósito no sea aplaudir, lo cierto es que los derechos plenos en materia de elegibilidad borran el mensaje de las sanciones —le respondió Uribe—. Este es un tema tan delicado que las Farc deberían tener algún tipo de elasticidad. ¿Qué debería prevalecer: el derecho a la participación política o el derecho a la sanción? A mí me preocupa decirle al pueblo colombiano que no hay más camino que aceptar la plena elegibilidad de estos señores sin cumplir sanciones.

Alejandro Ordóñez, que poco había participado, intervino para decir que este tema de la elegibilidad política era uno de los que más habían pesado en el No:

—Mire cómo hemos avanzando los del No —le dijo a De La Calle—. Inicialmente planteamos en la campaña que no podía haber elegibilidad para las personas que hubiesen cometido delitos de lesa humanidad. Progresivamente hemos ido dando pasos para aceptar que puedan ser elegidos siempre y cuando paguen una condena y reparen a las víctimas. De nuestra parte ha habido una reformulación.

—Nos hemos movido mucho —agregó Uribe—, exíjanle a las Farc que nos presenten opciones.

El sábado y el domingo se evacuaron los puntos del agro y la participación política y el lunes se procedió a entrar en el tema del narcotráfico. Todos estuvieron de acuerdo en que había que exigirles a las Farc la entrega de sus bienes para que con ellos repararan a las víctimas y que deberían estar muy atentos a ver si de verdad entregaban todo o solo una parte. Coincidieron en que el acuerdo no era explícito en que las Farc debería colaborar con las autoridades dando información y revelando las rutas del narcotráfico, peticiones que fueron incluidas en la matriz de Sergio Jaramillo.

Hubo también una clara oposición a que el sistema de justicia que se creaba fuera independiente de la justicia ordinaria y en ese tema Camilo Gómez, delegado del expresidente Andrés Pastrana, tuvo los argumentos jurídicos más contundentes. En un momento dado el expresidente Uribe propuso invitar a las Cortes para que formaran parte de la discusión pero el ministro Cristo le salió al quite diciendo que eso le parecía improcedente.

Uno de los temas más álgidos —el de la ideología de género—, se abordó el miércoles. Según los cristianos y los grupos lefebvristas, como el que representaba Alejandro Ordóñez, la insistencia encontrada a lo largo del acuerdo de proteger los derechos no solo de la mujer sino de la población LGTBI iba más allá del simple enfoque de género. Para ellos era evidente que el acuerdo abrazaba la ideología de género, considerada por los sectores cristianos como una amenaza a la familia tradicional porque negaba los roles femeninos y masculinos en la sociedad.

Aunque la expresión "ideología de género" no figuraba en ninguna parte del acuerdo, era cierto que este traía una especial insistencia en la protección de los derechos de la mujer y de la población LGTBI.

Tras la derrota en el plebiscito, Juan Fernando Cristo fue el encargado de negociar con la mayoría de grupos cristianos que votaron por el No el tema de la presencia subliminal de la ideología de género en el acuerdo. Incluso a varios de ellos los invitó a La Habana para que se dieran cuenta de que las Farc estaban al menos dispuestas a discutir el tema abiertamente.

En general, los asuntos atinentes al enfoque de género no eran los más fáciles de abordar por parte de un Secretariado integrado solo por hombres y que en toda su historia no había tenido a ninguna mujer en su cúpula. Poco a poco las Farc abordaron estos temas propios de las sociedades modernas desde su llegada a La Habana, más por el interés de un grupo de guerrilleras que por una decisión del Secretariado. Si en materia de los derechos de la mujer las Farc estaban en deuda, los de la población LGTBI ni siquiera los trasnochaba. Las Farc no aceptaban población gay en sus filas, hasta donde yo lo pude establecer luego de tocar el tema con varios de sus comandantes.

Producto del viaje del grupo de cristianos a La Habana, el ministro Cristo aceptó incluir varias de sus peticiones: el acuerdo debía reconocer la libertad de cultos e incluir a las víctimas de las iglesias cristianas y no solo a las que profesaran la religión católica. Aceptó que el tema del enfoque de género se prestaba a malentendidos porque estaba repetido innecesariamente en todo el acuerdo y donde vio que era redundante eliminó la mención, sin perjuicio de las minorías sexuales ni de las mujeres.

Luego de esa ardua tarea les entregó a las iglesias evangélicas el texto enmendado para que revisaran los cambios y le hicieran sus comentarios. Los tres pastores que viajaron a La Habana —Héctor Pardo, Eduardo Cañas, dueño de la cadena radial Todelar, y John Silver Rodríguez, un poderoso pastor de Cali—, estuvieron de acuerdo con los cambios. El acuerdo se había hecho días antes de que llegaran todos los del No al Ministerio del Interior y Cristo creyó chuleado ese frente. Sin embargo, el sábado de la reunión, Cristo vio llegar al ministerio no solo a varios de esos pastores escoltando al expresidente Uribe sino también a la pastora Claudia de Castellanos, a la que Cristo nunca se acercó porque representaba el ala más radical de los cristianos. Cristo entendió que el acuerdo supuestamente finiquitado con los pastores días antes había dejado de tener cualquier validez.

El más enfurecido con el enfoque de género era el exprocurador Ordóñez, quien le había recordado a Humberto de La Calle lo dicho por él en La Habana cuando se firmó el acuerdo de enfoque de género y que, según Ordóñez, reflejaba cómo la pérfida filosofía de la ideología de género estaba subsumida en el acuerdo. Ese día, De La Calle aludió a Simone de Beauvoir diciendo que "no se nace mujer sino que se llega a serlo". El comisionado ya le había respondido en varias ocasiones a Ordóñez explicándole que lo dicho en el discurso era su opinión personal en torno al tema de género que pudo ir más allá de los alcances contenidos en el acuerdo en materia del enfoque de género, cuyo propósito esencial era proteger a las madres cabeza de familia víctimas de la guerra, dándoles herramientas para acceder a créditos y a tierras.

Ordóñez seguía insistiendo en que esos argumentos de Humberto de La Calle no eran creíbles y que era claro que el acuerdo de paz iba en contra de la familia tradicional colombiana. En un momento dado Humberto de La Calle tomó la palabra y, con algo de sarcasmo que no pudo contener, le dijo:

—Doctor Ordóñez, tengo en mis manos este instructivo de la Procuraduría que tiene su firma, en el que se dice textualmente que está dirigido a incentivar el enfoque de género. ¿Será que usted también está instigando la ideología de género, doctor Ordóñez?

Ordóñez se exaltó a tal punto con la intervención que se paró de manera airada y abandonó la mesa de negociación. La discusión escaló al extremo de que varios de los pastores presentes radicalizaron sus posiciones y propusieron que todas las menciones al enfoque de género fueran eliminadas del acuerdo.

—Acépteles esa petición, doctor de La Calle —alcanzó a decir Uribe.

—Nosotros no creemos que el enfoque de género sea un disfraz de la ideología de género, no lo entendemos así y no tenemos inconveniente en precisar eso de manera transversal —les dijo Humberto de La Calle a los pastores para dejar claro que el Gobierno no iba a acceder a esa solicitud—. Ahora, con respecto a la población LGTBI, el 24 de junio del 2016 el papa Francisco dijo lo siguiente: la Iglesia católica debe pedir perdón por el trato discriminatorio dado a la población LGTBI. El espíritu del acuerdo reconoce este tema de la no discriminación…

Ese miércoles, después de permanecer sentados tantas horas seguidas, se notaba ya la fatiga. Ambas partes sentían que estaban llegando al final de ese ejercicio sin que se supiera muy bien cuál sería su resultado. Al final, en el tema de la reincorporación social de las Farc, varios miembros de la coalición del No sacaron a relucir el otorgamiento de treinta y un emisoras comunitarias a las Farc para que fueran manejadas por Ecomún, la cooperativa que se creaba para que la guerrilla pudiera hacer su tránsito a la legalidad de la misma forma que lo habían hecho los paramilitares y los demás grupos guerrilleros desmovilizados anteriormente en el país.

—Tengo la preocupación que darles treinta y un emisoras a las Farc sea un costo desmedido en términos de recursos públicos —afirmó Óscar Iván Zuluaga.

—Mi principal preocupación en este tema de la reincorporación es que al partido de las Farc se le dan unas partidas que superan a las de los partidos tradicionales porque además del presupuesto de funcionamiento se le da también otra partida para el centro de pensamiento —planteó Marta Lucía Ramírez.

La propuesta de que las Farc no podían estar en la comisión de verificación de los acuerdos porque se correría el riesgo de que cogobernaran, que también planteó Marta Lucía, fue apoyada por el expresidente Uribe.

—Que lo que se acuerde se cumpla sin cogobierno —dijo el expresidente.

Al finalizar la tarde de ese miércoles, Sergio Jaramillo tomó la palabra, entendiendo que ya la reunión llegaba a su fin.

—Los aquí presentes han hecho unas propuestas en unos textos que hemos organizado en unas matrices. Desde el sábado hemos profundizado en varios temas y han salido nuevas sugerencias. Les propongo que con un grupo más pequeño nos tomemos mañana y les mostramos cómo queda la matriz.

—Puede haber un comité representante de todos —pidió el expresidente Uribe—. Proponemos hacer un primer borrador y luego revisarlo con un comité de ustedes. No podemos llegar donde las Farc a decirles que estamos de acuerdo en estos temas. Vamos a viajar a La Habana con una bitácora muy puntual de temas que son estos —les aclaró.

—Propongo que uno del No esté con ustedes en La Habana. Revisen esa idea —propuso Carlos Holmes Trujillo.

—Toca planteárselos a las Farc —respondió de inmediato Humberto de La Calle.

—Ustedes son los negociadores —dijo Marta Lucía Ramírez—. Yo había propuesto varios mecanismos, como el que tuvimos en la negociación del TLC con los Estados Unidos, cuando se instaló una mesa al lado o un mecanismo de observadores de la OEA.

Estas reuniones en el Ministerio del Interior comenzaron el sábado 29 de octubre y terminaron el jueves 3 de noviembre. Y aunque hubo momentos difíciles donde unos y otros se exasperaron, las sesiones se sucedieron en medio de una sorprendente cordialidad. En ocasiones hasta el propio expresidente le pedía al ministro Cristo que le trajeran más pandeyucas y pandebonos para seguir trabajando. "Déjeme y lo atiendo", le respondía de inmediato el ministro Cristo con el mejor ánimo.

Uribe, consciente de lo que estaba en juego, mantuvo siempre el perfil conciliador que le había caracterizado en las reuniones con los compromisarios. Primero les daba la palabra a los integrantes del No, quienes hacían en general unas respetuosas pero duras intervenciones, y al final siempre intervenía tratando de morigerar las posiciones y actuando como el peso que equilibra la balanza. A lo largo de seis días seguidos, con extenuantes jornadas de casi doce horas, demostró que conocía el acuerdo de paz al dedillo. Fue tan meticulosa la manera como lo abordó que varios de los asistentes del Gobierno coincidieron en decirme que el expresidente Uribe parecía conocer el acuerdo mejor que el propio presidente Santos.

El jueves 3 de noviembre el comité delegado por los del No se reunió con el equipo negociador encabezado por Sergio Jaramillo. Pidieron unas horas para deliberar y a eso de las nueve de la noche le entregaron a Sergio una memoria portátil con la matriz de las propuestas.

Capítulo 14

El último intento

A las once y media del 12 de noviembre del 2016, el presidente Santos salió del aeropuerto militar Catam en compañía de su ministro de Defensa, Luis Carlos Villegas, con destino al aeropuerto de Rionegro que sirve a la ciudad de Medellín. Según la oficina de prensa de palacio, Santos iba a celebrar un aniversario del Comando Aéreo de Combate n.º 5, pero en realidad su viaje tenía otro propósito: quería hacer un último intento de lograr un acuerdo con el expresidente Álvaro Uribe.

La semana anterior había sido especialmente difícil. Luego de una dura negociación con las Farc en La Habana, el texto del nuevo acuerdo ya estaba prácticamente cerrado y de los cincuenta y siete ejes temáticos con propuestas del No se hicieron cambios sustanciales en cincuenta y seis. Aunque hasta el momento le había resultado imposible lograr un acuerdo con el No, Santos creía que con estas modificaciones se abrían nuevas posibilidades y sentía que su deber como gobernante era hacer un último intento.

Uribe engavetó el tono conciliador de las últimas semanas y en una entrevista al diario *El Mundo* de España volvió a rebajar a

Santos a peón de brega del castrochavismo. "A mí me dicen: Santos no es Castro ni Chávez. Y yo lo acepto. Pero a mí no me interesan las motivaciones personales sino los hechos. Yo no puedo leer la mente de Santos, pero sí puedo leer los textos que firmó en La Habana y esos textos son una grave amenaza a la democracia y a la economía colombiana", fue una de las tantas frases amables que le dedicó Álvaro Uribe en esa entrevista.

Santos leyó las declaraciones de su opositor pero hizo a un lado los insultos de manera que no interfirieran en sus nuevos planes.

En la mañana de ese sábado, antes de salir para Rionegro, Santos llamó al expresidente Andrés Pastrana para contarle que el acuerdo con las Farc estaba ya casi cerrado con casi todas sus propuestas aceptadas. El expresidente le contestó que seguía esperando los cambios para comprobarlo pero que hasta el momento no se los habían hecho llegar. Santos le prometió que se los enviaría ese mismo día con Frank Pearl, a quien le pidió que se desplazara hasta la finca de Pastrana en Nilo, a unas cuatro horas de Bogotá, en una zona turística que da sobre el río Magdalena. Otro tanto hizo con Marta Lucía Ramírez, autora del mayor número de propuestas, muchas de las cuales también habían sido aceptadas.

Antes de despegar de Bogotá, el presidente le dio instrucciones al general Maldonado, jefe de la casa militar del Palacio de Nariño, de llamar al expresidente Uribe a su casa de Rionegro y preguntarle si aceptaba recibirlo de improviso.

A los pocos minutos el general se le reportó:

"El expresidente le manda decir que en su finca no tiene nada qué ofrecerles y que es mejor que él se traslade a la base militar de Rionegro para la reunión."

Santos, que en realidad no hace nada de manera improvisada, llevaba días planeando esa reunión preocupado porque ya completaban más de un mes negociando con los representantes del

No sin que se hubiera podido llegar a un consenso. Entre más se dilatara la posibilidad de un acuerdo con el No, su legitimidad como negociador frente a las Farc iba perdiendo fuerza. Y en estos momentos en que tenía el doble desafío de hacer un mejor acuerdo que incluyera el mayor número de cambios propuestos por el No y convencer a las Farc de que los aceptaran, incluso moviendo sus líneas rojas, no se podía dar el lujo de perder ese capital político.

La incertidumbre en las zonas donde estaban los bloques guerrilleros no daba espera y aunque los militares consiguieron manejar muy bien ese momento tan incierto, alargar más esa zozobra con un cese al fuego tan frágil, le parecía a Santos un riesgo que era mejor no correr.

A medida que pasaba el tiempo la presión del No en torno al nuevo acuerdo se había ido decantando y su triunfo iba cobrando cada vez más lustre entre su electorado. Uribe, que sabía cómo manejarse en esas aguas, endureció su posición sobre todo después de asistir en los Estados Unidos a la posesión de Donald Trump.

Santos, en cambio, tenía el tic tac del reloj en sus espaldas. Apenas contaba con el año siguiente —el 2017—, para que el Congreso aprobara vía *fast-track* las reformas acordadas en La Habana. Si quería que todo eso pasara tenía la necesidad de que el nuevo acuerdo fuera presentado al Congreso a más tardar a principios de diciembre del 2016 para que los congresistas pudieran aprobarlo antes de que se fueran a vacaciones de Navidad. De esa manera este nuevo acuerdo quedaba refrendado por el legislativo y se evitaba la realización de un nuevo plebiscito. No le quedaba mucho tiempo.

Con ese afán rondándole en la cabeza, el día anterior consultó con el ministro del Interior Juan Fernando Cristo una idea que venía masticando: "Tengo la intención de ir mañana a Rionegro a hablar con Uribe".

Al ministro le pareció un buen plan y solo le aconsejó que no lo llamara sino cuando estuviera ya en Rionegro para evitar cualquier posible desplante.

Antes de viajar Santos llamó a La Habana para hablar con Humberto de La Calle, que se encontraba ultimando los detalles del nuevo acuerdo en compañía de Sergio Jaramillo y de Roy Barreras.

El mandatario en tono optimista le informó que tenía planeado ir a Rionegro esa tarde a hablar con el expresidente Uribe porque creía que lo podía convencer de cerrar un acuerdo con el No.

Humberto, que había estado durante el último mes y medio sentado con el No sin ningún atisbo de acuerdo, le pareció que este nuevo intento, si bien era encomiable, no le iba a dar los frutos que él esperaba. Por eso le sorprendió la petición que le hizo cuando le dijo que era mejor no cerrar todavía el acuerdo y que esperara unas horas más a ver cuál era el desenlace de la reunión en Rionegro de esa tarde con el expresidente Uribe.

—Voy a ver qué puedo hacer, presidente, pero aquí la cosa no está fácil —le respondió.

Cuando colgó, preocupado con los nuevos desarrollos, Humberto les comunicó la decisión del presidente a Sergio Jaramillo y a Roy Barreras. Este último, al oír lo sucedido, saltó de su silla:

—No podemos hacer eso, Humberto —le dijo de manera enfática con su voz de locutor—. Ustedes creen que Uribe, después de todo lo que hemos hecho por lograr un acuerdo con el No, ¿va ahora a firmarlo porque el presidente se lo pide?

Los negociadores sabían que si en ese momento volvían a la mesa y les decían a las Farc que tenían que parar la negociación con ellos porque Santos estaba negociando el acuerdo de paz con Uribe, los pocos hilos comunicantes con la guerrilla se iban a romper. El ambiente estaba muy pesado porque en la medida en que evacuaban temas y se iban acercando a la nuez de las peticiones del No, que las Farc consideraba imposibles de aceptar, los ánimos se crispaban y la negociación se volvía cada vez más difícil.

Luego de los seis días de extenuantes sesiones en el Ministerio del Interior, Sergio Jaramillo y Humberto de La Calle llegaron a La Habana el viernes 2 de noviembre con la misión de renegociar con las Farc las cerca de cuatrocientas diez propuestas que presentaron los del No, las cuales Sergio dividió en cincuenta y siete ejes temáticos. El presidente les había ordenado que no regresaran hasta tener el nuevo acuerdo de paz con las Farc.

La negociación con las Farc fue directa, cara a cara, como en la época de la fase secreta. A diferencia de las reuniones con el No, hechas en el Ministerio del Interior, en este cónclave con las Farc el ambiente que reinaba era espeso y marcado por la incertidumbre. Las Farc fueron cediendo en varios de los beneficios que les otorgaba el acuerdo, como en el tema de las treinta y un emisoras: finalmente aceptaron una fórmula de convivencia propuesta por el senador Roy Barreras, que consistía en repartir una tercera parte de las emisoras para organizaciones de víctimas, otra para las comunidades de base y otra para las Farc. Aceptaron también que se les redujera una partida extra para su centro de pensamiento, como lo propuso Marta Lucía Ramírez, y renunciaron a su participación en la Comisión Nacional de Garantías de Seguridad pactada en el acuerdo de Cartagena, en donde tenían asiento los cuerpos de seguridad del Estado, dándoles validez a varias propuestas del No que veían en esa presencia un cogobierno de las Farc.

Una de las negociaciones más duras fue la relacionada con la imposición hecha en el acuerdo de Cartagena de incluir el acuerdo en la Constitución, que era para las Farc una garantía frente al Estado. Para los del No, sin embargo, significaba que los guerrilleros podían manosear la Constitución a su antojo. Al final aceptaron remover esa pretensión y solo quedaron los aspectos relacionados con los derechos humanos, que ya estaban incluidos en la Constitución.

En materia de narcotráfico, cedieron en el tema de los métodos de erradicación y aceptaron introducir un cambio que dice: "de no ser posible la sustitución, el Gobierno no renuncia a los instrumentos que crea más efectivos, incluyendo la aspersión". Se comprometieron a decir la verdad en el tema del narcotráfico ante la justicia transicional, a entregar todos sus bienes y aceptaron acotar aún más los alcances de la restricción efectiva de la libertad para que las sanciones no se convirtieran en un saludo a la bandera, como muchos dirigentes del No lo habían sugerido.

Aunque no cedieron en el tema propuesto por el No en cuanto a que el sistema de justicia transicional estuviera adscrito a la Corte Suprema de Justicia, aceptaron eliminar la idea de que el tribunal tuviera un porcentaje de jueces extranjeros y se acordó que todos fueran colombianos. En casi todos los ejes temáticos planteados por Jaramillo, las Farc aceptaron uno, varios o la totalidad de las propuestas del No. Solo en un tema no cedieron: se negaron a aceptar la propuesta de aplazar su participación en política hasta el momento de dejar saldados sus asuntos con la justicia. Las discusiones en torno a ese tema estuvieron especialmente ríspidas y por momentos los negociadores llegaron a creer que se estaba rompiendo la pita. Tampoco ayudó mucho la elección de Donald Trump en los Estados Unidos, que ambas delegaciones presenciaron en la casa donde estaban reunidos. "Todo parece indicar que se están desalineando los astros", fue la frase que pronunció Pablo Catatumbo al ver que Trump era elegido como nuevo presidente de los estadounidenses.

Dos días antes de esta llamada del presidente, las Farc estuvieron a punto de levantarse de la mesa de negociación. Pasaron momentos muy tensos, sobre todo cuando Juan Fernando Cristo, intentando mirar hasta dónde se podía llegar, les propuso a las Farc que reflexionaran y no se lanzaran a las elecciones del 2018 sino que lo hicieran en las elecciones regionales del 2019, previendo que los colombianos podían rechazar su entrada en la política sin haber saldado sus cuentas con la justicia.

Iván Márquez reaccionó como nunca antes se lo había visto en estos años de negociaciones. Cuando el ministro Cristo presentó su propuesta, golpeó la mesa con su mano en señal de desesperación y poniéndose de pie le dijo alzando la voz: "Ministro… veo que usted está tratando de surfear en la cresta de la ola del No… ¡Basta ya!".

Se levantó de la mesa y se fue a hablar por teléfono. De La Calle decidió ir al baño en ese instante y en el camino escuchó por accidente la llamada de Márquez al comandante Timochenko: "Si ellos insisten en que cedamos en el tema de la elegibilidad lo mejor es que rompamos la mesa" —le escuchó decir a Márquez por el teléfono.

En el avión que lo llevaba a Rionegro, una hermosa y prospera región situada sobre las estribaciones de la Cordillera Central, Santos empezó a rebobinar lo sucedido desde aquel jueves en el que los voceros del No le entregaron sus propuestas en una memoria portátil. Solo un día de esas dos largas semanas creyó posible lograr un nuevo acuerdo con el No. El lunes de esa semana Juan Fernando Cristo lo llamó a contarle con un tono de inusitado optimismo los buenos resultados de su reunión en la oficina de Humberto de La Calle; el encuentro se lo había propuesto el ministro Cristo a Carlos Holmes y a través suyo a los demás candidatos del uribismo a la presidencia, a su vez voceros por el No, Iván Duque y Óscar Iván Zuluaga, buscando llegar a un acuerdo a partir de los cambios que se habían efectuado en La Habana con las Farc. A las siete de la mañana aparecieron los tres voceros en la oficina de Humberto de La Calle en el barrio de Chapinero Alto de Bogotá. Sin mayores prolegómenos, los negociadores les contaron de los avances en La Habana y señalaron en qué ejes tenían listos los cambios y en cuáles no se habían registrado avances. Enumeraron las modificaciones más importantes y también les dejaron saber que el único punto inamovible para las Farc era el de su participación política.

—¿Por qué no buscamos una fórmula —les propuso Cristo— que nos permita anunciar los puntos en los que sí hubo acuerdo y, para los que no, decir que ustedes van a seguir insistiendo en ellos? Y pueden hacerlo incluso formando parte como veedores del proceso de implementación de los acuerdos.

La respuesta de los tres candidatos fue positiva, aunque ninguno se apresuró a hacer conjeturas. Los tres respondieron que iban a consultarle a su jefe el contenido de la propuesta y que la decisión definitiva se tomaría en la reunión prevista para ese día en el Ministerio del Interior a las cuatro de la tarde, a la que obviamente iba a ir el expresidente Álvaro Uribe.

A la salida de la reunión, los tres negociadores por primera vez creyeron que un acuerdo con el No era posible.

Sin embargo, a las cuatro en punto de la tarde, cuando Uribe llegó al Ministerio del Interior con un séquito de veinte personas, los tres negociadores se dieron cuenta de que la reunión de la mañana había sido una pérdida de tiempo. Uribe venía de celebrar el triunfo de Trump con su amigo, el senador republicano Marco Rubio, en los Estados Unidos, y parecía que sus días de "saboteador del proceso de paz", como lo llamaron en un editorial de *The New York Times*, pasaban a la historia. El Uribe que aparecía en el ministerio ya no era el mismo maestro de ceremonias del encuentro anterior ni el hombre ecuánime y sereno. Su discurso retomó la radicalidad que tenía antes del plebiscito.

La reunión fue prácticamente un memorial de agravios en el que Uribe no dejó ni un resquicio para la negociación. Ni siquiera se mencionó la propuesta de la mañana y Uribe les dio la palabra a todos los voceros del No, menos a los tres precandidatos.

En algún momento Cristo se cruzó con Carlos Holmes y le preguntó, desconcertado, qué había pasado. Él lo miró y con rostro de resignación le dijo la verdad: "Uribe no aceptó la propuesta".

El expresidente subió el listón e impuso sus nuevos términos, a sabiendas de que Santos no los podía cumplir: propuso que lo acordado con las Farc en La Habana se trajera a Bogotá para que se discutiera con el No. Uribe no fijó plazos ni dijo que debería ser un proceso corto, por lo que a los negociadores entendieron que su intención era alargar indefinidamente la discusión en momentos en que el país y las Farc pedían definiciones.

Cuando a Uribe le quedó claro que los negociadores no aceptaban su propuesta se paró de la reunión y, seguido por sus huestes, se fue dando un portazo. Para los del No, la prisa revestida de razones altruistas del Gobierno por firmar un nuevo acuerdo, en realidad tenía el propósito mezquino de permitirle a Santos llegar el 7 de diciembre a Oslo, día previsto para la ceremonia de entrega del Nobel de Paz, con un nuevo acuerdo firmado.

Cuando aterrizó el avión en Rionegro, el presidente y su ministro de Defensa fueron llevados a una sala de recepciones en la que, por un lado, se veía un sol radiante y por el otro, la inminente llegada de la lluvia. A la media hora se presentó el expresidente Álvaro Uribe acompañado de Juan Gómez Martínez, dueño del periódico *El Colombiano*, y de una tuitera que siempre anda con él. Desde que el presidente Santos le hizo saber a Uribe que quería reunirse con él, el exmandatario escribió su primer trino anunciando que Santos le había pedido una cita, motivo por el cual la reunión, en principio privada, ya era conocida por todo el país. Se saludaron como si no hubiera entre ellos un mar de odios y de rencores. Uribe, fiel a su talante, tomó la palabra y de manera directa trajo a colación un tema que no estaba en el acuerdo, pero que evidentemente quería insertar en la negociación.

—Presidente Santos —le dijo sin reparo—. Nosotros vemos con preocupación la persecución de su Gobierno contra la persona de Andrés Felipe Arias.

Andrés Felipe Arias había sido un ministro estrella del gobierno de Uribe y era la figura joven escogida para sucederlo pero terminó investigado por repartir dineros a grandes terratenientes, algunos de los cuales lo apoyaron luego en su campaña presidencial, de un programa diseñado para los campesinos sin recursos. Aunque la Procuraduría lo destituyó y la Corte Suprema lo condenó a quince años de prisión, consiguió escapar del país y llevaba un año detenido en Miami. Cuando esto sucedió, la Corte Suprema de Justicia en Colombia, como era de suponerse con un prófugo de la justicia, lo pidió en extradición. Uribe siempre defendió la integridad de Arias alegando que su condena era una muestra de la persecución política desplegada por Santos contra él y su grupo político.

—Le quiero recordar que mi gobierno no ha perseguido a Andrés Felipe Arias y que la canciller tiene la obligación de cumplir las órdenes que le imparte la Corte Suprema de Justicia colombiana —le respondió de manera pausada el presidente, consciente de que este tema no tenía nada que ver con el acuerdo.

Luego de tan incómoda introducción, entraron en materia. De nuevo, el primero en tomar la palabra fue el expresidente. Era evidente que se trataba del mismo Uribe radical del lunes de esa semana en el Ministerio del Interior. En su presentación volvió una y otra vez a sus inamovibles y le repitió que él no estaba de acuerdo con su decisión de decir que en Colombia había un conflicto y que solo estaba dispuesto a que las Farc se sometieran a la justicia sin necesidad de condicionar su entrega de armas a ninguna reforma ni a la creación de un tribunal de justicia transicional por fuera de la justicia ordinaria.

El presidente Santos le respondió contándole del avance de las negociaciones en La Habana y de la aprobación de la mayoría de los cambios propuestos y que solo en el tema de la participación política las Farc no se habían querido mover. El expresidente, en lugar de comentar los avances, le propuso lo mismo que a los negociadores el lunes anterior, antes de romper las negociaciones.

—Presidente, no cierre ya el acuerdo y permita que lo que se ha renegociado con las Farc, se devuelva a Bogotá para que sea discutido con el No en la mesa del Ministerio del Interior —le dijo en tono enfático.

En un momento dado Santos pidió un descanso. Salió a un jardín y llamó de nuevo a Humberto de La Calle a La Habana.

—Hola, presidente, ¿cómo van las cosas? —le respondió Humberto mientras se paraba de la mesa de negociaciones con las Farc y se iba al sector de la piscina para evitar que la guerrilla escuchara la conversación.

—Humberto, es que estoy en la reunión con Uribe —le dijo—. Quisiera saber si hay alguna posibilidad de que las Farc cedan en el tema de la elegibilidad política.

—Presidente, pues aquí estamos dándole pero ese tema está muy difícil —le confesó—. El acuerdo ya está prácticamente cerrado y aquí con Roy consideramos que estamos llegando al límite.

A grandes rasgos De La Calle le contó lo sucedido dos días antes, cuando Cristo propuso que aplazaran su participación política a las elecciones regionales del 2019.

El presidente lo escuchó con atención y le agradeció el informe, pero le hizo una nueva petición que lo dejó aún más sorprendido.

—¿Será que hay alguna posibilidad de que usted venga a Colombia un par de días y se siente con el expresidente Uribe para hacer un último intento?

—Pues, presidente, posibilidad sí hay —le respondió sin saber qué decirle—. Espéreme le paso a Roy Barreras que quiere hablarle.

—Presidente —le dijo Roy— propóngale al doctor Uribe que mañana, después de firmado el acuerdo, nosotros vamos a explicarle lo que acordamos con las Farc, para mostrarle que con excepción de dos temas, un 98 % de lo propuesto por ellos quedó acordado.

Preocupado por lo que acababa de hablar con el presidente, Humberto de La Calle llamó al ministro Juan Fernando Cristo a Bogotá a dejarle saber, un poco sorprendido, la propuesta del presidente y a pedirle que lo disuadiera. Cristo llamó al presidente y le dijo que le parecía muy difícil posponer las cosas más tiempo porque el acuerdo ya se estaba cerrando pero, la verdad, lo notó dubitativo.

Mientras Santos se comunicaba con sus negociadores en La Habana y afinaba su estrategia, Uribe trinaba lo que estaba sucediendo, por lo cual ya el país estaba encendido.

Santos reflexionó y de nuevo dibujó en su cabeza la "T", esa fórmula casi infantil que tenía para encontrar salidas de los momentos cruciales. Si hacía lo que le pedía Uribe lo más probable era que las Farc se levantaran de la mesa para volver a la guerra. Y si daba la orden de cerrar el acuerdo la posibilidad de negociar con el No se acababa.

A lo largo de su conversación con Uribe —el encuentro, con intermitencias, duró desde la una hasta las cuatro de la tarde—, confirmó que entre él y Uribe quedaban temas irreconciliables que hacían muy difícil un acuerdo, comenzando por la perspectiva del conflicto que tanto los había separado. Al oírlo planteando sus inamovibles, era obvio que Uribe nunca negociaría con las Farc algo distinto a una rendición.

Se excusó con los presentes porque tenía que salir a hacer una nueva llamada. El presidente caminó hasta el jardín y marcó de nuevo el teléfono de Humberto de La Calle en La Habana:

—Hola, Humberto.

—¿Cómo va presidente? —le respondió un Humberto cada vez más preocupado.

—¿Sabe qué?... Es mejor que cierre ya el acuerdo. Hoy mismo. Sin falta.

—Sí, presidente, eso haremos —le respondió entre sorprendido y aliviado.

Al reanudarse la reunión los dos púgiles se volvieron a encontrar en el *ring*, Santos ya había tomado su decisión y Uribe la suya. No necesitaban decirse las verdades en la cara para que cada uno supiera que sus caminos los alejaban. Santos propuso que hicieran un comunicado conjunto, relatando lo sucedido en la reunión.

Quienes estaban acompañándolos fueron testigos de cómo el presidente Santos y el expresidente Álvaro Uribe intentaron redactar, cada uno en su tableta electrónica, un comunicado conjunto aunque terminaron acordando que era mejor que la declaración la hiciera el propio expresidente Uribe. "Santos hasta le ayudó al exmandatario a redactarla", me explicó uno de los testigos.

La declaración firmada por Uribe aquella tarde en Rionegro era esperanzadora, pero proponía alargar indefinidamente la negociación: "He pedido al presidente de la República que los textos que anuncian de La Habana no tengan alcance definitivo, que sean puestos en conocimiento de los voceros del No y de las víctimas, quienes los estudiarán en breve tiempo y expondrán cualquier observación o solicitud de modificación en nueva reunión con el equipo negociador del Gobierno".

El presidente se devolvió para Bogotá a las cuatro de la tarde y a las siete, en una alocución, sorprendió al país con la noticia de que se había logrado firmar en La Habana un nuevo acuerdo. Este sorpresivo anuncio convirtió la declaración de Uribe en letra muerta.

Ese mismo día, a las seis de la tarde, Frank Pearl le entregó al expresidente Pastrana en una memoria portátil los cambios insertados en el nuevo acuerdo, pero cuando el exmandatario se disponía a revisarlos, su amigo Camilo Gómez lo puso al tanto de que ya había un nuevo texto acordado con las Farc. Cuando Frank Pearl volvió a llamarlo, el expresidente Pastrana no le respondió.

"Si el presidente Santos no le hubiera entrado el afán de firmar el nuevo acuerdo, se hubiera podido lograr un consenso. No se trataba de seguir negociando por meses sino por unos días o semanas más", me asegura hoy Marta Lucía Ramírez.

Sin embargo, el ministro Juan Fernando Cristo, que estuvo al frente de las negociaciones con el No, tiene otra lectura. Él nunca fue optimista sobre la posibilidad de llegar a un acuerdo con los del No. "A Uribe le convenía más políticamente oponerse al nuevo acuerdo que aceptar que había cambios importantes en él —sostiene hasta hoy—. El desacuerdo servía más a sus intereses electorales de 2018".

Ninguno de los cambios hechos al acuerdo han sido aceptados hasta el presente por los líderes del No. Ni por el expresidente Álvaro Uribe, ni por el expresidente Andrés Pastrana ni por la exministra Marta Lucía Ramírez, sin duda las tres voces más importantes de esa coalición.

Para Iván Duque, quien el 17 de junio de 2018 fue elegido presidente de Colombia, los cambios fueron mínimos y cosméticos. "No se hicieron los cambios sustanciales que pedimos", me dijo cuando le pregunté por esta negociación fallida. Ni siquiera reconocen temas en donde se podría apostar por algún consenso, como en lo atinente a que las reformas se ajustaran a la regla fiscal, o el que dejó sin piso la entrada del acuerdo a la Constitución. "No queda dicho taxativamente que se va a respetar la regla fiscal y, tal como quedó el nuevo acuerdo, no es cierto que no se incluya lo firmado en la Constitución", me dijo Carlos Holmes Trujillo.

De ese tamaño es la polarización del país en torno al tratado de paz del Teatro Colón[10].

10 El Teatro Colón fue donde se protocolizó el acuerdo con las reformas producto del plebiscito.

CAPÍTULO 15

LA NOCHE DE LOS GENERALES

A las seis de la tarde del 23 de noviembre, Yesid Reyes recibió una llamada del conmutador de presidencia en el momento preciso en que se disponía a salir del Centro de Investigaciones de Filosofía y Derecho de la Universidad Externado de Colombia, situada en el barrio colonial de La Candelaria en el centro de Bogotá.

Una voz que le era familiar le informó que el presidente Santos lo citaba a una reunión de carácter urgente. Supuso de inmediato que en palacio tenía que haber surgido un importante imprevisto para que el presidente lo hubiera llamado de urgencia la víspera de la firma del acuerdo final de paz programada para las nueve de la mañana siguiente en el Teatro Colón.

A la ceremonia asistirían invitados de los países garantes, algunos representantes de la ONU y un puñado muy selecto de personas. Allí, en ese hermoso teatro del barrio de La Candelaria de Bogotá, se darían cita de nuevo el presidente Santos y sus jefes negociadores con la delegación de las Farc, presidida por Timochenko, con el propósito de firmar el acuerdo final de paz ante un auditorio conformado en su mayoría por víctimas del conflicto y por los representantes de los jóvenes que habían salido a las calles a exigirles al presidente y a los líderes del No que firmaran un nuevo acuerdo.

A pesar del fracaso de la negociación entre el gobierno Santos y Álvaro Uribe, el presidente creía que el hecho de que este nuevo acuerdo incluyera tantos cambios lo revestía de legitimidad y le permitía cumplir con un fallo de la Corte emitido tras el plebiscito, que le ordenaba en caso de que se perdiera el plebiscito hacer un nuevo acuerdo en el que debían incluir los cambios propuestos por el ganador.

Sin embargo, la sensación de haber remontado con éxito la crisis derivada de la pérdida del plebiscito, se estrellaba con la dura realidad. En la otra orilla, una oposición uribista cada vez más crecida y envalentonada consideraba que el nuevo acuerdo era ilegítimo porque desconocía el resultado de las urnas. En ese ambiente tan adverso, se preparó la ceremonia de la firma del nuevo acuerdo de paz en el Teatro Colón.

Aunque esta ceremonia fue bastante menos fastuosa que la de Cartagena, no dejaba de ser una paradoja que el escenario escogido para cerrar la guerra con las Farc hubiera sido el emblemático Teatro Colón, un importante recinto cultural bogotano construido en 1885 al que por mucho tiempo ni los campesinos ni la gleba pudieron entrar.

Yesid Reyes había cumplido un papel importante en la renegociación de ese nuevo acuerdo, en el tema puntual de la justicia transicional que se creaba a partir de los acuerdos con la guerrilla. Él recibió la posta que le entregaron Manuel José Cepeda y Juan Carlos Henao, los encargados en un principio de afinar el tema jurídico con los militares por encargo del presidente Santos. Por esa razón trabajó de manera tangencial en el cónclave de los diez días en La Habana y tras la derrota del plebiscito formó parte del equipo negociador del Gobierno cuando se inició la negociación con los representantes del No.

La inesperada llamada de presidencia citándolo a una reunión de urgencia en palacio dio al traste con su intención de recogerse temprano y de madrugar al otro día para llegar al Teatro Colón antes de las ocho de la mañana, según lo solicitado por la oficina de protocolo. Preparó sus documentos y salió rumbo al palacio con la esperanza de que el caótico tráfico bogotano no lo hiciera llegar tarde.

Como muchos otros colombianos, Yesid Reyes lleva una historia violenta a cuestas: su padre, Alfonso Reyes Echandía, murió trágicamente en la retoma que hicieron las Fuerzas Armadas del Palacio de Justicia, luego de que la guerrilla del M-19 entró a sangre y fuego al edificio donde trabajaban unas doscientas personas, un fatídico miércoles 6 de noviembre de 1985. El comando del M-19 subió hasta el piso cuarto, entraron a la oficina del magistrado Reyes Echandía, en ese momento presidente de la Corte Suprema, y lo tomó de rehén. Los guerrilleros asaltaron el Palacio de Justicia con el descabellado propósito de hacerle un juicio público al presidente Belisario Betancur, a quien el M-19 responsabilizó del fracaso del acuerdo de cese al fuego acordado meses atrás, todo ello en medio de las denuncias de varios medios de comunicación que aseguraban sabotajes de los militares que se oponían al acuerdo de paz. Según el plan terrorista, el presidente de la Corte, desde su condición de rehén, se encargaría del juicio contra Betancur, mientras que el pueblo actuaría como jurado.

A las 13:55, un tanque de guerra derribó la inmensa puerta principal del Palacio de Justicia y penetró el edificio escoltado por otro que entró veinticinco minutos más tarde. Algunos instantes después, las primeras personas liberadas salieron del Palacio de Justicia, ubicado en el costado norte de la Plaza de Bolívar donde también está el edificio del Congreso y la alcaldía de Bogotá.

A las 14:25 ingresó un tercer tanque mientras un comando del Grupo Antiextorsión y Secuestro saltaba desde un helicóptero en la azotea pero solo pudo entrar en el edificio a las cuatro de la tarde luego de una detonación que le abrió paso por el techo. A las 17:45 se inició un incendio en el cuarto piso, donde se encontraban los rehenes, y a las 21:30 de la noche las llamas se habían propagado por todo el edificio.

Aquel día, Yesid Reyes pudo hablar con su padre en dos ocasiones. La última a las tres y media de la tarde, antes del incendio, y en ambas lo sintió confiado de que las cosas iban a salir bien. Tanto él como su padre abrigaban la posibilidad de que esta toma guerrillera fuera a tener el mismo desenlace de la toma de la embajada de República Dominicana, perpetrada también por el M-19 en 1980. En ese momento, el gobierno del presidente Turbay negoció con los guerrilleros la liberación de los rehenes en Cuba.

La primera vez que habló con su padre fue una hora y media después de que los medios le dieran a conocer a toda Colombia la toma del palacio. Yesid acababa de llegar a su oficina de abogado y alguien que estaba escuchando la noticia por la radio le informó del suceso. De inmediato llamó a la oficina que tenía su padre en la Universidad Externado con la esperanza de que aún estuviera en el claustro, pero la secretaria le informó que su padre acababa de salir rumbo a la Corte.

Confiando en que su padre no hubiera alcanzado a llegar a la Corte, llamó primero a su teléfono pero le sonó ocupado. Intentó al de su secretaria y tuvo suerte.

—¿Mi papá está en la Corte? —le preguntó sin saludarla.

—Sí está —le respondió con una voz atemorizada.

Yesid sintió que el mundo se le desbarataba.

—¿Qué está pasando? —le preguntó consternado.

—Hay mucho ruido abajo. Nosotros aquí en el cuarto piso todavía estamos bien. Su papá está en su oficina con sus escoltas y lo oigo hablar… —respondió su secretaria.

Antes de colgar el teléfono Yesid le advirtió que la volvería a llamar a ver si podía hablar con su padre más tarde. Pasados veinte minutos, con el corazón en la mano, Yesid marcó de nuevo pero esta vez ella le contestó casi al borde de un ataque de nervios.

—¿Cómo están las cosas? —le preguntó Yesid.

—¡Hay mucho humo… mucho ruido… creemos que los guerrilleros se están entrando por los tabiques al cuarto piso! —le contestó con una voz invadida por el miedo.

En el instante en que Yesid le iba a pedir que le pasara a su padre, oyó por el auricular un gran estruendo que fue seguido por un grito desgarrador.

—¡Se están entrando!, ¡se están entrando!… —gritó como pidiéndole auxilio.

Yesid intentó calmarla pero la comunicación se cortó de manera abrupta.

Temiendo lo peor, empezó a llamar a otros números del cuarto piso hasta que finalmente le contestaron.

—¿Quién habla? —pregunto Yesid.

—Soy Luis Otero, comandante de la operación Antonio Nariño por los derechos del hombre del M-19. ¿Quién habla? —preguntó en una voz diáfana y clara.

—Yesid Reyes —le respondió con todo el aplomo que un joven de 27 años podía tener en esas circunstancias.

—¿Cómo está? —le preguntó el jefe del comando guerrillero, como si se tratara de un encuentro casual en el que tuviera cabida el lenguaje coloquial que utilizamos los colombianos cuando nos saludamos en la calle.

—Quiero hablar con mi papá.

—Le quiero contar que estamos con su papá aquí en el cuarto piso. Necesitamos que dejen de disparar para conversar —le dijo el comandante guerrillero.

—¿Papá está bien?

—Sí —le respondió el guerrillero —, se lo paso.

Cuando Yesid pudo oír la voz de su padre por el teléfono, sus temores de que no iba a volver a verlo se disiparon.

—Estoy bien —le dijo con cierto aplomo—. Me encuentro en el cuarto piso, con el comando guerrillero. Pero para sentarnos a negociar necesito que paren el fuego.

Yesid oyó de pronto un forcejeo como si a su padre le hubieran quitado el auricular de manera brusca:

—¡Tienen quince minutos para conseguir un cese al fuego o aquí nos morimos todos! —sentenció el jefe del comando guerrillero.

Desde el momento de la toma, Yesid se había ido para el despacho de Alfonso Gómez Méndez, un prestigioso abogado penalista, pupilo de su padre. Esa llamada los dejó tan preocupados que Alfonso Gómez decidió comunicarse con su amigo Gabriel García Márquez en México para pedirle que intercediera ante el presidente Belisario Betancur y lo convenciera de cesar el fuego, antes de que fuera demasiado tarde.

Gabo se comprometió a hablar con Belisario Betancur, pero los minutos pasaban y nada se sabía. Yesid sentía que a cada instante se le iba el aliento. Al cabo de tres cuartos de hora, Yesid volvió a llamar.

—¡Si nos siguen atacando, todos nos vamos a morir! —le respondió colérico el comandante guerrillero a Yesid.

—¡Páseme a papá! —le exigió.

Yesid escuchó cómo el guerrillero le decía a su padre que pasara al teléfono.

—¿Qué ha pasado? —le preguntó Yesid a su padre con voz de angustia—. ¿Alguna novedad?

—No he podido hablar con el presidente Betancur, pero hablé con el director de la Policía y con el director del DAS. Los dos me aseguraron que la orden del cese al fuego estaba dada pero que parece que hay un problema de comunicación con las tropas que están afuera del Palacio de Justicia y que por eso no la han hecho efectiva.

—¿Y por qué no sales en una emisora y dices lo que me estás contando?

—Me parece buena idea, espera y se la informo al comandante a ver si está de acuerdo.

Supuso que su padre había tapado la bocina del teléfono porque escuchó un sonido muerto. Luego de unos segundos reapareció la voz de su padre.

—Dice que sí, que lo hagamos.

Yesid Reyes, esperanzado, colgó el teléfono y llamó de inmediato a Yamid Amat director de la cadena Caracol, la emisora radial más escuchada del país, y le dio el teléfono para que llamara a su padre a la Corte Suprema de Justicia. A los pocos minutos, su padre con una voz angustiosa, salía al aire para pedirle al presidente que por favor diera la orden de cesar el fuego. Sin embargo, tampoco en esta ocasión sus súplicas fueron escuchadas.

A las cuatro y media Yesid volvió a llamar pero esta vez nadie contestó. A los quince minutos intentó de nuevo y de nuevo, pero no obtuvo respuesta…

Hecho pedazos, siguió marcando cada quince minutos hasta que le dieron las ocho de la noche. Ni siquiera Gabo había logrado que el presidente ordenara el cese al fuego para negociar con los guerrilleros. Yesid pasó la noche en el apartamento de Alfonso Gómez Méndez oyendo la radio y buscando como fuera información de lo que estaba ocurriendo en el palacio. Sin embargo, desde las ocho de la noche, la ministra de Comunicaciones, Noemí Sanín, dispuso que los medios solo podían transmitir en directo un partido de fútbol de la liga colombiana para evitar que siguieran informando sobre los desarrollos de la toma de palacio.

A las cinco de la mañana del otro día, cuando fue a recoger el periódico *El Tiempo*, vio la foto a seis columnas del Palacio de Justicia prácticamente consumido por las llamas y su corazón se le arrugó aún más. Cuando leyó que hasta la madrugada se habían presentado combates dentro del palacio, una brizna de esperanza lo volvió a acompañar mientras se duchaba y se vestía. Antes de ir a su oficina, Yesid pasó por la sede de Caracol radio para preguntarle a Yamid Amat si sabía algo de su padre. El veterano periodista le dio una noticia que le devolvió el alma al cuerpo: de acuerdo con el director de la Policía, Delgado Mallarino, habían hablado con su padre a eso de las diez de la mañana de ese día. "¡Tu papá está vivo!", exclamó.

Se fue feliz para su oficina a estar pendiente de la radio. A las doce y media Yamid Amat informó que la toma se había terminado y que acababan de rescatar herido al presidente de la Corte Suprema de Justicia. Yesid sintió que de nuevo podía respirar bien. Se preparó para ir a Caracol pero cuando se subió al carro y prendió la radio escuchó al periodista que, con voz acongojada, rectificaba la información inicial anunciando que el presidente de la Corte Suprema de Justicia, su padre, había sido encontrado muerto.

La retoma del palacio por parte de las Fuerzas Amadas fue un desastre porque murieron no solo los guerrilleros sino sus rehenes. De las noventa y cuatro personas que perdieron la vida, once fueron magistrados de la Corte Suprema de Justicia. Nueve empleados de la cafetería siguen desaparecidos.

"Fue claro que la fuerza pública entró al palacio no con el objetivo de rescatarnos, sino de masacrar al M-19", diría treinta años después el entonces presidente del Consejo de Estado en una entrevista a la revista *Semana*. "Fuimos unos simples bultos que nos interponíamos entre la guerrilla y las fuerzas del Estado".

El 15 de noviembre, es decir una semana después, dos tenientes coroneles de la Policía Nacional, en un montaje que claramente buscaba socavar la honorabilidad de su padre, denunciaron que el presidente de la Corte se había reunido con ellos para solicitar que se retirara la protección policial del Palacio de Justicia —misteriosamente el mismo día del ataque terrorista del M-19— dando a entender que Alfonso Reyes había actuado en connivencia con los guerrilleros.

Sacó fuerzas de donde no tenía, demandó a los dos coroneles y probó que el día en que ellos decían haberse reunido con su padre, él se encontraba en la ciudad de Bucaramanga. Sin embargo, un año después, en noviembre de 1986, un tribunal militar falló a favor de los dos oficiales.

No se dio por vencido y en 1988 Yesid Reyes demandó al Estado por haber retirado la vigilancia del palacio y por el uso excesivo de la fuerza en la retoma y tras diez años de espera, la justicia falló a su favor. Mientras, tuvo que ver cómo en esos años siguientes el grupo terrorista que había secuestrado a su padre era amnistiado tras la firma de un acuerdo de paz en 1990, sin que ninguno de los guerrilleros se hubiera siquiera referido al dolor de las víctimas del Palacio de Justicia.

Esperó veintiséis años para que la justicia se atreviera a destapar la verdad de lo sucedido en esos días de la toma y la retoma. En el año 2006, la Comisión de la Verdad, integrada por magistrados de la Corte Suprema de Justicia, responsabilizó del holocausto del Palacio de Justicia al M-19 por la toma del palacio, y a las Fuerzas Militares por el uso indebido de la fuerza en la retoma.

Sin embargo, Yesid todavía no sabe cómo sucedió ni quién mató a su padre. Solo ha podido constatar que la bala que le atravesó el pecho no pertenecía a ninguna de las armas del M-19 en la toma. Como las Fuerzas Militares nunca prestaron las armas que usaron en la retoma del palacio para el cotejo, no se ha podido establecer si la bala que lo mató era del Ejército. Lo que sí sabe con total certeza es que su padre murió antes de quedar calcinado por las llamas del incendio del cuarto piso, cuyas causas hasta hoy siguen siendo un misterio.

En el 2007, es decir, veintisiete años después, se produjo la primera condena de un oficial por la retoma del Palacio de Justicia: el coronel Alfonso Plazas fue conminado a cumplir una pena de treinta años de prisión. Ni siquiera en ese momento dejó de sentir el peso de la asimetría que se había enconado con el paso del tiempo. Mientras los oficiales iban a prisión, los guerrilleros del M-19 que habían planeado la toma del palacio se consolidaban como prestantes congresistas. Esa asimetría solo contribuyó a dejar una herida que sigue abierta.

El coronel Plazas apeló su condena ante la Corte Suprema de Justicia y al cabo de ocho años y medio de estar tras las rejas, fue declarado inocente de los cargos en noviembre del 2015, en momentos en que Yesid ocupaba el Ministerio de Justicia del gobierno Santos.

El día de la liberación del coronel Plazas coincidió con la noticia de que, en La Habana, las Farc y los negociadores habían firmado el acuerdo sobre justicia que creaba unos tribunales de justicia transicional para que guerrilleros, militares y civiles que hubiesen cometido delitos de lesa humanidad fueran juzgados y condenados a cumplir penas restaurativas a cambio de verdad y de su compromiso para reparar a las víctimas.

Esa coincidencia de sucesos lo hizo revivir la absurda muerte de su padre y lo duro que había sido para él entender lo sucedido. Saludó con optimismo el hecho de que este acuerdo de justicia les diera a los militares un trato simétrico en materia de beneficios, pero acorde a sus evidentes diferencias. Él, como víctima del holocausto del Palacio de Justicia, era consciente de que el país no podía caer en el mismo error cometido 28 años atrás.

Cuando sobrevino la derrota del plebiscito, Yesid había salido del Ministerio de Justicia y se encontraba de vuelta en la academia.

Al otro día del triunfo del No el presidente lo llamó a pedirle que lo ayudara en la renegociación del nuevo acuerdo. Yesid aceptó el reto, pensando en su padre quien siempre creyó en el diálogo como la única manera de acabar con el conflicto en Colombia. Yesid no solo participó en la renegociación con el No, sino que tuvo que sentarse cientos de veces con los militares a discutir el marco de la justicia transicional a la que ellos se iban a someter. Yesid terminó de interlocutor del estamento militar, el mismo con el que tanto controvirtió.

La emboscada no tradicional

A su llegada a palacio, Yesid Reyes fue conducido al salón de estrategia, situado en la primera planta. Cuando entró a la reunión pudo percibir que el ambiente estaba cargado. A un lado de la larga mesa rectangular estaba toda la cúpula militar, presidida por el ministro de Defensa Luis Carlos Villegas, más los dos generales retirados que participaron en La Habana desde el inicio de las negociaciones.

Yesid saludó a todos sin entender muy bien de qué se trataba la reunión y se sentó junto a los oficiales, enfrente de Humberto de La Calle y Sergio Jaramillo, quienes acababan de llegar. Segundos más tarde entró el senador Roy Barreras del partido de la U, tan intrigado como Yesid.

A los pocos minutos apareció el presidente Santos. Por la manera como lo saludaron los generales era evidente que estaban muy alterados. El pesado ambiente en esa sala era muy distinto al que siempre había acompañado a las relaciones entre el presidente Santos y el estamento militar.

Santos siempre se ufanó de su relación cercana y franca con los militares, la cual fue forjada en los momentos más álgidos de la guerra con las Farc, cuando ocupó el ministerio de Defensa. Los altos mandos conocieron al Santos de la guerra, al que no le temblaba la mano a la hora de actuar y compartían la profunda convicción de que este acuerdo con las Farc, lejos de ser una derrota, era producto de un triunfo militar. Sin la ofensiva militar de los últimos años, que tanto minó a la guerrilla, este acuerdo de paz hubiera sido imposible. Las cifras hablaban por sí solas: en 1998, cuando se iniciaron las fallidas negociaciones de paz entre el gobierno de Pastrana y las Farc, esta guerrilla tenía veinte mil hombres armados. Cuando se sentaron a negociar con el gobierno de Pastrana, las Farc estaban ganando la guerra. Veinte años más tarde, luego del fortalecimiento de las Fuerzas Armadas gracias a los aportes derivados del Plan Colombia, las Farc tenían menos de diez mil hombres armados y aunque no habían sido derrotadas militarmente ahora era evidente que su vieja consigna de tomarse el poder jamás se podría cumplir.

Desde el mismo inicio de las negociaciones en La Habana, el presidente Santos había sido extremadamente cuidadoso en establecer con los militares unas líneas rojas, para asegurarles que en La Habana no se iba a negociar nada que fuera en contra de su honor. De entrada el presidente les aseguró que, de firmarse la paz, no se reducirían ni el presupuesto ni el tamaño de las Fuerzas Armadas, consideradas hasta hoy como las más numerosas de América Latina con cuatrocientos cincuenta mil efectivos.

Para demostrar que este acuerdo respetaba la dignidad militar, Santos les prometió que excluiría de la mesa de negociaciones todos los temas relacionados con los militares y les garantizó que iban a ser tratados de manera independiente. Para que las cosas fluyeran más, Santos les informó a los altos mandos que había nombrado a Yesid Reyes como enlace entre los militares y la presidencia.

A pesar de la especial relación que Santos tenía con los militares tuvo que emplearse a fondo para deshacer los escenarios apocalípticos sembrados por el expresidente Uribe entre los cuarteles con el propósito de que el Ejército retirara su apoyo al proceso de paz, meses antes de las elecciones presidenciales del 2014. Uribe convenció a muchos coroneles y generales de que Santos quería utilizar la negociación en La Habana para debilitar al Ejército y reducir su presupuesto, que en ese momento era cercano a 2,6 del PIB, lo que causó gran indignación entre las tropas. Varios militares cuestionaron por las redes sociales el proceso de paz y la figura del presidente con frases desobligantes en un hecho bastante inusual dentro del mundo castrense colombiano que prohíbe la participación en política de los militares.

Una vez reelecto, Santos hizo un cambio en la cúpula militar y designó como comandante del Ejército al general Alberto Mejía, quien llegó a apaciguar los ánimos en los cuarteles; prohibió el uso de las redes y sentó las bases para que el Ejército pudiera cumplir la difícil tarea de brindarles garantías a las Farc para que pudieran hacer el tránsito de la guerra hacia la paz.

Para evitar repetir los errores cometidos cuando se pactaron acuerdos de paz a espaldas de los militares, estrategia que contribuyó a crear entre las Fuerzas Armadas un descontento que en ocasiones terminó en sabotaje, el presidente Santos decidió que los militares debían participar en las negociaciones en La Habana. Luego de varias deliberaciones, el alto mando escogió por unanimidad al general retirado Jorge Enrique Mora para que representara en La Habana los intereses de la institución. Pese a no estar activo, su influencia sobre la tropa era innegable. De rostro adusto, modales huraños y mirada desconfiada, como si siempre estuviera en guardia, Mora pasó casi todos sus cuarenta y dos años de vida militar combatiendo a las Farc y a muchos de los comandantes que estaban en La Habana los había tenido a tiro de fusil.

Mora fue además el comandante del Ejército durante los cuatro años de negociaciones que de manera infructuosa adelantó el gobierno de Andrés Pastrana con las Farc en el Caguán, una extensa zona de 42 500 kilómetros cuadrados que ese Gobierno despejó para que las Farc pudieran desarrollar los diálogos de paz. En ese proceso los militares también fueron convidados de piedra, hecho que no le impidió al general Mora cuestionar cómo las Farc estaban convirtiendo la zona de despeje en su base para rearmarse, narcotraficar y esconder a los secuestrados. El descontento en los cuarteles llegó a su punto crítico cuando el ministro de Defensa de la época, Rodrigo Lloreda, renunció a su cargo de manera intempestiva, lo que puso en jaque por varias horas la supervivencia del gobierno de Pastrana. Aunque Mora estuvo a punto de renunciar junto con otros generales, la crisis se contuvo pero las relaciones entre Pastrana y Mora quedaron arruinadas para siempre. Para el expresidente Pastrana, Mora fue un enemigo soterrado del proceso de paz al que nunca pudo remover porque gozaba de gran ascendencia en la tropa.

Cuando Álvaro Uribe subió al poder en el 2002, Mora fue nombrado comandante general de las Fuerzas Armadas y bajo su mando se concibió el Plan Patriota, que fue la estrategia de guerra que terminó cambiando la correlación de fuerzas a favor del Estado colombiano y que según los estrategas militares empujó a las Farc a la mesa de negociaciones. Esa reingeniería de las Fuerzas Armadas que se pudo hacer gracias a los dineros provenientes del Plan Colombia se debe al general Mora. Que el alto mando eligiera al general que había logrado invertir la dinámica de la guerra produjo un impacto psicológico imperceptible para los medios de comunicación; para las Farc, el aterrizaje del general Mora en La Habana supuso una pesada carga simbólica.

De talante anticomunista, como lo son todos los soldados colombianos, el general Mora solo tuvo un momento ácido en su carrera militar: en 1998 envió una carta a la presidencia pidiendo investigar al famoso humorista político Jaime Garzón, muy querido por los colombianos, por cuenta de sus labores humanitarias en favor de los secuestrados de las Farc. Garzón había decidido ayudar a los familiares de la guerrilla que estaban secuestrados y les hacía llegar las cartas de sus seres queridos. Aunque el general Mora no lo dijo explícitamente, esa carta ponía un manto de duda sobre si las labores humanitarias de Jaime Garzón eran una fachada para ocultar su condición de guerrillero.

Garzón quiso varias veces hablar personalmente con el general Mora, intentos que yo misma presencié, pero el alto oficial nunca accedió a recibirlo. En agosto de 1999, Jaime Garzón fue asesinado por los paramilitares cuando llegaba al noticiero donde trabajaba. Si bien hay pruebas de que su muerte fue ordenada por el jefe paramilitar Carlos Castaño y ejecutada por la banda de La Terraza, la justicia tiene también evidencias de que en la planeación habrían participado miembros del Ejército. Lo cierto es que, el mismo día en que el presidente anunció el nombre del general Mora como integrante en la delegación del Gobierno, la Fiscalía le abrió una investigación formal por el asesinato de Jaime Garzón.

De manera estoica el general Mora tuvo que oír las duras palabras de Marisol, la hermana de Jaime Garzón, en las desgarradoras sesiones que se hicieron con sesenta víctimas del conflicto que viajaron a La Habana en octubre del 2015.

"General —le dijo—, Jaime no era guerrillero."

Por lo que el general Mora representaba, su presencia en la mesa de La Habana fue decisiva para que el proceso de paz avanzara. Aunque durante los cuatro años de negociaciones casi nunca se escuchó su voz en la mesa, las pocas veces que lo hizo fue para hablarles duro a las Farc con las que nunca intimó, ni siquiera para darse un saludo. Sus discrepancias, y vaya si las tuvo, acostumbró a lidiarlas entre la delegación del Gobierno y muchas veces tuvo que asumir como propias conclusiones que él no compartía. De manera disciplinada asumió su tarea en esos cuatro años de negociaciones y por eso resintió mucho el trato indigno que recibió al final, cuando fue excluido del famoso cónclave de finales de junio de 2016, sin que Humberto de La Calle le hubiera dicho una palabra.

Tras la derrota en el plebiscito, en medio de un país polarizado, no había sido fácil para un general como Jorge Enrique Mora asumir su papel de negociador en La Habana. Por eso le hirvió la sangre cuando supo que el nuevo acuerdo introducía cambios en el texto relacionados con los militares, trasgrediendo una de las líneas rojas impuestas por el presidente.

Mora fue notificado de esos cambios por el propio comandante del Ejército, el general Mejía, un oficial sereno, articulado, que reunía la insólita combinación de ser un hombre de armas y un intelectual de la doctrina militar. Su batería de abogados le informó de los cambios en el texto y en especial el incluido en el artículo 44 del acuerdo, que según los abogados del Ministerio de Defensa alteraba sustancialmente la definición de responsabilidad de mando, un tema muy sensible para los oficiales.

La carta enviada al gobierno Santos por el director de la División de las Américas de Human Rights Watch, José Miguel Vivanco, felicitándolo por la nueva redacción sobre la responsabilidad de mando que despejaba las dudas que albergaba el acuerdo de Cartagena en esa materia, hizo crecer la indignación del estamento militar. Según Vivanco, así como había sido redactado este punto, era claro que la definición de responsabilidad de mando acordada era la misma que traía el artículo 28 del Estatuto de Roma.

El primero en tomar la palabra en aquella reunión de palacio fue el general de la fuerza aérea Juan Guillermo García, oficial encargado del tema jurídico en el Ministerio de Defensa. En un tono que claramente quebrantaba las líneas del debido respeto al presidente, el general García rompió el tenso silencio en la sala:

—Presidente, tenemos cerca de una docena de peticiones que el alto mando quiere hacerle, pero sobre todo, queremos expresarle nuestro descontento con un cambio en el nuevo acuerdo que no fue consultado con nosotros y que consideramos fue hecho a nuestras espaldas.

—¿Con qué cambio? —preguntó Santos un tanto sorprendido.

—Con uno que se dio en la redacción del artículo 44 que habla de la responsabilidad de mando —le respondió—. En La Habana se le introdujo un cambio que fue hecho a nuestras espaldas, incumpliéndonos la promesa que nos había hecho usted de que todo lo que tenía que ver con los militares iba a ser negociado en Bogotá y no en La Habana.

Su rostro energúmeno denotaba lo que estaba pasando. Tomó el texto del acuerdo que llevaba en su mano y leyó de mala gana el artículo 44. Hizo una pausa y agregó: "A este párrafo, señor presidente, se le agregó una frase: tal y como dice el artículo 28 del Estatuto de Roma".

—¿Y por qué les molesta esa frase, general? —le preguntó el presidente con su tradicional impasibilidad.

—Porque creemos que cambia el concepto de "responsabilidad de mando" que se había determinado en el primer acuerdo de Cartagena. Nosotros consideramos que el artículo 28 del Estatuto de Roma es mucho más amplio a la hora de determinar la responsabilidad de mando. Pero además —dijo subiendo la voz— consideramos que ese cambio se hizo sin nuestro consentimiento y sin consultarnos.

Aunque en un principio los militares se opusieron a quedar metidos en el mismo saco que la guerrilla y solicitaron la creación de unos tribunales especiales solo para ellos, terminaron cambiando de opinión cuando surgió la idea de crear un sistema de justicia transicional que pudiera juzgar a todos los actores del conflicto que hubiesen cometido delitos de lesa humanidad. Se dieron cuenta de que si iban a la Justicia Especial para la Paz (JEP) y contaban la verdad podían tener una sentencia de carácter restaurativo que no superaba el máximo de ocho años, mientras que si se quedaban en la justicia ordinaria a los culpables les esperaban penas de cárcel de hasta sesenta años.

Cuando supieron que el texto sobre responsabilidad de mando había sido alterado sin su consentimiento, la cúpula militar citó en el Ministerio de Defensa a Humberto de La Calle y al abogado Enrique Santiago, que representaba a las Farc en esos temas, a una reunión de urgencia el 15 de noviembre del 2016, es decir, dos días después de conocerse el texto del nuevo acuerdo; a la reunión también estaba invitado el general Mora.

En esa ocasión, Humberto de La Calle no pudo responder los interrogantes de los militares sobre quién era el responsable de esos cambios y, por el contrario, se le vio salir de la reunión bastante descompuesto. En vista de que la tensión seguía escalando, luego de un breve encuentro entre el comandante del Ejército y los negociadores Jaramillo y De La Calle en el que tampoco se solucionó nada, los militares pidieron reunirse de urgencia con el presidente.

Ninguno de los altos mandos presentes en esa reunión se atrevía a decirlo pero saltaba a la vista que la frase agregada los dejaba expuestos al extremo en el sentido de tener que responder por cualquier delito que hicieran sus subalternos. El hecho de que el presidente hubiera actuado a sus espaldas rondaba la mesa como un mal augurio y por primera vez el alto mando, que había apoyado el proceso de paz, se unía para reclamarle de manera airada su falta de palabra.

El segundo en hablar fue el general Rodríguez, comandante de las Fuerzas Militares, uno de los seis generales con investigaciones abiertas por los casos de los falsos positivos, como se llamó en Colombia al asesinato de muchachos a manos de miembros del Ejército sucedidos en el gobierno Uribe con el propósito de incrementar las cifras de guerrilleros caídos en combate para poder cobrar recompensas y aspirar a medallas.

Por el escándalo de los falsos positivos hoy existen más de mil doscientos condenados entre cabos, capitanes y coroneles, pero en esa lista no hay ningún general responsable por cuenta de la responsabilidad de mando. Para varios de los civiles presentes en la reunión, detrás del breve discurso del general Rodríguez había un general que hablaba en causa propia. Era evidente que la alteración en el concepto de responsabilidad de mando podía afectarlo en su proceso ante la justicia.

Después del general Rodríguez, habló el propio ministro Luis Carlos Villegas, viejo amigo de Juan Manuel Santos quien, en un tono más conciliador, advirtió de la necesidad de aclarar esta situación lo más pronto posible.

Detrás de cada palabra expresada por los oficiales activos se percibía una alta dosis de indignación que, a medida que avanzaba la reunión, se iba transformando en una carga de profundidad que por momentos cercó como nunca al presidente. No solo se sentían expuestos en un tema muy sensible para ellos, sino que consideraban que el presidente Santos los estaba enviando al cadalso, sin siquiera haberlos consultado.

Yesid Reyes no quiso intervenir en la discusión por considerar que nada tenía que ver con la frase agregada al artículo 44. Durante los tres días que estuvo en La Habana a puerta cerrada con Enrique Santiago, el asesor de las Farc, ultimando todo el tema de justicia, se incluyeron varias de las propuestas del No, pero el artículo 44 no se tocó.

Con Santiago habían precisado aún más el concepto de "restricción efectiva" de la libertad, recogiendo una preocupación del No que insistía en que las sanciones no podían ser un saludo a la bandera sino instrumentos efectivos que afectaran la movilidad del condenado. Se acordó también incluir la obligación por parte de las Farc de dar información sobre las redes del narcotráfico, punto que no estaba claro cuando se abordaba el tema de las drogas ilícitas, asunto también propuesto por los del No. Se introdujo la necesidad de que las Farc presentaran un listado de bienes —otra exigencia hecha por el No—, propuesta que si bien ya había sido presentada por la guerrilla no había quedado incluida en el acuerdo de Cartagena ya que las Farc la habían planteado la víspera del plebiscito.

Se acordó también sacar el acuerdo del bloque constitucional como había quedado pactado en el acuerdo de Cartagena, atendiendo un reclamo hecho de manera reiterada por el Centro Democrático y por el expresidente Andrés Pastrana. Estos voceros del No sostenían que darle rango constitucional a un acuerdo que acaba de ser rechazado por el pueblo colombiano no solo era una imposición inaudita sino que acababa con la Constitución porque permitía que las Farc la manosearan a su antojo[11].

Luego de varias discusiones, Santiago aceptó sacar el acuerdo del bloque de constitucionalidad y que solo se dejara lo que hacía referencia a los derechos humanos y el DIH con el argumento de que ese tipo de jurisprudencias formaban ya parte de la Constitución y por lo tanto del bloque de constitucionalidad.

Sin embargo, el artículo 44 del acuerdo, que hablaba de la responsabilidad de mando, que tanto alboroto había creado aquella noche, no se tocó.

Pensando que ya se habían evacuado todos los temas, Yesid Reyes partió de La Habana rumbo a Madrid, ciudad donde tenía que cumplir un compromiso, mientras que la renegociación con las Farc continuaba. En Madrid, Yesid recibió una llamada del ministro del Interior, Juan Fernando Cristo, que quería saber si él

11 No sobra aclarar que en estos temas jurídicos los colombianos somos más papistas que el papa; podemos trabarnos en complejos debates jurídicos, que para la mayoría resultan incomprensibles, hasta llegar al éxtasis de la indignación. Sin embargo, en la práctica, la Constitución se pisotea sin ninguna clemencia.

había cambiado la redacción del artículo 44 que hablaba sobre la responsabilidad de mando.

—Hasta donde yo sé, ese artículo no se tocó —le dijo con seguridad.

—*Mmm*... tengo la impresión de que sí se tocó y que va a ser un problema con los militares —le respondió.

Los responsables de ese cambio en la redacción del artículo que fijaba las pautas de la responsabilidad de mando fueron Sergio Jaramillo y Humberto de La Calle. En el proceso de negociación con el No, una de sus propuestas más reiterativas era la de que, tal como estaba redactado ese artículo sobre la responsabilidad de mando, evitaba que los generales (y por consiguiente los jefes de la guerrilla) asumieran la responsabilidad de actos cometidos por sus subordinados, tales como el asesinato de civiles o de guerrilleros muertos fuera de combate.

Aunque varios asesores jurídicos del Gobierno, entre los cuales se encontraba Yesid Reyes, insistían en que de acuerdo con la redacción del texto quedaban incorporados todos los elementos estructurales del artículo 28 sin mencionarlo, Jaramillo y De La Calle, con el visto bueno de las Farc, aceptaron la propuesta de los del No de hacerlo aún más explícito y agregaron la polémica frase cuando él ya se había ido de la isla. Con la premura de tener listo el nuevo texto del acuerdo a Sergio y a Humberto se les había pasado por alto informarle a Yesid de ese nuevo cambio y no habían tenido tiempo de contarles a los militares porque en el fondo no creían que agregara nada nuevo.

En realidad la frase sí tenía una carga de profundidad importante y no solo respondía a criterios de simetría pedidos por el No. También era una petición muy precisa que ya le habían hecho al Gobierno colombiano no solo ONG como HRW, sino el departamento de Estado estadounidense y la propia Corte Penal Internacional. En el fondo la frase era una corrección audaz introducida por Sergio Jaramillo con la bendición del presidente para que el acuerdo no quedara bajo la lupa de la Corte Penal Internacional.

El alto comisionado, que había permanecido en silencio durante la reunión, consciente de que él era el blanco de la furia de varios de los generales que estaban sentados en esa mesa, decidió asumir su responsabilidad y de manera valiente tomó la palabra para dar sus explicaciones.

—Si ustedes suprimen esa frase, van a poner de nuevo todos los reflectores internacionales sobre ese tema y eso no les conviene —les dijo Sergio Jaramillo.

—Pues nosotros consideramos que se debe suprimir —insistió el general García.

—Pues si ustedes insisten en quitarla, yo la voy a recoger para las Farc —dijo Enrique Santiago, quien hablaba por primera vez—. Y no solo voy a poner que las Farc están de acuerdo con el Estatuto de Roma sino con todo el derecho internacional.

Después de oírlos hablar el presidente salió de su mutismo y tomó la palabra. Sin exaltarse, les aseguró que lo que ellos afirmaban con tanta severidad no era así:

—Nada se hizo a sus espaldas. Si ese cambio se hizo, no debió haber sucedido.

Para demostrarles que era verdad les propuso que ellos mismos redactaran el artículo sobre la responsabilidad de mando para comenzar desde cero. Lo único que les pidió fue que, una vez lo tuvieran listo, se lo mostraran a Yesid Reyes para que miraran con él el tema de los estándares internacionales.

El general García retomó la palabra y planteó otra petición en el mismo tono de reprimenda de su primera intervención. Esta vez tenía que ver con un párrafo en el artículo 32 que hablaba sobre la conexidad de los delitos, que también había sido cambiado. Mirando al presidente, el general García informó que con Yesid

Reyes habían redactado unos nuevos párrafos sobre conexidad de los agentes del Estado implicados en diseño y ejecución de conductas delictivas cometidas en relación con el conflicto armado pero, al parecer, el final del último párrafo traía una nueva frase no negociada con ellos.

La frase agregada hacía una aclaración más que pertinente: decía que los militares que se hubiesen enriquecido de manera "personal" en el ejercicio de sus funciones debían ir a la justicia ordinaria y no a la JEP.

El cambio de tercio que había dado el general García sorprendió a todos los civiles presentes, comenzando por el presidente, Sergio Jaramillo, Humberto de La Calle y al propio Yesid, el autor de esa nueva frase, quien nunca se imaginó que una aclaración tan obvia y tan lógica pudiera suscitar tanta indignación. Era claro que si había enriquecimiento de cualquier agente del Estado o funcionario público en el ejercicio de sus funciones, era un acto de corrupción que debía ser juzgado por la justicia ordinaria. Por eso sonaba tan absurda esa petición.

Sorprendido por el reclamo de los militares, Yesid tomó la palabra y les explicó en forma calmada, casi académica, el propósito y alcance de esa frase. Con la mirada puesta en el general García, les recordó a todos la redacción en consenso con los delegados del Ministerio de Defensa en Bogotá de esos nuevos párrafos sobre conexidad y que, en efecto, él había agregado esa frase en La Habana en esos tres días de trabajo a puerta cerrada en torno al nuevo acuerdo en el tema de justicia con Enrique Santiago, ahí presente. Les explicó que una de las demandas del No planteaba la necesidad de dejar claro que el enriquecimiento ilícito no podía ser un delito conexo y que si a un guerrillero se le llegaba a probar algún tipo de enriquecimiento personal no debía ser apto para la JEP. A Enrique Santiago le pareció bien incluir la explicación, dejando en claro que también había que hacerla para los agentes y funcionarios del Estado. Atendiendo los criterios de simetría, Yesid redactó un texto similar para el caso de los militares, convencido de que no iba a producir ninguna reacción porque asumía como obvio que el enriquecimiento personal no podía ser considerado como un delito relacionado con el servicio. Era claro que el tribunal de justicia transicional que se creaba era para cerrar el conflicto y no para legalizar los enriquecimientos ilícitos de ningún funcionario.

—Esa es la razón para incluir esa frase y, si les soy sincero, no creo que altere en nada lo que ya dice el Código Penal colombiano en esta materia —les aclaró Yesid.

El general Rodríguez intervino para argumentar que había operaciones militares de las que se podía derivar un enriquecimiento personal lícito y puso de ejemplo el otorgamiento de medallas.

—¿Me puede explicar cómo un general puede enriquecerse sin que ese enriquecimiento no sea ilícito en el ejercicio de su cargo? —le espetó Santiago algo sorprendido con la frase del general.

El general García terció en la discusión y le insistió al presidente que ellos querían suprimir esa frase. El senador Roy Barreras decidió intervenir, un tanto molesto con la manera irrespetuosa como los militares se estaban comportando ante el presidente.

—¿Y qué es lo que les preocupa? —les preguntó con voz enérgica—. ¿Cómo puede un militar enriquecerse si no es ilícitamente? ¡Respeten al presidente de la República, él es el presidente elegido por los colombianos! ¡Así no se le habla a quien es el jefe de las Fuerzas Armadas!

Santos miró a García y con aplomo le respondió:

—General García, eso no se puede quitar del acuerdo porque no tendría ninguna explicación y sería una vergüenza para las Fuerzas Armadas.

Humberto de La Calle también salió a reforzar la posición del presidente diciendo que este era un acuerdo del Estado y que era inexplicable pensar que se fuera a incluir al enriquecimiento ilícito como un delito conexo susceptible de ser amnistiado.

Eran ya las once de las noche cuando el general Mejía, comandante del Ejército y sin duda uno de los oficiales más comprometidos con el acuerdo de paz, tomó la palabra. Su tono dejó atónitos al presidente y a los demás funcionarios y sus duras palabras devolvieron la discusión al reclamo inicial, recordándole que ellos se sentían defraudados. Aunque el general Mejía no pronunció la palabra traición, era evidente que los generales que estaban esa noche en esa sala del Palacio de Nariño se sentían traicionados por el jefe de las Fuerzas Armadas. "Presidente, nosotros nos sentimos como si usted nos hubiera hecho una emboscada no tradicional", fue una de sus frases más duras.

La atmósfera de la reunión evidenciaba que, desde la derrota del plebiscito, el mandato del presidente Santos se había debilitado y que el costo de la renegociación con el No era mucho más alto de lo que llegó a pensar. En otras circunstancias Santos no hubiera permitido tanto desafuero y ni siquiera el hecho de ser premio nobel le sirvió para evitar el irrespeto de los generales.

A eso de la una de la madrugada, en medio del cansancio, recordó que el tema del enriquecimiento no se suprimía y que se cambiaba el término "enriquecimiento ilícito" por "enriquecimiento personal". Debido a que el acuerdo ya estaba cerrado convinieron en introducir los cambios en la fe de erratas.

Al otro día, minutos antes de que se iniciara la ceremonia del acuerdo final en el Teatro Colón, todavía estaban trabajando en afinar el texto del acuerdo.

Al finalizar la ceremonia el presidente Santos vio al general Mejía y le pidió que lo acompañara a un rincón. El general siguió al presidente pensando que le había llegado su hora.

—General, me parece que sus palabras de anoche fueron desobligantes.

—Presidente —le respondió el general Mejía—, mi padre decía que la mejor manera de mostrar la lealtad hacia su comandante era con la verdad, por dura que fuera. Eso fue lo que hice. Como soldado debo obedecer lo que usted decida y sepa que siempre tendrá mi respeto.

A las dos semanas Yesid Reyes leyó en el Ministerio de Defensa la nueva redacción del artículo 44 y le pareció que el texto cumplía con los requisitos de los estándares internacionales. Solo anotó que faltaba una referencia a los casos en los que el superior aducía, a pesar de ser su deber saberlo, no conocer la conducta delictiva de sus subalternos.

"Eso sí es un requisito de estándar internacional", les advirtió.

Tras discutirlo y probar con distintos enfoques, el tema finalmente quedó incluido en el acuerdo del Teatro Colón. La redacción de ese artículo sobre responsabilidad de mando ha sido criticada por la fiscal de la CPI, Fatou Bensouda, quien afirmó en una carta enviada a la Corte Constitucional que, de acuerdo con lo afirmado en ese artículo, se restringe la responsabilidad de mando. Yesid Reyes sostiene hasta hoy que eso no es cierto y que lo acordado existe en el Código Penal colombiano desde el 2000 y está avalado por la jurisprudencia colombiana. "Que no les guste la redacción a los de la Corte Penal Internacional, es otra cosa", afirma con la seguridad de los abogados penalistas.

Esa noche con los generales dejó claro que el poder de los militares, que sentían haber ganado la guerra, quedaba intacto.

Capítulo 16

Los generales del fin de la guerra

El general Javier Flórez y su segundo al mando, el brigadier general Carlos Alfonso Rojas, vieron la ceremonia de la firma del nuevo acuerdo de paz desde uno de los balcones del tercer piso del Teatro Colón en compañía del alto mando, el mismo que la noche anterior se había despachado en contra del presidente. Los ecos de esa reunión —que ya era un secreto a voces—, aún retumbaban en la mente de muchos de los asistentes a la ceremonia.

El general Flórez respiró profundo y miró a Rojas de la manera como se miran los compañeros de viaje que han logrado llegar sanos y salvos a su destino tras desafiar toda suerte de obstáculos.

Tanto los había cambiado La Habana a estos dos rudos oficiales del Ejército colombiano que todavía no conseguían asimilar lo sucedido en sus vidas desde que el presidente Santos, en agosto del 2014, los nombrara como los primeros militares activos en conformar un grupo que acordara con las Farc un cese al fuego definitivo.

Santos buscó a un general de talante y con ascendencia en la tropa para que encabezara la comisión de altos mandos que se iba para La Habana: Javier Flórez, un aguerrido general de cuatro soles conseguidos en el fragor de la guerra, se había destacado por comandar las operaciones más efectivas en contra del Bloque Oriental en el suroriente del país, considerado el enclave más poderoso de esa guerrilla y el epicentro de la guerra contra las Farc en los últimos diez años. La más relevante de todas, la Operación Sodoma, planeada y ordenada por el general Flórez cuando comandaba la Omega, la poderosa unidad militar integrada por cerca de veinte mil hombres creada desde el 2004 con el propósito de combatir a las Farc en esa zona del país. En ese bombardeo del 2008 se lanzaron por lo menos cuarenta bombas inteligentes sobre un campamento del Bloque Oriental en el que se había detectado la presencia de su jefe máximo, el Mono Jojoy. En la operación murieron cerca de cuarenta guerrilleros, incluido su comandante. Fue tal el impacto de la Operación Sodoma que es considerada por los estrategas militares como una de las operaciones que permitieron cambiar la correlación de fuerzas a favor del Estado.

Los otros oficiales que Santos escogió para acompañar al general Flórez también venían de hacer la guerra. Martín Fernando Nieto, brigadier general del Ejército, experto en contrainteligencia; Orlando Romero, contraalmirante de la Armada, jefe del Estado Mayor de la Omega; Osvaldo Rivera, brigadier general de la Fuerza Aérea, de la inteligencia aérea; y Álvaro Pico, brigadier general de la Policía, en campaña contra los frentes del suroriente de las Farc.

Por último, el presidente Santos nombró brigadier general del Ejército a Carlos Alfonso Rojas, un hombre alto, de seño adusto que había estado en las entrañas de esa guerra, combatiendo contra el Bloque Oriental de las Farc bajo las órdenes del general Flórez. El general Rojas era el que más se parecía a Flórez: como comandante de una de las brigadas móviles adscritas a la Omega, había llegado al suroriente del país en el 2005, a la región de La

Macarena, con cerca de ochocientos hombres bajo su mando. Posteriormente asumió el comando del Fudra, el cuerpo élite de la Omega, cuando el general Flórez estaba al mando. Ambos se conocieron en medio del fragor de la confrontación y de la adrenalina que engrandece a los guerreros en el combate, y ambos también tuvieron que estrechar en sus brazos a muchos soldados mutilados por las minas antipersona y a muchas viudas que habían perdido a sus esposos en la guerra. Tuvieron que prepararse psicológicamente para tener el temple de sentarse al frente de su enemigo histórico a negociar. Con la misma disciplina que por años pusieron en práctica para combatir al enemigo, poco a poco fueron dominando sus emociones y encontrando la racionalidad de su nueva misión.

Vino luego la dura convivencia en La Habana, donde afloraron los desacuerdos no solo entre la delegación del Gobierno, sino entre el general Flórez y el general Rojas. En alguna ocasión el primero llegó a sulfurarse tanto que le levantó la voz a Rojas como nunca lo había hecho en los años de la guerra. Desconcertado por el trato desobligante de su comandante, reaccionó de manera visceral: "¿Sabe qué, mi general? —le respondió Rojas, mirando a su superior mientras se levantaba de la mesa—. Me voy muy triste porque nunca lo he oído gritarle así a las Farc".

Para lo que nunca se prepararon fue para enfrentar a sus pares en el Ejército, muchos de los cuales rechazaron sus nombramientos. Para un sector de la oficialidad, poner en la mesa de negociaciones de La Habana a un general de la talla de Javier Flórez, en ese momento el segundo en la línea de mando del Ejército, era un gesto demasiado generoso hacia las Farc.

Asimismo, el expresidente Uribe acusó al presidente Santos de estar cometiendo un acto ilegal al obligar a los militares a sentarse en la mesa con terroristas. Según él, los militares solo estaban para hacer la guerra, no para sentarse a negociar con terroristas.

La situación del general Flórez se volvió aún más difícil días después de haber aterrizado en La Habana, cuando el presidente Santos anunció la creación del Comando de Transición para la paz, y designó al general Flórez como su jefe. Su misión, como se lo dijo el presidente Santos el día que lo nombró, era "llevar al país de la guerra hacia la paz".

La creación de ese comando aumentó las suspicacias y envidias entre los altos mandos, que empezaron a ver al general Flórez y a sus hombres como una disrupción en la cadena de mando. Para limar esas asperezas, se establecieron unas reuniones semanales entre el general Flórez y los comandantes de las diferentes fuerzas con el propósito de mantenerlos informados sobre las gestiones que llevaba a cabo la comisión de militares en La Habana. Sin embargo, esas reuniones solo sirvieron para agudizar más los desencuentros. En esas agrias discusiones internas, la condición de negociador hacía aparecer al general Flórez como vocero de las pretensiones de las Farc, una posición incómoda que le despertaba las peores sensaciones y que revelaba las complejidades que entrañaba su nueva misión. En otras ocasiones, la dureza con que el alto mando cuestionó su gestión en La Habana demostraba que las Fuerzas Armadas, pese a haber respaldado el proceso de paz con una decisión nunca antes vista, afrontaron una fuerte división interna frente a la decisión adoptada por el presidente Santos de enviar militares activos a La Habana. "Dentro del alto mando hubo un grupo que se opuso al proceso y que hizo todo para sacar a los militares que estaban en La Habana pero que no pudo imponer su línea debido a que las negociaciones estaban ya muy avanzadas", me confesó un oficial que atestiguó esa fuerte disputa.

De ser respetados y admirados por la tropa, Flórez y Rojas se convirtieron en el blanco de toda suerte de presiones, intrigas y descalificaciones. Atónitos, vieron cómo la gloria que les había dado la guerra se les iba esfumando en la medida en que abandonaban sus armaduras para transformarse en una fuerza pacificadora.

A pesar de su infortunio y de estar cercados por varios flancos, estos dos oficiales siguieron adelante con su misión, convencidos de que la ruta emprendida por el presidente Santos era la indicada. Si se iba a pactar la paz con las Farc, como ellos lo creían, los militares que los habían enfrentado debían estar en esa mesa.

Con el tiempo fueron limando sus asperezas y generaron una suerte de equilibrio que les sirvió para elaborar su estrategia negociadora ante las Farc: el conciliador en la mesa era el general Flórez y el intransigente y duro el general Rojas. Tan convincente resultó esta *performance* en La Habana, que en un momento dado el propio Carlos Antonio Lozada elevó la queja al gobierno Santos a través de uno de sus emisarios para que cambiara al general Rojas por otro oficial que estuviera de acuerdo con el proceso de paz.

En la medida en que el ambiente de pugnacidad política iba crispándose, la guerra se iba desactivando poco a poco, sobre todo desde que las Farc declararan el cese al fuego unilateral indefinido en diciembre del 2014.

Santos respondió ese gesto unilateral de la guerrilla con la suspensión de los bombardeos aéreos, una decisión que tomó por sorpresa a todo el alto mando porque iba en contra de lo que ellos aconsejaban. Semanas antes de que anunciara esa decisión, el mandatario les había pedido que redactaran un memorándum con los pasos que se deberían tomar si quería disminuir la tensión de la guerra. Los militares le hicieron entrega al presidente de una tabla que enumeraba los diez pasos más significativos que se deberían dar de manera progresiva en un eventual decrecimiento de la guerra: moderar el lenguaje, procurar una mejora en la situación de los presos en las cárceles, mover sus procesos jurídicos. La suspensión de los bombardeos aéreos era la última opción, una medida que, según los militares, solo se debía adoptar al final del proceso en razón a que reducía considerablemente el nivel de operatividad de las Fuerzas Armadas.

Santos, que sabe bien para qué es el poder, invirtió la tabla y anunció la suspensión de los bombardeos aéreos como su primer gesto para moderar la guerra en momentos en que todavía faltaban por evacuar tres de los seis puntos de la agenda en La Habana.

Sin embargo, ese intento por aminorar el conflicto duró solo cuatro meses: en abril del 2015, en una vereda al norte del departamento del Cauca, las Farc atacaron a una patrulla de soldados que, relajados por el cese unilateral al fuego decretado por la guerrilla, se encontraban descansando en su campamento levantado en la cancha de fútbol del pueblo, matando a once de ellos e hiriendo a otros diecisiete. La sevicia utilizada en ese ataque causó una inmensa indignación en el país y muchos llegaron a pensar que el proceso estaba herido de muerte —el presidente Santos sostiene que ese fue uno de los momentos más críticos del proceso de paz—.

A los generales Flórez y Rojas el ataque de las Farc en el Cauca los sorprendió en Bogotá, momentos antes de partir a La Habana a cumplir con un nuevo ciclo de negociaciones. Rojas, en ese momento jefe de inteligencia del Ejército, tuvo que cambiar de planes y salir de inmediato al lugar de los hechos. Le tocó ver con sus propios ojos cómo los soldados habían sido prácticamente ejecutados, sin que hubieran tenido siquiera la oportunidad de defenderse. Con el dolor a cuestas pero con su mente enfocada en las instrucciones del presidente en el sentido de que los hechos de la guerra en Colombia no podían llevarse a la mesa de negociaciones en La Habana, viajó de nuevo a la isla; el general Rojas llegó ese día a la mesa pero no se refirió a la muerte de los soldados. La única mención vino por cuenta de Joaquín Gómez, miembro del Secretariado de las Farc, quien al inicio de la jornada de negociaciones le dijo una frase que todavía recuerda: "Lo que está quieto se deja quieto". Rojas entendió el mensaje. Lo que Joaquín Gómez quería decir, en ese lenguaje cifrado de la guerra, es que la presencia de esos soldados en ese lugar durante una semana entera había sido asumida como un acto provocador que además iba en contra de las normas del DIH[12].

Con la misma sangre fría con la que suspendió los bombardeos tras el ataque de las Farc en el Cauca, Santos ordenó reanudarlos y le pidió al alto mando que estudiara unos blancos a la mayor brevedad. Como jefe de inteligencia del Ejército, el general Rojas era uno de los encargados de esa tarea. Luego de muchas discusiones concluyeron que el bombardeo se haría sobre un campamento grande de las Farc cerca de Guapi, una población del Cauca en el litoral Pacífico.

Mientras el general Rojas iba y volvía de La Habana la operación Guapi se consolidaba. Aunque había participado en miles de operaciones en contra de las Farc, el tener en ciernes una ofensiva militar en Colombia en contra del enemigo con el que estaba negociando en La Habana le producía una extraña tensión desconocida para él en todos sus años de combate en el suroriente del país.

Un mes y cinco días después de la muerte de los soldados en el Cauca, un cielo cargado de siete aviones caza bombardeó el campamento. Veintiséis guerrilleros de las Farc murieron y el propio general Rojas estuvo al mando de esa operación desde Tumaco.

Rojas recuerda bien el día en que se sentó con las Farc en La Habana luego del bombardeo sobre Guapi. Ningún comandante de las Farc se refirió a lo ocurrido pero era evidente que la muerte de los veintiséis guerrilleros los había tocado tanto como a ellos la

12 Tiempo después se supo que detrás de esa matanza habría existido un problema en torno a un cargamento de cocaína. Al parecer, un narco que estaba comprando un alijo de droga en una zona controlada por las Farc se fue sin pagarles el impuesto. Los guerrilleros tuvieron información de que esos soldados podrían haberle ayudado al narco en su huida y decidieron matarlos.

muerte de los soldados en el Cauca. El general Rojas experimentó esa satisfacción que deja la guerra en los combatientes cuando las fuerzas se vuelven a inclinar hacia su lado.

En el momento en que el pesimismo empezaba a tomar vuelo hasta entre los más optimistas, el 20 de julio del 2015 las Farc anunciaron un nuevo cese al fuego por un mes. El presidente les respondió el gesto adoptando una medida audaz, que tampoco fue bien recibida por el alto mando: les quitó la potestad a los militares de ordenar los bombardeos y la asumió él mismo durante un tiempo, a la espera de ver cumplida la promesa de las Farc.

Esta vez la apuesta que casó Santos produjo sus réditos: las Farc mantuvieron el cese al fuego unilateral durante más de un año, hasta que finalmente el general Flórez y el general Rojas lograron firmar el cese al fuego bilateral y definitivo el 24 de junio del 2016 con las Farc en La Habana.

El histórico anuncio —era la primera vez en la historia que las Farc y el Gobierno acordaban parar la guerra—, se hizo en una emotiva ceremonia realizada en un amplio salón en El Laguito que contó con la presencia del presidente Santos, del jefe de las Farc, Timochenko, y del presidente cubano Raúl Castro. "Que este sea el último día de la guerra", fueron las palabras con que cerró su discurso el jefe de las Farc.

Ni siquiera ese día de celebración los generales Flórez y Rojas pudieron bajar la guardia. La cronología del proceso establecía que, tras el acuerdo del cese al fuego bilateral y definitivo, a las pocas semanas debía firmarse el acuerdo general que permitía su activación. Sin embargo, esa sincronía de hechos no se produjo. Los días pasaban sin que saliera humo blanco de La Habana. La demora empezó a inquietar a los dos generales. En la medida en que pasaban las semanas veían que el cese al fuego se volvía cada vez más insostenible para ambas partes. "¡Teníamos un cese al fuego pero no teníamos un acuerdo!", me explica un año más tarde el general Rojas con la misma pasión con la que me ha relatado sus hazañas en la guerra.

Su temor de que todo se pudiera "ir al carajo" era real. Si no actuaban rápido se corría el riesgo de que pesaran más los años de guerra que este cese al fuego sin dientes que no podía entrar en operación hasta tanto no se firmara el acuerdo. "¿Y entonces qué hacemos? ¿Nos seguimos matando hasta que se firme el acuerdo?", eran los interrogantes que retumbaban en las cabezas del general Flórez y del general Rojas.

Con el ánimo de buscar una solución a este vacío los dos se fueron a hablar con el presidente Santos quien, convencido de que su preocupación era más que válida, los envió a La Habana con la misión de hacer un protocolo provisional que permitiera mantener el cese al fuego mientras se firmaba el acuerdo de paz entre el Gobierno y las Farc.

Sin embargo, cuando los dos generales llegaron a La Habana y plantearon su propuesta ante el Secretariado de las Farc, esta fue rechazada. Joaquín Gómez, comandante del Bloque Sur, se opuso de manera vehemente con el argumento de que no les podían poner nuevas condiciones a un cese ya firmado. En medio de esa negociación, el general Flórez fue informado del deceso sorpresivo de su hermana y tuvo que retornar al otro día de urgencia a Bogotá dejando al general Rojas al mando del tema.

En vista de que el Secretariado de las Farc insistía en no escuchar su propuesta, echó mano de sus conocimientos sobre cómo funcionaban las lógicas políticas —Rojas había estudiado Ciencias Políticas en la Universidad Católica de Chile— y decidió buscar la ayuda de Noruega, uno de los países garantes del proceso. Sin mayores tapujos les pidió que le consiguieran una cita con Timochenko al tiempo que les revelaba sus motivos.

Un domingo habanero de esos en los que se ven aún menos carros que de costumbre, el general Rojas llegó a la casa de El

Laguito donde vivía Timochenko. Rojas solo lo había visto de lejos, en las ceremonias protocolarias. Se saludaron con frialdad, como si esa fuera la mejor forma de disimular la extraña sensación que les producía a ambos este inédito encuentro. Antes de que el general tomara la palabra, el jefe de las Farc rompió el hielo con una pregunta:

—¿Usted es el famoso general Rojas, el duro de la mesa?

—El mismo —contestó el general Rojas.

—¿De dónde es usted, general? —le preguntó Timochenko, como si por esa vía fuese más fácil descifrar la naturaleza de su insólito visitante, reconocido entre las Farc por sus operaciones militares.

—De Armenia —respondió algo confundido con la pregunta.

—¿De Armenia? —dijo abriendo más los ojos—. ¡No puede ser!... Yo también soy de por ahí cerca.

—Sí, sé que usted es de La Tebaida, un pueblo cerca de Armenia —le respondió el general siguiéndole el hilo, porque desde luego sabía de dónde era Timochenko y todo lo que un oficial de inteligencia como él tenía que saber del máximo jefe de las Farc.

Una cosa llevó a la otra y al cabo de una hora se dieron cuenta de que, pese a haber andado en orillas contrarias, conocían a la misma gente. Como el jefe de las Farc no se refería al protocolo del cese al fuego, el general Rojas decidió despedirse sin siquiera insistir en el tema. No veía cómo abordarlo. Con cierta frustración se fue a despedir pero Timochenko lo atajó y le preguntó: "¿Dónde le firmo?".

El milagro

Este protocolo provisional que se firmó aquella tarde dominical en La Habana por insistencia del general Rojas operó durante tres largos meses hasta que, el 6 de septiembre, se firmó en Cartagena el acuerdo de paz que permitió la entrada en vigor del cese al fuego firmado en aquella gran ceremonia de La Habana.

Durante esos tres meses solo se registraron tres muertos en combate, un hecho sin precedentes en la historia colombiana. Dos días después de que se firmó el acuerdo de Cartagena el presidente Santos designó al general Rojas al frente del Comando Conjunto de Monitoreo y Verificación adscrito al mando del general Flórez, para que se hiciera cargo de la seguridad de las Farc en las nuevas zonas de reubicación. El primer anillo estaría integrado por los delegados de la ONU y el segundo anillo por los cuatrocientos hombres de Rojas que debían estar desarmados y vestidos de civil.

El general de la Policía Álvaro Pico, quien también había estado en La Habana, fue nombrado por el presidente en otro comando de tres mil policías con la misión de contribuir a la protección de los miembros de las Farc en su nuevo tránsito de la guerra hacia la paz.

A estos comandos se sumaron los catorce mil hombres que el general Mejía, como comandante del Ejército, tuvo que entrenar meses antes para que cumplieran la misión de brindar la seguridad a las tropas guerrilleras en su traslado a sus nuevas zonas de reubicación, donde deberían iniciar el proceso de desarme. "El trabajo fue arduo porque se trataba de proteger a quienes habíamos combatido toda la vida", me dice con cierto orgullo el general Mejía dos años después, convertido ya en el comandante general de las Fuerzas Armadas, encargado de la reingeniería del Ejército, tras la desactivación de la guerra con las Farc.

Según el acuerdo, esa guerrilla debía salir de sus tradicionales enclaves para reubicarse en veintitrés zonas especiales, una de las negociaciones más difíciles del acuerdo: el Ejército quería que esas zonas no fueran más de siete y las Farc habían pedido ochenta. El Comando General hizo una matriz en la que se tamizaban las zonas propuestas con un centenar de variables. El resultado de todos esos cruces le permitió al Gobierno establecer cuáles eran las zonas en las que se debía insistir y cuáles no. Luego de una ardua negociación con un papel determinante de la canciller María Ángela Holguín, se pudieron determinar 23 zonas llamadas veredales, más siete puntos repartidos a lo largo y ancho del país.

Uno de los momentos más críticos se produjo cuando Flórez y Rojas tuvieron que visitar las zonas escogidas con el propósito de delimitarlas. De común acuerdo con las Farc, decidieron dividir el país en cinco zonas y Flórez se las asignó a cada uno de los cinco generales que habían estado en la isla para que fueran a reconocerlas en compañía de un representante de las Farc y de un delegado de Naciones Unidas. El general Flórez se encargaría de coordinar esas visitas desde un puesto de comando instalado en Villavicencio, una ciudad situada a ciento veinte kilómetros de Bogotá, en la región de los llanos orientales, más allá de las estribaciones de la Cordillera Oriental.

"Al comienzo no teníamos bien estudiado el mecanismo y a los generales nos tocaba llegar a esas zonas y ser recibidos por guerrilleros armados, con los que tocaba sentarse a almorzar y verse frente a frente", me dice todavía con cierto desconcierto el general Pico de la Policía, quien además reconoce que solo así pudo conocer a muchos de los cabecillas que más había buscado. Lo mismo le sucedió al general Flórez con el Zarco Aldinever, un guerrillero de las Farc que mató a dieciséis de sus hombres cuando él era el comandante de operaciones de la Fudra en uno de sus viajes a la selva del Guaviare. Negociar el tamaño de las zonas con guerrilleros armados que fueran blanco de sus operaciones militares era un acto tan exigente que en algún momento quisieron echarlo todo por la borda pero ninguno de ellos tenía muy claro cuál podría ser el camino de vuelta.

Para evitar que volviera a suceder lo ocurrido con la desmovilización de los paramilitares en el 2005, cuando de un estimado inicial de quince mil hombres armados se terminaron acogiendo 31 671 y se entregaron solo 18 051 armas, en su gran mayoría escopetas de fisto, el Ejército había desarrollado una estrategia novedosa: de cada columna de las Farc llevaba, de tiempo atrás, unos cuadernos-agendas con información detallada sobre el número de guerrilleros, armas en su poder y nombres de sus comandantes. Por cuenta de esos cuadernos sabían muy bien que el número exacto de hombres armados de las Farc era de 7640.

Cuando se iniciaron los traslados de los guerrilleros a las llamadas zonas veredales, las Farc desbarataron las columnas y enviaron a sus hombres a diferentes partes del país. Aunque para el general Rojas esa decisión había hecho más difícil su rastreo, los cuadernos-agenda fueron muy eficaces para controlar que el número de armas coincidiera con el número de guerrilleros, como de hecho sucedió.

Las operaciones del traslado de columnas guerrilleras a sus nuevos centros de reubicación eran de proporciones descomunales. Era necesario mover a más de cien guerrilleros por todo el río Guayabero hasta la serranía de La Macarena, situada en el suroriente del país, en una travesía por la espesa selva que podía durar un mes. Otro grupo de casi doscientos guerrilleros del frente sur tenía que salir de Putumayo, un departamento que colinda con el Ecuador, marchar por la selva del Amazonas, atravesar caudalosos ríos hasta llegar a la Cordillera Oriental, la más larga de las tres que tiene Colombia, y de ahí bajar por sus estribaciones hasta la península de La Guajira en el mar Caribe.

A cada una de esas columnas guerrilleras las acompañaban miembros de la Policía viajando con ellos en las caravanas con la misión de protegerlos mientras el Ejército cubría el área. Para facilitar la entrada de la guerrilla a las zonas de reubicación el general Rojas y el general Pico abrieron unos canales humanitarios con el propósito de que las columnas guerrilleras pudieran ingresar de manera ordenada a sus nuevos lugares y evitar así cualquier roce innecesario con las tropas del Ejército. Al fin y al cabo era la primera vez que soldados y guerrilleros se iban a encontrar en selvas y montañas no con el propósito de aniquilarse si no de desarmar los espíritus.

Debido a la complejidad de las operaciones de traslado, el general Flórez había establecido una comunicación directa con el comandante de las Farc Carlos Antonio Lozada, su contraparte en la negociación de La Habana, a través de una radio satelital que el general le había entregado al jefe guerrillero en una de sus últimas visitas al campamento del Yarí, antes de la firma del acuerdo de Cartagena.

Sin embargo, el 2 de octubre, cuando se conoció la derrota del plebiscito, todo ese andamiaje cuidadosamente construido, colapsó. La derrota no solo había dejado sin piso el acuerdo de Cartagena sino también el cese al fuego que lo enmarcaba.

Aunque el comandante del Ejército, el general Mejía, había salido por las emisoras militares a decirles a las tropas que las órdenes eran mantener el cese, la incertidumbre obligó al general Rojas a cerrar los canales humanitarios a la espera de nuevas órdenes. Con tantas columnas guerrilleras de las Farc desplazándose por todo un país —rodeadas de bandas criminales y la guerrilla del ELN intentando sabotear el proceso—, la peor noticia que podían recibir era que el cese al fuego había quedado sin piso.

A las siete de la noche de ese día, el general Flórez, seriamente preocupado porque la derrota dejara en vilo el proceso de traslado de las Farc de sus enclaves históricos a las nuevas zonas de reubicación, salió a cumplir la cita en la radio que tenía prevista con Carlos Antonio Lozada.

—¿General, cómo ve la situación? —le preguntó el comandante guerrillero desde su campamento guerrillero en las selvas del Yarí.

—Pues, qué le voy a decir... un poco sorprendido sí estoy. La derrota no solo deja sin piso el acuerdo, sino el cese al fuego bilateral que pactamos. Creo que lo primero que hay que hacer es ver cómo hacemos para mantener ese cese —le confesó.

—Pues nosotros también creemos que eso es lo más prioritario. La situación es de confusión entre las tropas guerrilleras... muchas de las columnas guerrilleras ya salieron de sus campamentos y van camino hacia las zonas de reubicación pero no he podido avisarles lo que sucedió en el plebiscito porque las comunicaciones en esa parte del país son muy malas. Tenemos también otra novedad, general: hay otras columnas que ya se encuentran cerca de las zonas de reubicación pero han decidido frenar su marcha por temor a que puedan ser capturados por el Ejército.

Flórez escuchó atentamente el reporte de Lozada y confirmó lo urgente de la situación.

—Hay que ver cómo hacemos para mantener ese cese —le repitió—. Hablemos mañana a las cinco de la madrugada a ver qué órdenes tengo.

A eso de las nueve de la noche el general Flórez recibió una llamada de Sergio Jaramillo. Como era usual en él en momentos de crisis, su voz tenía un tono sosegado.

—General —le dijo—, necesitamos que indague con Lozada cuáles son las posibilidades de hacer una extensión del cese al fuego.

El general le comentó que acababa de hablar con Lozada y que lo había sentido muy preocupado pero que creía que ellos también estaban en esa misma tónica. Colgó el teléfono e inmediatamente llamó al brigadier general Rojas para ponerlo al tanto de lo sucedido:

—Usted sabe, mi general, ¿cuál es la mejor manera de extender el cese al fuego? —le preguntó el general Rojas a su superior, como si él supiera ya la respuesta.

—Pues con el cese al fuego provisional que usted y Timochenko firmaron hace meses en La Habana —le respondió.

Ese mismo día en que el presidente Santos recibió en palacio a la coalición del No liderada por el expresidente Álvaro Uribe, se encontraron en el norte de Bogotá las Farc y los militares. A esa reunión asistieron el general Flórez y el general Rojas por parte del Estado, y Marcos Calarcá, quien había sido nombrado por la guerrilla en uno de los mecanismos de monitoreo y verificación creado por el acuerdo para el traslado de las tropas guerrilleras.

El tema que más preocupaba a ambas partes era la incertidumbre de las columnas guerrilleras, ya tan cerca de sus zonas pero sin poder entrar debido al cierre de los canales humanitarios. Para evitar que se devolvieran o que terminaran trenzadas en combates con el Ejército decidieron convertir esos puntos donde ya estaban acampando en zonas reconocidas de transición, hecho que les dio tranquilidad a las tropas, que temían ser capturadas. También se acordó mantener la compañía a las columnas que seguían marchando utilizando la fluida comunicación ya establecida entre el general Flórez y Carlos Antonio Lozada.

El sábado 8 de octubre se ultimaron los detalles de este cese al fuego provisional en una segunda reunión que contó con la presencia de Sergio Jaramillo, recién llegado de La Habana con la buena noticia de que las Farc habían aceptado reabrir la negociación para hacer un nuevo acuerdo y de mantener el cese al fuego.

Tras una rápida negociación de diez días se logró negociar un nuevo protocolo de cese al fuego que permitió reactivar las labores de los comandos del general Rojas y del general Pico.

Durante los dos meses que duró la negociación del nuevo acuerdo, el proceso de reagrupamiento de las Farc no se frenó sino que, por el contrario, se agilizó. Para afinar bien todos los detalles, el general Flórez y el general Rojas tuvieron que desplazarse varias veces a las selvas del Yarí —en compañía de Jean Arnaud, jefe de la misión de las Naciones Unidas que debía verificar el desarme—, a reunirse con Carlos Antonio Lozada.

Mientras las diferencias irreconciliables afloraban cada vez más entre los partidarios del No y el Gobierno, dos enemigos históricos desafiando los prejuicios y el pugnaz clima político acordaban de manera silenciosa los traslados de las columnas guerrilleras por todo el territorio nacional a través de un simple radio satelital.

Cada vez que una columna guerrillera salía de su territorio de control hacia su zona de reubicación, Lozada llamaba al general Flórez para notificarle las nuevas coordenadas. Esa información se pasaba de inmediato al comando general para que desde allí se les notificara a las tropas en el terreno. De esa forma estas se podían ubicar a diez kilómetros del grupo guerrillero que iba marchando y evitar así cualquier roce o confrontación.

Fueron cincuenta y cinco días angustiosos en los que el más pequeño error hubiera podido ocasionar una hecatombe. Sin que el país se diera cuenta, en esos dos meses se trasladaron por los 1 142 000 kilómetros de territorio nacional a sus lugares de reubicación cerca de siete mil guerrilleros armados. "Esa radio cumplió un papel fundamental para evitar que el cese se rompiese y que las Farc frenaran sus desplazamientos", sostiene hoy el general Rojas.

Sin la empatía que se creó entre el general Flórez y Carlos Antonio Lozada, toda esta sincronización de hechos en apariencia tan lógica hubiera sido prácticamente imposible.

Ambos forjaron un entendimiento a lo largo del proceso que desafió sus propias narrativas y lograron construir un puente entre dos mundos que habían estado separados por las lógicas de la guerra. Ese entendimiento, que produjo más de un dolor de cabeza no solo en el mundo castrense sino dentro del Secretariado de las Farc, fue crucial para enfrentar con éxito esta crisis. "Entre combatientes nos entendemos mejor", solían exclamar los dos cuando se les preguntaba cómo habían zurcido esa empatía.

La polarización que se empezaría a devorar a Colombia tras la pérdida del plebiscito hizo aún más difícil su misión. Cuando la coalición del No se levantó de la mesa de negociaciones con el Gobierno y salió a decir que el nuevo acuerdo firmado en el Colón era ilegítimo porque desconocía los resultados del plebiscito, Flórez y Rojas quedaron en el bando de los "vendepatrias" y de los "castrochavistas". Generales del Ejército retirados como el general Bedoya, que tenían gran ascendencia en la tropa, los señalaron de traidores y una senadora uribista insinuó que Santos les había comprado su conciencia con dinero.

Flórez y Rojas soportaron estoicamente estas humillaciones y nunca se quebraron pero su salud sí les pasó la cuenta. Además del preinfarto que tuvo el general Flórez, el estrés acabó con la tiroides del general Rojas. Llegó a La Habana pesando 85 kilos y dos años después pesaba más de 110. "A mí La Habana me cambio la vida", me dice de manera categórica al recordar ese pasado reciente que todavía lo atormenta.

En contra de todos los pronósticos, este cese al fuego provisional y frágil nunca se rompió. Desde el 13 de octubre hasta el 26 de noviembre del 2016, fecha en que se firmó el nuevo acuerdo en la ceremonia del Teatro Colón, no hubo ni un incidente entre el Ejército y las Farc. Según el Centro de Recursos para el Análisis de Conflictos (Cerac), una ONG que evaluó el cumplimiento del cese al fuego, esos meses fueron la época de mayor paz en los últimos cincuenta años en Colombia.

No solo no hubo ningún soldado ni guerrillero muertos en combate, sino que se logró cumplir con el apretado cronograma que debían seguir las Farc en su camino hacia el desarme. En el momento de la firma del nuevo acuerdo en el Teatro Colón, prácticamente casi todos los siete mil seiscientos hombres armados que tenían las Farc estaban listos para entrar a sus zonas de reubicación.

En todos los procesos de paz que se han llevado a cabo en el mundo estas transiciones las han hecho los cascos azules, pero en Colombia ese papel de garante lo cumplieron las Fuerzas Armadas que, en coordinación con las Naciones Unidas, lograron generar la confianza para que las Farc procedieran a hacer su desarme.

La ceremonia del Colón tenía para estos generales un significado especial, imperceptible para muchos colombianos que nunca fueron conscientes de lo que estuvo en juego el día en que se perdió el plebiscito. Para ellos este acuerdo marcaba no solo el fin de una guerra en la que sus soldados habían puesto una gran cuota de sangre. También los sacaba de una guerra que no parecía tener fin. Ellos, que conocían muy bien la dinámica de esta confrontación, sabían que a las Farc se les podía debilitar —como de hecho quedó demostrado—, pero no se les podía derrotar militarmente. Extender una guerra en el tiempo cuando un acuerdo de paz le estaba poniendo fin les parecía que era un acto inmoral contra sus soldados y su institución. "Una gota de sangre derramada de más, es un crimen" me recordó el general Rojas, citándome el derecho de gentes.

El día de la ceremonia de la firma del nuevo acuerdo los generales sintieron que habían cumplido su misión:

—Ahora lo que sigue es volver a abrir los canales humanitarios —le dijo el general Flórez al general Rojas, ya al término de la ceremonia.

—En el acto, mi general —le respondió Rojas.

En contra de lo que sostuvo el uribismo desde el inicio del proceso —siempre aseguraron que las Farc no iban a entregar sus armas—, las Farc cumplieron la cronología prevista en el acuerdo y se desarmaron seis meses después. El número de hombres y mujeres que abandonaron las armas fue de 7641 y la cantidad de armas entregadas fue de 8900, la mayoría de las cuales fueron de largo alcance. El quince por ciento de esa guerrilla no entregó las armas y se fue a las disidencias, cifra que estaba dentro del porcentaje previsto por el Gobierno.

Según cifras del Ministerio de Defensa, el 2016 registró la tasa de homicidios más baja en Colombia durante los últimos 42 años. Esta disminución en los índices de violencia ya se venía insinuando de manera paulatina desde el 2015, cuando hubo 1150 casos menos que en el 2014, un registro que nos situaba muy lejos de las alarmantes cifras que vivió Colombia en el 2005, uno de los años más violentos de los últimos tiempos, cuando se registraron 18 111 homicidios.

Las cifras de heridos en combate también se redujeron a mínimos históricos: de los 131 heridos que hubo en el 2015, el 2016 finalizó con 31. En lugares como el Hospital Militar en Bogotá, en donde al final de cada año era normal que ingresaran cientos de uniformados heridos, en ese diciembre del 2016 solo hubo un soldado herido.

Por cuenta de la polarización que padece el país, estas cifras, pese a su contundencia, no son reconocidas por la oposición uribista que insiste en desconocer el hecho de que en Colombia se desactivó una guerra. Para los militares, en cambio, el fin de la amenaza de las Farc es una verdad inobjetable.

El general Flórez y el general Rojas hicieron la guerra y consolidaron la paz pero no lograron sobrevivir a las pequeñas peleas derivadas de las vanidades propias de la condición humana. Por desavenencias internas, el general Flórez nunca llegó a ser comandante general y tuvo que pasar al retiro. Como premio de consolación el presidente Santos lo nombró embajador en el Paraguay. “Nosotros no fuimos a La Habana a acordar las curules de las Farc o la justicia transicional. Nosotros fuimos con la misión específica y técnica de firmar un cese al fuego definitivo con las Farc y lo que hicimos fue cumplir nuestro compromiso", me dijo el general Flórez días antes de que emprendiera su viaje al Paraguay.

El general Rojas decidió renunciar al Ejército alegando temas de índole personal al ver que se le estaba escapando la posibilidad de ser comandante del Ejército. El único general todavía activo que mantiene su vínculo en temas de paz es el general Pico, de la Policía, aún a cargo de la protección de los exguerrilleros.

Tras su salida del Ejército, Rojas fue nombrado por el presidente Santos en el equipo negociador del Gobierno con la guerrilla del ELN, la última que le queda a Colombia por desactivar. Aunque la amenaza que representa esta guerrilla es infinitamente menor a la que por cincuenta años plantearon las Farc, el presidente abrió una negociación con el ELN en febrero del 2017 en Quito, Ecuador, con miras a lograr una paz total. El general Rojas —en llave con el general Pico de la Policía—, fue el artífice de los protocolos que permitieron pactar con el ELN el único cese al fuego que funcionó en los casi dos años que duró la negociación con esa guerrilla durante el gobierno Santos.

Hasta hoy, la mayoría de los comandantes del ELN viven al abrigo del gobierno de Nicolás Maduro en Venezuela, un régimen que tras la desactivación de la guerra con las Farc se ha convertido en el nuevo desafío de seguridad para las Fuerzas Armadas colombianas.

Santos se fue del poder sin haber podido firmar la paz con el ELN.

Capítulo 17

Un nobel sin paz

El 8 de diciembre del 2016, el presidente Juan Manuel Santos se subió al avión que lo llevaría a Oslo y saludó, uno por uno, a los miembros de la pequeña comitiva presidencial que lo acompañaría a la ceremonia de la entrega del Premio Nobel de la Paz. Su rostro se veía descansado y su lenguaje corporal, enmarcado siempre por finos modales, dejaba advertir una ingravidez que solo portan los mortales que han ido y vuelto del infierno. La manera distante e impasible con que saludó a sus compañeros de viaje fue vista como una señal de que las cosas en palacio habían retomado cierta normalidad, así nada de lo que le hubiera sucedido al país, ni a él, desde la pérdida del plebiscito, fuera normal ni sensato.

En el ambiente circunspecto que se respiraba en el avión presidencial, un vetusto aparato de guerra que había sido acondicionado para los viajes de los mandatarios, se sentía el peso agobiante del triunfo del No y una fragilidad inesperada, como si el nuevo Acuerdo del Colón firmado días antes hubiera nacido con un ala rota. Aunque había caras felices —sobre todo las de María Clemencia de Santos y sus tres hijos—, la atmósfera no era de celebración, ni de fiesta, como suele ocurrir en Colombia cada vez que sucede un gran acontecimiento. A pesar de que esta ocasión sí que lo ameritaba, no hubo ni conjuntos vallenatos, ni loas al presidente.

Se notaba que la comitiva presidencial había sido escogida con el oculto propósito de no levantar la ira de las huestes del No, ya suficientemente enfurecidas tras la firma del nuevo acuerdo con las Farc en el Teatro Colón, un pacto del que la oposición se había sustraído. Días antes del viaje a la capital de Noruega, el expresidente Álvaro Uribe había salido a desconocer ese nuevo pacto y a acusar a Santos de haber ignorado el resultado del plebiscito.

En medio de un ambiente tan pugnaz, el viaje a Oslo era para los del No un gasto innecesario que solo servía para que Santos recibiera un Nobel de la Paz que no merecía. En la parte delantera, donde se había acondicionado una especie de reservado para los funcionarios de más alto nivel, se ubicaron los negociadores de La Habana, encabezados por Sergio Jaramillo, Humberto de La Calle, los generales Óscar Naranjo y Jorge Enrique Mora y el alto comisionado responsable del posconflicto, Rafael Pardo.

En la comitiva no estaban ni los amigos personales que todavía le quedaban a Juan Manuel Santos, ni los industriales o los presidentes de gremios a quienes les hablaba al oído hasta hacía muy poco. Una parte importante del establecimiento económico lo había ido abandonando desde que decidió subirles los impuestos en dos reformas tributarias que fueron consideradas como una afrenta. Luego de este primer remezón, a regañadientes, Santos consiguió que un lote reducido pero importante de empresarios y de líderes gremiales se subieran en el tren de la paz. Sin embargo, desde el comienzo entraron con serios reparos. Se opusieron a que los empresarios tuvieran que comparecer ante la justicia transicional por la financiación de grupos paramilitares —como lo disponía el acuerdo— porque les parecía que abrir esa puerta podía desatar una cacería de brujas en contra de los empresarios que habían sido víctimas de grupos ilegales y no financiadores. Desde el 2015 la justicia colombiana investiga a cerca de doce mil empresarios que habrían financiado a los grupos paramilitares pero hasta ahora solo un puñado de ellos ha sido condenado. Otro de sus grandes reparos tenía que ver con lo acordado en el tema agrario. Temían que el fondo de tierras, concebido para darles tierras a miles de campesinos, terminara nutriéndose de tierras de su propiedad que podrían ser expropiadas por el Estado. Pese a todas esas reticencias, muchos de ellos fueron a La Habana y se les vio en primera fila en la firma del Acuerdo de Cartagena. Sin embargo, cuando se perdió el plebiscito, rápidamente se desmontaron de la paz y fueron grandes ausentes el día de la firma del nuevo acuerdo de paz en el Teatro Colón.

Los invitados personales del presidente estaban circunscritos al círculo de sus tres hermanos con sus esposas, que viajaron en el segundo compartimento del avión, al lado de otros asesores como Yesid Reyes, uno de los arquitectos del sistema de justicia transicional; Álvaro Leyva, asesor de paz de Santos tras bambalinas y su ministro del Interior Juan Fernando Cristo, entre otros. A Enrique, su hermano mayor, le había salido cara la militancia que de joven había tenido en la izquierda. Su pasado fue revivido por la oposición —ávida de nuevos anticristos— para demostrar que Juan Manuel Santos tenía detrás de él a un hermano marxista.

En el avión tampoco se encontraban políticos de su coalición, la mayoría de los cuales había emprendido una prudente retirada tras la pérdida del plebiscito. Solo estaba Roy Barreras, el único político clientelista de su coalición que le caminaría a la paz hasta el final. El único expresidente que se subió al avión en Bogotá fue Ernesto Samper —el mismo a quien Santos intentó tumbar cuando él era presidente—. A Samper se le sumó después el expresidente César Gaviria, quien llegó a la ceremonia de entrega del premio por su cuenta, probablemente porque no quería pasar las diez horas de vuelo a Oslo sometido al escarnio de tener que hablar con Ernesto Samper, su gran enemigo. Difícil no advertir en estas anomias sociales que a la política en Colombia no la separaban las diferencias ideológicas sino las rencillas personales.

Los otros miembros de la comitiva eran doce víctimas que habían sufrido en carne propia la muerte de sus seres queridos y representaban el dolor causado por todos los actores de esta guerra que se acababa. Ellas, que habían padecido los horrores de un conflicto tan largo y que sabían lo que el acuerdo de paz significaba, eran las únicas a quienes se les veía en el rostro una emoción incontenida.

Durante las diez horas que duró el vuelo a Oslo, Santos se levantó de su puesto varias veces y se dirigió a la parte trasera donde estábamos ubicados los medios de comunicación. Con la torpeza que siempre lo ha caracterizado a la hora de enfrentarse a las cámaras, se dejó encandelillar por las luces. Gentil pero distante, accedió a que le tomaran fotos con varias de las víctimas de la guerra que él había invitado, pero ninguno pudo retenerlo más de un minuto, ni abrazarlo o cogerlo a besos. Fiel a su talante, evitó en lo posible expresar sus emociones y no se dejó llevar por la emotividad del momento. La fragilidad del nuevo acuerdo se advertía en la orfandad que sentían muchas de ellas. Desde que se publicó en los medios de comunicación la lista de miembros de la comitiva presidencial, las redes uribistas no habían cesado de señalarlas de "vendepatrias" y de haberse vendido al gobierno Santos por un plato de lentejas. El embate de la oposición fue tan fuerte contra las víctimas que aceptaron ir en la comitiva presidencial que el escritor Héctor Abad, profundamente mortificado por tantos señalamientos, publicó en su twitter la copia del recibo del hotel pagado por él mismo para desmentir a los uribistas que lo acusaban de estar usufructuando el erario por haberle aceptado a Santos la invitación para viajar a Oslo.

La sensación de que el nuevo acuerdo estaba acorralado se mantuvo de manera delirante a lo largo de los cuatro días del viaje presidencial en Oslo. Las probabilidades de que el Premio Nobel de la Paz pudiera ser otorgado a los esfuerzos de paz que se estaban haciendo en Colombia era muy alta en el 2016, un año en el que el mundo no registró muchas noticias alentadoras en ese frente. De todos los procesos de paz en los que Noruega estaba vinculada, el de Colombia parecía ser el más maduro y el que despertaba más interés porque acababa con una de las guerras más largas del planeta. "El interrogante no era si a Colombia le iban a dar ese año el Premio Nobel, sino a quién se lo iban a dar", me dijo Sergio Jaramillo en alguno de los encuentros que tuvimos para este libro.

En febrero del 2016 ese interrogante quedó dilucidado cuando el parlamentario noruego Heikky Holmas, el mismo que había postulado al Cuarteto para el Diálogo Nacional Tunecino, que se ganó el Nobel en el 2015, prefirió despersonalizar los esfuerzos de paz y en lugar de nominar solo al presidente Santos, como algunos esperaban, hizo una postulación colectiva con el argumento de que ese grupo de colombianos representaba mejor los esfuerzos que se habían hecho desde distintas orillas para impulsar la paz en Colombia.

Un tanto sorprendido, el presidente Santos quedó nominado al lado del jefe máximo de las Farc y de cinco víctimas que representan el universo de dolor que nos dejó el conflicto: José Antequera, hijo de una de las cuatro mil quinientas víctimas de la UP; Constanza Turbay, quien perdió a sus hermanos y a su madre a manos de las Farc en los noventa; Jineth Bedoya, una periodista que fue violada por los paramilitares a comienzos del 2000 cuando hacía un reportaje sobre las autodefensas, y Leyner Palacios, un sobreviviente de la masacre de Bojayá perpetrada por las Farc en el 2002 en la que murieron ciento trece personas. La quinta víctima nominada por el parlamentario noruego fue Luz Marina Bernal, la valiente madre de Fair Leonardo Porras, uno de los cerca de los cinco mil jóvenes que murieron asesinados por cuenta de los "falsos positivos", una práctica macabra que se llevó a cabo en muchas unidades militares durante el gobierno del expresidente Uribe y que estalló en el 2006, a la llegada de Juan Manuel Santos al Ministerio de Defensa. En varias unidades militares se asesinaron civiles para hacerlos aparecer como bajas ocurridas en combate con el propósito de que los militares obtuvieran beneficios que incluían desde el otorgamiento de medallas hasta salidas dominicales.

La noticia de dicha postulación colectiva no tuvo mucho eco en los medios colombianos que la registraron como si se tratara de una nominación a un premio cualquiera. Algunas emisoras entrevistaron a Benedict Bull, directora de la Red Noruega de Investigación sobre América Latina, pero ni siquiera cuando ella dijo que los postulados tenían buenas posibilidades de obtener el Nobel de la Paz, la noticia se volvió relevante.

Cuando los periodistas le preguntaron a Bull por qué el máximo comandante de las Farc había sido nominado junto al presidente y las víctimas, ella respondió —no sin cierto estupor— que esto debía interpretarse como un obvio reconocimiento al esfuerzo hecho por ambas partes. "Me imagino que el asunto tiene que ver con el hecho de que las Farc forman parte del grupo negociador en La Habana y que no es posible darle un Premio Nobel solo a una de las partes", aclaró.

"Para bailar tango se necesitan dos", dice el dicho, pero la reflexión tan aparentemente lógica de la analista noruega no se entendió en Colombia porque a muchos colombianos les pareció que las Farc no se merecían ese reconocimiento.

La noticia de la nominación de las cinco víctimas motivó muy poco a los medios y por lo tanto no tuvo mayor despliegue.

Pocos medios buscaron sus declaraciones, aunque entre ellos la buena nueva sí se recibió con gran ilusión. "Nos reunimos en mi casa, Jineth Bedoya, Luz Marina Bernal y yo, porque los demás no pudieron venir y hablamos por Skype con un colombiano que trabajaba para una ONG noruega que nos dijo que teníamos muy buenas posibilidades de ganarnos el Nobel de la Paz", me dijo José Antequera, uno de los cinco nominados. Lo mismo sucedió con las Farc. La noticia de su nominación la recibieron en La Habana con inmensa emoción y supe que varios de los comandantes alcanzaron a verse recibiendo el premio en Oslo, al lado del presidente Santos y de las cinco víctimas. Los medios escasamente lo registraron.

Santos nunca hizo alusión a esta postulación colectiva. Tampoco contactó a ninguna de las víctimas nominadas a pesar de que todas hicieron una activa campaña por el Sí en el plebiscito. "A mí me postularon solo", me aclaró de un tajo cuando le recordé un año más tarde este episodio, resguardado en esa memoria selectiva propia de los mandatarios que han estado demasiado tiempo en el poder.

Cuando el No ganó en las urnas y el acuerdo de paz firmado quedó en el limbo, el comité de escogencia del Premio Nobel de la Paz decidió cambiar de opinión y le otorgó el premio a Santos. Ese día, el presidente le dedicó el Nobel a las víctimas, pero no mencionó los nombres de las cinco que habían sido inicialmente nominadas. Tampoco hizo referencia a su contraparte en la mesa.

Exterminio

José Antequera, una de las víctimas nominadas por el parlamentario noruego, tenía 32 años, la misma edad de su padre cuando cayó asesinado. Un sicario armado de una mini Ingram logró evadir a los tres guardaespaldas que lo custodiaban y descargó, cuando llegaba al aeropuerto de El Dorado de Bogotá en la mañana del 3 de marzo de 1989, 29 proyectiles sobre el cuerpo de su padre en menos de medio segundo.

La justicia sostuvo que José Antequera había sido ultimado por un sicario que actuó como un lobo solitario. Sin embargo, en el 2014 la Fiscalía reabrió su caso a la luz de nuevas pruebas y concluyó que el asesino había sido uno de los guardaespaldas asignados por el Estado para protegerlo[13].

José Antequera fue la víctima 791 de las 4500 que tuvo la Unión Patriótica (UP), el nuevo partido de las Farc que surgió del acuerdo de paz firmado en 1984. La firma de ese acuerdo nos hizo creer a los jóvenes de entonces que la paz había llegado para quedarse y que el primer paso en esa dirección era la creación de dicho partido político. La UP sería una coalición de izquierdas integrada por guerrilleros de las Farc que por primera vez dejaban sus armas y por dirigentes de izquierda que provenían de otros partidos, estrenada en las elecciones del Congreso de 1986 pensando en que sacarían algo más de cien mil votos, pero obtuvieron 320 000, la más alta votación registrada hasta ese momento por un partido de izquierda. Uno de sus catorce congresistas fue precisamente Iván Márquez, entonces un joven cuadro guerrillero que resultó elegido suplente a la Cámara de Representantes por el departamento del Caquetá, situado en el suroriente del país.

Este inesperado triunfo electoral de la UP no aclimató la paz que se acababa de firmar sino que la envenenó antes de que diera sus frutos. Los grandes caciques de los partidos liberal y conservador, acostumbrados a mantener el monopolio de la política regional, empezaron a ver en la UP una amenaza y poco a poco se

13 Los escoltas de Antequera pertenecían al Departamento Administrativo de Seguridad (D.A.S.), una agencia de inteligencia dependiente de la presidencia que terminó cerrando Juan Manuel Santos en el 2008 como ministro de Defensa del gobierno Uribe, por haber sido cooptada por el narcotráfico y los paramilitares.

fueron desmarcando del acuerdo de paz y cerrando filas en contra de ese partido, señalándolo de ser el brazo armado de las Farc.

El acuerdo de paz le otorgaba a esa guerrilla el derecho de participar en política y por eso un puñado de guerrilleros había salido del monte a integrar sus listas. Sin embargo, había una zona gris en lo pactado que le permitía a la guerrilla quedarse con sus armas hasta tanto el Gobierno no cumpliera con las reformas sociales acordadas, entre las cuales destacaban la política y la agraria. El hecho de que las Farc pudiera entrar a la política manteniendo las armas despertó aún más las suspicacias de los caciques tradicionales que ya estaban picados por el éxito electoral de la UP.

No solo se prendieron las alertas en los enclaves de los feudos tradicionales de la política sino en los sectores más recalcitrantes del Ejército colombiano —de talante anticomunista— opuestos desde el inicio al proceso de paz. Ellos veían en el éxito electoral de ese nuevo partido de izquierda una amenaza a la institucionalidad que le abría las compuertas al comunismo para que pudiera llegar al poder.

A este tándem se le sumó el poder del narcotráfico que irrumpía por primera vez en el país. Muchas de esas élites regiones eran producto de la acumulación de capital derivada del negocio de la coca y tenían estrechas alianzas con Pablo Escobar. Ese fue el caso de Gonzalo Rodríguez Gacha, dueño de tierras en el Magdalena Medio y en el Caquetá; de Víctor Carranza, el zar de las esmeraldas que se preciaba de tener cerca de un millón de tierras él solo, o de la familia Castaño que tenía propiedades en la región de Amalfi, en el departamento de Antioquia. Todos ellos, además de ser socios de Pablo Escobar y de tener grandes extensiones de tierras, eran anticomunistas y habían sufrido el asedio de las Farc en carne propia.

Para las elecciones de 1988, cuando la UP se consolidaba como la gran fuerza política en ascenso con 16 alcaldías y 256 concejales, ya le habían asesinado a más de 500 militantes —de los cuales 278 habían sido acribillados en 1988, el año en que se produjo casi que un asesinato por día.

A finales de 1987, cuando el exterminio de la UP arreció, las Farc decidieron ponerle freno a la implementación de los acuerdos y llamaron de vuelta a los guerrilleros que se habían ido a hacer política bajo la sombrilla de ese partido porque consideraron que estos asesinatos eran una violación del cese al fuego pactado con el Gobierno y el Secretariado de las Farc. Iván Márquez acató de inmediato la orden y cuando iba ya de vuelta a las montañas escuchó por la radio la noticia de que el excandidato presidencial de la UP, Jaime Pardo Leal, acababa de ser asesinado.

Las Farc formaron parte de la Unión Patriótica solo en su primera etapa —es decir, desde 1985 hasta 1988—, pero la relación siguió siendo una realidad para los sectores que se oponían al proceso de paz. Los asesinatos contra la UP socavaron el acuerdo de paz que terminó rompiéndose en 1990, tras el bombardeo al campamento madre de las Farc ordenado por el gobierno del presidente César Gaviria. No obstante, la UP siguió adelante. Guerrilleros como Iván Márquez se devolvieron al monte pero muchos miembros de la UP que provenían del partido comunista, como fue el caso de José Antequera, se quedaron a dar la batalla electoral y partieron cobijas con las Farc.

"[...] Pues sería que tenían los explosivos en su sede", fue la respuesta ante las cámaras del entonces ministro de Defensa, general Rafael Samudio, cuando se le preguntó su reacción tras un atentado contra una de las sedes de ese partido en el municipio de Apartadó en el Urabá antioqueño, el 27 de octubre de 1988. En 1990, cuando ya la masacre contra ese nuevo partido de izquierda superaba los quinientos muertos, era evidente que el Ejército consideraba a la UP como una extensión directa de su enemigo. En ese mismo año, el propio ministro de Gobierno de entonces, Carlos

Lemos Simonds señaló a los líderes de la UP de ser los "testaferros de la guerrilla". Bernardo Jaramillo, uno de sus congresistas, le respondió diciendo que esas acusaciones eran irresponsables porque les colgaba una lápida al cuello a todos los miembros de la UP. Tres días más tarde Jaramillo fue asesinado siguiendo el mismo patrón utilizado años antes en contra de Antequera.

En las elecciones presidenciales de 1994, ya seriamente diezmada por el embate de las balas, la UP bajó considerablemente su votación y su candidato Alberto Mendoza Morales obtuvo solo 34 457 votos, apenas el 10 % de los alcanzados por Jaime Pardo Leal ocho años atrás. En diez años —entre 1986 y 1996— la UP perdió 145 concejales, 11 alcaldes, 13 diputados, 8 congresistas y 2 candidatos presidenciales. En 2002, cuando Uribe fue electo presidente, la UP ya en su declive electoral perdió finalmente su personería jurídica y dejó de existir.

Yo era una joven reportera de *El Espectador* cuando empezó la matanza de los militantes de la UP y como muchos colegas terminé atropellada por esa bacanal de violencia de los años ochenta en la que a los periodistas nos tocó enfrentar a Pablo Escobar mientras que veíamos cómo la UP era exterminada. Durante los primeros años, las fuentes militares nos aseguraron una y otra vez que estos asesinatos eran cometidos por las Farc y esa fue la versión que se impuso en los medios durante los primeros años de exterminio.

Vendríamos a saber la verdad 23 años más tarde cuando Carlos Ossa —que fuera consejero para la rehabilitación, normalización y reparación del gobierno de Virgilio Barco—, motivado por los pocos avances de la justicia hizo una declaración ante un notario en Bogotá en el 2011 en la que admitió saber que sectores de las Fuerzas Militares habían tenido que ver con el exterminio de la Unión Patriótica.

El exconsejero de paz declaró ante un notario que durante el ejercicio de su cargo recogió gran cantidad de denuncias que involucraban a mandos medios de las Fuerzas Armadas en crímenes contra la UP, hallazgos que entregó al Ministerio de Defensa y a los organismos de justicia, investigaciones que nunca prosperaron. En esa revelación ante la notaría el exconsejero relató un episodio que refleja la poca preocupación que suscitó en los militares de entonces lo que estaba sucediendo con la UP. Ossa llegó temprano a una reunión de emergencia en el Ministerio de Gobierno y coincidió por un momento con el ministro de Defensa, el general Rafael Samudio:

"¿Qué es lo que te preocupa Carlos?, me preguntó el ministro defensa. Yo le respondí: 'que todos los días matan a un integrante de la UP'. Él se quedó mirándome y me dijo: 'Carlos, a este ritmo no los van a acabar nunca...'. Sobran los comentarios".

José Antequera Guzmán tenía cinco años cuando mataron a su padre y ha aprendido a recordarlo gracias a los relatos de su madre. Desde su esquina —José es militante de izquierda como su padre—, considera que el presidente Santos es una *rara avis* porque, siendo un hombre de derecha y del establecimiento, se la jugó por la paz.

Desde que se inició el proceso de paz José ha visto cómo el manto de impunidad se está empezando a levantar. En el 2012 se produjo un fallo del tribunal de justicia y paz que declaró la desaparición violenta de la UP como un "genocidio político" y en el 2013 la UP recuperó su personería jurídica, perdida tras su aniquilamiento.

Sin embargo, el acto que en realidad le devolvió la esperanza se dio el 15 de septiembre del 2016, una semana después de la firma del acuerdo de paz en Cartagena. Ese día Juan Manuel Santos reconoció, por primera vez ante un número importante de víctimas de la UP, la responsabilidad del Estado en ese luctuoso episodio y les pidió perdón por el genocidio de la Unión Patriótica. En su discurso dijo lo que ningún presidente había aceptado en los últimos treinta años: reconoció que el Estado no había tomado medidas suficientes para impedir y prevenir los asesinatos, los atentados y demás violaciones "a pesar de que esa persecución estaba en marcha".

La frase con la que Santos remató su discurso le removió a José Antequera ese dolor profundo que había aprendido a domar con esfuerzo para no terminar secuestrado por la fiebre de la venganza: "Me comprometo solemnemente a tomar las medidas necesarias y a dar todas las garantías para que nunca más en Colombia una organización política vuelva a enfrentar lo que nunca debió ocurrir con la UP".

Fue Juan Manuel Santos, el presidente al que siempre lo derrotaron las encuestas, el primero en reconocer la responsabilidad de Estado en el aniquilamiento de la UP, una paradoja trágica de las tantas que deja su complejo legado.

Aniquilamiento

Constanza Turbay es hija de don Hernando Turbay, un cacique del partido liberal que dominó por muchos años la política en el Caquetá, uno de los 32 departamentos que conforman la división política de Colombia. Caquetá pertenece a esa Colombia lejana, aislada por ríos caudalosos y selvas inhóspitas a las que llegó don Hernando a colonizar en los años sesenta. Las Farc asesinaron a los dos hermanos y a la madre de Constanza. Esa guerrilla aniquiló a su familia.

En 1985, con el propósito de darle la bienvenida al nuevo partido de la UP en las diferentes regiones del país, se llevaron a cabo varios pactos políticos entre los caciques tradicionales y la guerrilla. En el Caquetá ese pacto se firmó en la finca de la familia Turbay y contó con la presencia de los jefes del partido liberal y del partido conservador y de tres comandantes de las Farc que asistieron a la cita por primera vez vestidos de civil. Infortunadamente la concordia en el Caquetá duró muy poco. En las elecciones al Congreso de 1986 la gran votación que obtuvo la UP en ese departamento removió el *statu quo*. No solo consiguió elegir a un representante a la Cámara y a un suplente que fue Iván Márquez, sino que obtuvo mayoría en los concejos de cuatro municipios que tradicionalmente votaban por los Turbay. Indispuesto por los éxitos de la UP, el cacique liberal decidió desconocer el triunfo de la izquierda en esos cuatro municipios e impuso alcaldes liberales donde había ganado la oposición.

En vísperas de las elecciones de alcaldes de 1988 —año que registró la mayor cantidad de asesinatos de miembros de la UP en Caquetá—, el candidato por el turbayismo a la alcaldía de Florencia, la capital del departamento, el capitán Gustavo Artunduaga, un veterano y legendario piloto que había llegado a estas selvas años atrás, fue asesinado por las Farc. Su muerte conmovió tanto a la región que el pacto firmando dos años antes se deshizo y la guerra se le vino encima al Caquetá.

En junio de 1995 las Farc secuestraron al hermano mayor de Constanza, Rodrigo Turbay Cote, heredero de la dinastía política y en ese momento representante a la Cámara. A los dos años su cuerpo fue rescatado sin vida de las aguas del río Caguán. Diego Turbay, su hermano menor, tomó la posta y en el 2000 también fue elegido a la Cámara de Representantes por el Caquetá. Una mañana, pocos días después de asumir su curul de congresista, salió de Florencia con el propósito de asistir a la posesión del alcalde del municipio de Puerto Rico, de su grupo político. Iba con su madre, una mujer de armas tomar, ya entrada en años. A medio camino fueron sorprendidos por un comando guerrillero de la columna Teófilo Forero, los forzaron a salir del carro, tirarse bocabajo al piso y cuando los tuvieron sometidos los acribillaron como si fueran ratas. En la masacre murieron Diego, su madre y cinco miembros de su caravana. La sevicia de las Farc no se detuvo ahí: ocho taxistas que fueron testigos de estos asesinatos también serían asesinados en las siguientes semanas.

Para 2002 cerca de 87 militantes del turbayismo habían sido acribillados por las Farc. La guerrilla justificó estos asesinatos con el argumento de que la familia Turbay se había aliado con el paramilitarismo para asesinar a los militantes de la UP, pero nunca se encontraron pruebas de esa relación. El turbayismo fue aniquilado en tan solo cinco años con la misma brutalidad con la que los paramilitares acabaron a la UP en el Caquetá.

Constanza se quedó sin madre y sin hermanos en menos de cinco años y por obvias razones de seguridad tuvo que irse del país. Solo se atreve a regresar de manera esporádica desde que se firmó el acuerdo de paz.

Hoy se sabe que este brutal aniquilamiento de la familia Turbay a manos de las Farc no fue solo una reacción en venganza por el exterminio de la UP, como se creyó en un primer momento. En el 2012 la Fiscalía pudo establecer que las Farc no actuaron solas sino en alianza con el dirigente conservador del departamento, Luis Fernando Almario. Él les habría dado a las Farc la información que les permitió secuestrar a Rodrigo Turbay y asesinar años más tarde a su hermano Diego y a su madre. Almario habría aniquilado a la familia de Constanza con la intención de sacar a los Turbay de la política del Caquetá para poder coronarse como el rey de esas selvas.

Esta decisión de aliarse con la clase política que ellos tanto habían combatido coincidió con la etapa de la mayor expansión militar de las Farc y con su decisión de involucrarse más en el negocio del narcotráfico. Entre 1995 y 2000, el departamento del Caquetá se convirtió en el principal productor de coca del país y eso coincide con el momento en que las Farc se desbordan en sus métodos de fuerza y cometen los peores atropellos a los derechos humanos. "La financiación del narcotráfico entró a suplir la falta de respaldo popular y las Farc se 'polpotizaron'", afirmó Gustavo Petro en un debate en el 2007 en el que comparó los horrores cometidos por las Farc con los que cometió el Khmer Rouge, la guerrilla de Pol Pot responsable del genocidio en Cambodia.

Según las cifras de la Consultoría para los derechos humanos y el desplazamiento (Codhes), las Farc fueron las grandes responsables del desplazamiento de miles de colombianos, en especial de la población indígena, en la década de los noventa y principios del siglo XXI.

En el 2012, la justicia descubrió que quien tenía estrechas relaciones con los paramilitares en ese departamento era Luis Fernando Almario y no la familia Turbay Cote. Como en una novela de Raymond Chandler, las Farc terminó aliada con un cacique conservador que a su vez tenía fuertes lazos con quienes eran sus más grandes enemigos: los paramilitares.

Constanza Turbay formó parte del grupo de víctimas que fue a La habana. Ella fue la cuarta víctima en entrar al recinto donde se encontraban los delegados del Gobierno y los delegados de las Farc. Consciente de que había esperado diecinueve años por este momento, posó sus ojos sobre el rostro impávido de Iván Márquez, quien había conocido a su hermano Rodrigo y en los escasos diez minutos que tenía les dijo todo lo que siempre les había querido decir.

Con voz quebrada Constanza relató cómo su familia fue aniquilada por la columna Teófilo Forero de las Farc; cómo no tuvieron clemencia ni siquiera con su madre, una mujer anciana. Sin embargo, con lágrimas en los ojos y sin descomponerse, tuvo la templanza de decirles a sus verdugos que, a pesar de todo el dolor que le habían causado, los saludaba con sentimientos de esperanza y de reconciliación.

En el receso de ese día fue abordada por Iván Márquez, cuando aún Constanza no salía del estupor que le produjo ese cara a cara con sus verdugos.

"Lo de las Farc con tu familia fue un error muy grande", le dijo. Y en un tono que a Constanza le removió el corazón, escuchó las palabras que había estado esperando: "Yo te pido perdón. Tu hermano era un gran hombre".

El perdón

En abril del 2002, un mes y medio antes de que Álvaro Uribe llegara al poder con la promesa de aplicar mano dura contra las Farc, los paramilitares entraron a sangre y fuego al pueblo de Leyner Palacios.

Bojayá, en el departamento del Chocó, a orillas del ingobernable río Atrato, era en ese entonces un pueblo de cinco mil habitantes, atrapados desde los años ochenta en la disputa que los paramilitares y las Farc tenían en esta selva húmeda del Pacífico, una de las regiones de mayor biodiversidad del planeta.

Para protegerse de un posible ataque de las Farc —que era casi inevitable—, los paras decidieron utilizar a la población como escudo instalándose de manera deliberada en el corazón del pueblo. Al ver lo que estaba por suceder, los habitantes decidieron proteger a los ancianos, a las mujeres encinta y a los niños llevándolos a la iglesia de Bojayá, pensando que si las Farc contraatacaban, iban a respetar ese lugar sagrado.

Las Farc, que estaban del otro lado del río, decidieron montar la contraofensiva y cerca de un centenar de guerrilleros zarparon en barcazas; de una de ellas, estacionada en la mitad del río, lanzaron la primera pipeta de gas que cayó en una casa, destruyéndola. La segunda pipeta no explotó y la tercera cayó en el techo de la iglesia, matando a cerca de ciento trece personas, en su mayoría mujeres embarazadas, niños y ancianos.

Uno de los niños que sobrevivió fue Leyner, quien solo tenía catorce años. Hoy, que ya tiene veintisiete, todavía recuerda aquella fecha como el día en que conoció el infierno. Cerca de veintiocho familiares suyos, entre primos y sobrinos, murieron en esa iglesia, sin que él hubiera podido hacer nada diferente a ver cómo morían. Ese día supo que en la guerra todos los victimarios son inclementes y que en este conflicto la población civil era la que ponía los muertos. Los sobrevivientes decidieron no volver a Bojayá y prefirieron fundar el nuevo pueblo río arriba, lejos de los malos espíritus que dejó la muerte.

Leyner también formó parte del grupo de víctimas que fue a La Habana en octubre del 2015 y fue uno de los que más presionó para que estas sesiones fueran privadas, sin presencia de medios. "No les tenemos confianza y siempre les hemos importado muy poco", me dijo una mujer de Bojayá en una ocasión en que le pregunté por su descontento con los medios. En esas sesiones cerradas, Leyner les cantó la tabla a los jefes de las Farc y les enrostró su falta de humanidad y su indolencia frente a la población civil.

De esa experiencia liberadora, que tanto le había removido el alma, Leyner salió con la idea de preparar una ceremonia de perdón en Bojayá. Él quería que las Farc volvieran a ese pueblo fantasma que destruyeron y cuyas ruinas las conserva la selva como fiel testimonio de su barbarie. La ceremonia de perdón se llevó a cabo en diciembre del 2015 y yo tuve el privilegio de ser una de las pocas periodistas que fue testigo de ese acto de reconciliación, el primero hecho por las Farc desde que se iniciara el proceso de paz en La Habana. Aquel día, bajo la atmósfera pesada de la tupida selva del Pacífico, el comandante Pastor Alape, responsable del bloque de las Farc que llevó a cabo la masacre, llegó a Bojayá en medio de grandes medidas de seguridad. Era la primera vez que llegaba sin armas a ese pueblo, acompañado de sus hombres, no ya a mandar ni a imponer su ley, sino a pedir perdón.

El pueblo lo siguió con su mirada cargada de dolor hasta que, avasallado por el peso de tanta congoja, se sentó lo más pronto que pudo en la silla que le tenían reservada sin saludar a nadie. El ambiente estaba cargado y se podía sentir en el aire el dolor de las víctimas que en ese momento recordaban a sus muertos.

Desde la profundidad de la selva salieron un grupo de cantaoras con un alabao[14] compuesto por ellas mismas en el que le recordaron a Alape la monstruosidad de sus acciones. Alape, que sentía las miradas clavándose como dardos en su piel, respondió el responsorio con una mirada inerte que lo hizo ver aun más insignificante. Las voces tristes de esas mujeres adoloridas conmovieron hasta los enhiestos árboles que nos cobijaban en esa pesada selva húmeda. Varias veces intenté descifrar el rostro impávido de Pastor Alape pero no pude saber si esa frigidez que se le advertía en su cuerpo era una manera de protegerse de la ola de indignación que amenazaba con tumbarlo de la silla o si por el contrario era su forma de aceptar que la guerra los había degradado. Cuando las voces de las contaoras se silenciaron, la catarsis era ya imparable. Un grupo de teatro se subió a un escenario que tenía como fondo las ruinas del pueblo que todavía no se había tragado la selva. El sonido de los sollozos acompañó a los actores mientras recordaban a cada una de las víctimas de la masacre.

Cuando le tocó el turno de hablar a Alape, la tensión en el ambiente me hizo pensar que podíamos estar más cerca de un acto de linchamiento que de reconciliación. En medio de un silencio

14 El alabao es un ritmo del Pacífico colombiano de origen religioso que utiliza el responsorio.

dominado por los sonidos de la selva, el comandante de las Farc se paró y leyó su discurso. Conmovido, reconoció el daño que habían causado y les prometió que esos horrores no iban a volver a suceder. En un instante, se le quebró la voz y casi que estuvo a punto de descomponerse pero tras una pausa casi imperceptible logró retomar fuerzas y terminar sus palabras.

Sergio Jaramillo, el alto comisionado para la paz, como representante del Gobierno tomó la palabra y en nombre del Estado por primera vez aceptó la parte de responsabilidad que le cabía en esta masacre. Sus palabras le hicieron recordar a todo el pueblo que el Ejército había llegado a Bojayá un mes después de la matanza.

Al finalizar la ceremonia, la humedad de la selva nos seguía sofocando pero inexplicablemente el aire se sentía menos pesado. Aquella tarde me fui de Bojayá con el presentimiento de que el país urbano, ese que no sabe dónde queda Bojayá, nunca iba a estar a la altura moral de los habitantes de este olvidado pueblo de la ribera del río Atrato.

Capítulo 18

Parir para la lucha

EL 28 de agosto del 2008, Luz Marina Bernal llegó al Instituto de Medicina Legal con el corazón que le latía a mil por hora. Llevaba ocho meses buscando a su hijo Fair Leonardo de 26 años y en todo ese tiempo era la primera vez que una doctora de Medicina Legal la había llamado para pedirle que fuera lo más pronto posible.

Trémula, salió de su casa en Soacha, un municipio conformado por barrios populares situados en el sur de Bogotá, con la impresión de que cada paso que daba la alejaba más de la estación de buses. Su larga espera había llegado a su fin, se decía para sus adentros intentando encontrar sosiego. Quería creer que atrás quedaba la zozobra vivida en los últimos ocho meses pero, con cada nuevo paso, aumentaba la carga de la fatalidad que recaía sobre sus hombros.

Cuando se subió al transporte público sintió que sus pies no tocaban el piso y que adquiría cierta levedad que la sustraía de lo terrenal. No tiene claro cómo logró mantenerse en pie a lo largo de las cuatro horas que le tomó llegar a Medicina Legal desde Soacha. Lo único que recuerda es que caminó y caminó sin darse cuenta de nada y que estuvo a punto de ser atropellada por un bus de Transmilenio.

Se sentía hermética, con su mente clavada en aquella fatídica madrugada del 8 de enero del 2008. Ese día Luz Marina salió de su casa a las seis de la mañana en compañía de su esposo sin presentir la tragedia. A las cuatro de la madrugada se había levantado a cocinar el almuerzo que les tenía que dejar a sus hijos, John Smith de 27 años, conductor de buseta, y Fair Leonardo de 26 años, un joven rubio, alto y fornido. De sus hijos, Fair Leonardo era el que más brega le había dado; nació prematuro por cuenta de las complicaciones surgidas luego de que un carro la atropellara cuando tenía seis meses de gestación.

A los tres años Fair Leonardo contrajo una meningitis cerebral que lo condenó a un estado vegetativo por espacio de siete meses. "Si su hijo se salva, puede quedar con retardo mental o paralítico", fue el diagnóstico que le dieron en el Hospital Militar. Prácticamente desahuciado lo trasladó a la Clínica San Rafael y allá Luz Marina estuvo a punto de desconectarlo pero no pudo. Moribundo, lo llevó a Villavicencio, una población que queda a 120 kilómetros de Bogotá bajando por las estribaciones de la Cordillera Oriental y pidió una cita con una médica que le recomendaron. "Ella le salvó la vida", me relata Luz Marina, una mujer de 57 años, pequeña, de una espesa melena canosa que alguna vez fue rubia y que lleva ensortijada en una gruesa trenza que le llega hasta la espalda. En su rostro de facciones finas, envejecido prematuramente, sobresalen dos grandes ojos azules, los mismos que tenía su hijo Fair Leonardo.

Debido a su discapacidad mental Fair Leonardo nunca pudo aprender a leer ni a escribir y por ello llevaba colgado sobre su cuello un pequeño cartón arrugado en el que estaba escrito su nombre, la dirección de su casa, su cédula y el teléfono por si se perdía o si le daba una convulsión. A Fair lo conocían en el barrio como el Gringo y con frecuencia las vecinas lo llamaban para que les ayudara a transportar el mercado a sus casas.

A las doce del día, según cuenta su hijo John Smith, Fair Leonardo recibió una llamada al celular y escuchó que su hermano decía a su interlocutor que ya iba para allá. Supuso que le habían ofrecido un trabajo y no detectó ninguna señal fuera de lo normal en la llamada. Se sentaron a almorzar y a la una y media los dos hermanos se despidieron. Fair Leonardo abrazó a John Smith:

—Perrito, cuídese —le dijo cariñosamente.

—¿Y por qué no me acompaña a trabajar? —le preguntó John Smith.

—Vaya y haga la primera vuelta y lo acompaño por la tarde —le respondió.

Fair Leonardo nunca llegó a la cita.

Por la tarde, cuando su madre volvió a su casa, no lo encontró. Lo esperó despierta hasta las diez de la noche pensando que podría haberse perdido —eso le sucedía con frecuencia—, pero cuando se despertó a las doce de la noche y vio que no había llegado, empezó a temer lo peor.

Al otro día estuvo en la Inspección de Policía preguntando por él —Fair Leonardo lavaba con frecuencia las motos de la inspección—, pero no le dieron ninguna razón. Con el desespero a flor de piel se fue a la Fiscalía para denunciar la desaparición de su hijo, pero le dijeron que no podía hacer la denuncia porque todavía no habían pasado las 72 horas de margen que exige la ley en estos casos.

A los cuatro días volvió pero tampoco tuvo suerte. Fue atendida por una fiscal muy grosera que no tomó en serio su denuncia por más de que le explicó que su hijo era un chico especial que padecía de convulsiones. "Yo conozco esa historia —le dijo la fiscal levantando la ceja—. Las mamás vienen aquí a poner una denuncia de que sus hijos se desaparecieron y le hacen perder a uno el tiempo porque luego aparecen enrumbados con la novia en Girardot… ¡Eso les pasa por querer tener a sus hijos debajo de las enaguas!", le dijo.

A la salida, un vigilante le dio una hoja donde había instrucciones para buscar a las personas desaparecidas. Durante el mes siguiente estuvo en todas las clínicas, hospitales y casas de albergue que pudo encontrar, pero en ninguna sabían de su hijo Fair Leonardo.

Su desespero la llevó a tocar las puertas de RCN y Caracol, los canales de televisión más grandes del país, y dejó un teléfono para que la llamaran. Se la pasó del timbo al tambo hasta que se dio cuenta de que la gente que la llamaba a decirle que había visto a su hijo lo hacía para divertirse porque encontraba cierto morbo en su dolor.

Luz Marina recorrió todas las cárceles, se adentró en la peligrosa calle del Cartucho, donde dormitaban los drogadictos y reinaba la mafia, a preguntar por su hijo. No encontró ningún rastro de él.

Por eso, cuando recibió la llamada de Medicina Legal, en la que la citaban de manera urgente, sintió que su desesperada búsqueda había llegado a su fin. Por instrumentos llegó al edificio de Medicina Legal y subió al tercer piso como si fuera una autómata. Saludó a la misma doctora que la había atendido durante las miles de visitas hechas a ese lugar, una de las pocas personas que le dieron una mano en su dramática búsqueda.

—Creo que encontramos a su hijo —le dijo cuando la vio, mientras le acercaba un asiento para que se sentara al lado de ella y pudiera quedar de frente al computador—. Respire profundo: le voy a leer el nombre de treinta personas a ver si identifica a alguna de ellas.

Luz Marina obedeció con una humilde docilidad, como si presintiera el fatal desenlace. El nombre de Fair Leonardo fue el primero de la lista. Luz Marina sintió que la inundaba una profunda tristeza que la acabó de desconectar del todo. Mientras oía la voz de la doctora leyendo los demás nombres de la lista se le fue abriendo una línea de tiempo que la retrotrajo veintisiete años: primero se vio a ella misma caminando por la calle con Fair Leonardo en el vientre antes de ser atropellada; luego en la sala de partos teniendo a su hijo prematuro; lo volvió a ver ya postrado en la cama del hospital convertido en un vegetal, lo divisó en su milagrosa recuperación en Villavicencio; se vio acariciándolo a sus seis años, todavía vivo, en contra de todos los pronósticos, a sus doce cuando ya empezaba la pubertad y finalmente a sus veintiséis años, metido en ese cuerpo de hombre alto y fornido que albergaba la mente de un niño de diez.

De ese túnel del tiempo en el que ella quería perderse la sacó la voz insistente de la doctora de Medicina Legal:

—¿Cuántas personas ha podido identificar?

—Al primero, a Fair Leonardo —le respondió—. Ese es mi hijo.

—¿Me regala el número de la cédula de su hijo? —le preguntó la doctora de Medicina Legal.

—Sí, claro…

La doctora digitó la cédula de Fair Leonardo en el nuevo sistema de búsqueda de desaparecidos que estaba estrenando Medicina Legal. Al cabo de un segundo largo apareció en pantalla el rostro de su Fair Leonardo —o lo que quedaba de él—. Casi no tenía quijada y su rostro estaba prácticamente destrozado[15].

—¿Lo reconoce? —le preguntó la doctora.

— Sí —respondió Luz Marina casi sin aliento.

—Me puede decir, ¿por qué lo reconoce?

15 Según el informe de Medicina Legal, Fair Leonardo recibió trece impactos de bala: uno le desbarató la mandíbula y otro le destrozó el rostro.

—Porque mi hijo es un ser inconfundible —le respondió Luz Marina todavía con la mirada clavada en ese rostro descompuesto por las balas—. ¿Usted me puede decir en qué sitio de Colombia se encuentra?

—Su hijo se encuentra en Ocaña, en una fosa común como N. N. —le respondió—, junto con otros veintinueve muchachos más quienes también podrían haber salido de Soacha, como Fair.

—¿Y cómo hago para recuperar los restos de mi hijo? —preguntó Luz Marina, aún atónita de saber que a Fair Leonardo lo encontraran muerto en un pueblo situado a setecientos kilómetros de Bogotá, cercano a la frontera con Venezuela.

—Pues lo primero que tiene que hacer es ayudarme a ubicar a otras madres de esta lista. Si usted me las trae y se logra la identificación de los cuerpos yo me encargo de hacer el puente entre Medicina Legal y la Fiscalía de Ocaña para que en un día hagan las exhumaciones de los treinta muchachos.

Luz Marina salió de Medicina Legal hacia la una y media de la tarde pero no recuerda muy bien qué pasó de ahí en adelante. Deambuló por las calles de Bogotá y cuando se dio cuenta estaba entrando a su casa a las nueve de la noche. "Fair Leonardo está muerto", fue lo único que pudo decirle a su familia. No pudo contarles nada más por que no le salían las palabras.

Durante las semanas siguientes fue varias veces a Medicina Legal con el propósito de averiguar más sobre las circunstancias en que su hijo encontró la muerte y lo que fue descubriendo le removió todas las entrañas: a su hijo lo identificaron por cotejo de la huella dactilar el 28 de agosto del 2008, pero de acuerdo con los informes que tenía Medicina Legal, había sido asesinado siete meses antes —el 12 de enero de ese mismo año—, es decir, cuatro días después de que desapareció. ¿Si a Fair Leonardo lo mataron a los cuatro días de desaparecido, por qué vino a saber de su muerte siete meses después? ¿Cómo era posible que a Fair lo hubiesen enterrado como un N. N., si llevaba colgado en el cuello el número de su cédula, un carnet que explicaba su condición especial y en el que había unos números a donde llamar en caso de emergencia?

Todas esas preguntas empezaron a retumbar en su cabeza. Con el paso de los días, Luz Marina veía con desespero cómo se posponía su viaje a Ocaña para recuperar el cuerpo de su hijo. Esperando que se agilizaran las cosas, hizo el trabajo que le había encomendado la doctora de Medicina Legal y contactó en el barrio a cuatro madres cuyos hijos habían desparecido casi que por la misma época de su hijo Fair Leonardo y las convenció de que fueran a Medicina Legal.

El 23 de septiembre, un mes después de que Luz Marina identificara el cadáver de su hijo, Medicina Legal citó a las cuatro madres de Soacha. Elkin Gustavo Verano y Joaquín Castro habían desparecido el 13 de enero —cuatro días después de Fair Leonardo— y habían aparecido muertos dos días después, acusados de ser guerrilleros, en la Brigada XV de Ocaña, la misma en la que Fair Leonardo había encontrado la muerte. Otros seis muchachos, Steven Valencia, Daniel Alexander Martínez, Diego Martín, Dubian Soto, Mario Alexander Arenas y Jaime Castillo, desaparecieron de Soacha el 6 de febrero del 2008 y, siguiendo el mismo *modus operandi*, fueron asesinados dos días después en Ocaña. Todos aparecían registrados como indocumentados, un patrón que se repetía y que les permitía a los asesinos ocultar su crimen porque dificultaba la identificación de sus víctimas.

El día que llegó con las demás madres de Soacha a la cita de Medicinal Legal se encontró con una maraña de periodistas y camarógrafos haciendo guardia porque un jugador de fútbol se acababa de morir de un infarto. Los periodistas vieron al grupo de acongojadas madres con las fotos de sus hijos en la mano y los periodistas y se les acercaron a indagar por su historia. Cuando ellas les contaron que eran unas madres de Soacha que acaban de encontrar muertos a sus hijos —desaparecidos ocho meses atrás— en una fosa común en Ocaña, los periodistas decidieron entrevistarlas y con esa noticia abrieron la emisión del noticiero del medio día. Las cuatro madres salieron a denunciar en los medios la muerte de sus hijos e incluso, alguna de ellas, de manera apresurada, responsabilizó a las Farc de los asesinatos.

Luz Marina fue la única de ellas que decidió no salir en la televisión y no lo hizo porque no quisiera hacer la denuncia sino porque no tenía claro quiénes habían asesinado a su hijo.

Semanas después, cuando tuvo el dinero para ir a Ocaña a recoger el cuerpo de su hijo, el soldado que la atendió en la Brigada le dio una noticia que la desconcertó aún más: su hijo estaba reseñado como el jefe de una organización narcoterrorista y según el reporte del Ejército, se le había dado de baja por atacar a una unidad militar con una mini Ingram que portaba en su mano derecha a la hora de su deceso.

En ese instante Luz Marina Bernal supo que le estaban mintiendo. Por supuesto nada encajaba: por el retraso mental que padecía su hijo era prácticamente imposible que él pudiera ser el jefe de nada, mucho menos de una "organización guerrillera y narcoterrorista". Por su condición especial su hijo era incapaz de trasladarse a Ocaña por sus propios medios porque no tenía sentido de orientación y mucho menos podía disparar un arma con la mano derecha, ya que la poca motricidad fina la tenía en la mano izquierda.

Su hijo John Smith, que había prestado servicio militar y sentía una gran admiración por el Ejército colombiano, miró a su madre con los ojos desencajados:

—No puedo creer que ellos hayan asesinado a mi hermano —le dijo todavía perplejo como si todo lo que estaba sucediendo a su alrededor fuera inverosímil.

Después de pasar muchas aulagas económicas Luz Marina Bernal logró conseguir el dinero para enterrar a su hijo el 26 de septiembre del 2008 en Bogotá. El funeral fue cubierto por varios medios a los que Luz Marina enfrentó con cierta desconfianza. No quería pelear, no tenía fuerzas.

Sin embargo, el 8 de octubre, tras escuchar por la radio al presidente Álvaro Uribe dando su versión sobre lo que había sucedido con los jóvenes de Soacha asesinados, Luz Marina sintió que le subía por la garganta un fogonazo de indignación tan poderoso que le quemó el gaznate.

Asombrada de que todavía pudiera tener sentimientos tan fuertes, escuchó cómo el presidente las desmentía a ella y a las demás madres de los jóvenes encontrados muertos en Ocaña y absolvía a los militares que podían estar involucrados en esos asesinatos. "El fiscal general de la nación me ha informado que los jóvenes desaparecidos en Soacha fueron dados de baja en combate", aseveró con ese tono de capataz con que Uribe pronuncia sus discursos, ante un nutrido grupo de empresarios y banqueros que asistían a la reunión anual de Asociación Nacional de Instituciones Financieras (Anif) en Cartagena. "No fueron a coger café, iban con propósitos delincuenciales y no murieron un día después de su desaparición sino un mes más tarde", sostuvo con una seguridad que a Luz Marina le hizo hervir la sangre.

Sin embargo, la frase que en realidad le destapó su ira fue cuando lo oyó decir que los jóvenes de Soacha no habían sido "ajusticiados por el Ejército". Esa frase retumbó una y otra vez en su cabeza vestida de canas.

—Voy a demostrarle a este señor quiénes somos nosotros —se dijo a sí misma mientras una lágrima resbalaba por sus mejillas.

Desde aquel día Luz Marina dejó la tristeza a un lado y se dedicó a reconstruir los últimos cuatro días de vida de su hijo. Averiguó que ese día, después del almuerzo con su hermano, Fair

Leonardo se había ido a una fonda paisa, un restaurante del barrio donde fue visto por última vez. Pudo establecer que ese restaurante era el punto de reclutamiento de los muchachos y que uno de los reclutadores había contactado a su hijo a sabiendas de que era un joven discapacitado para ofrecerle un trabajo en el área de construcción. Allí, en esa casa, Fair Leonardo fue ocultado hasta que su contacto en la Brigada XV de Ocaña lo llamó a pedirle "la mercancía".

Esa noche del 8, a las 10:15, Fair Leonardo tomó un bus en compañía de uno de los reclutadores que lo llevó a Aguachica. A su llegada en la madrugada del 9 fue entregado a un soldado adscrito a la Brigada XV que los estaba esperando en una moto. El uniformado lo montó en la parrilla, lo llevó hasta Ocaña y lo dejó en una casa alquilada por los militares que utilizaban para esconder a los jóvenes que llegaban con la falsa promesa de oportunidades laborales.

En esa casa Fair Leonardo pasó sus últimas horas de vida. Como lo hicieron con los demás jóvenes, a Fair Leonardo le quitaron sus documentos y para mantenerlo controlado le echaron a la comida una sustancia para drogarlo. Hasta esa casa llegó el reclutador de Fair Leonardo a cobrar la plata por la "mercancía" que les había entregado. "Por mi hijo los militares le pagaron a los reclutadores doscientos mil pesos", me cuenta Luz Marina con ojos de tristeza. El 11 de enero a Fair Leonardo lo vieron salir en una moto conducida por un militar vestido de civil y a eso de las once de la noche se toparon con un falso retén militar en el que había seis soldados armados hasta los dientes. Les pidieron los documentos pero Fair Leonardo no los tenía.

—Usted se va y usted se queda por indocumentado —le dijo uno de los soldados mirando a Fair Leonardo.

A Fair Leonardo lo matan a las 2:30 de la madrugada del 12 de enero, en la vereda El Tirol y en el reporte espúreo se dice que murió en combate en un enfrentamiento con seis militares. Según el informe del Ejército que sustentó la operación, la Brigada recibió una información proveniente de la red de cooperantes en la que se decía que cuatro sujetos portando armas que cobraban extorsiones en la vereda El Tabaco estaban por la vereda El Tirol. El comandante de la unidad dio la orden para que la tropa se desplazara al lugar señalado. Los soldados divisaron a los cuatro delincuentes y los pararon para hacerles una requisa pero, según el informe, les abrieron fuego. Como resultado del enfrentamiento, sigue el informe, se dio de baja al jefe de la organización, que resultó ser Fair Leonardo, el hijo discapacitado de Luz Marina.

La justicia colombiana ha dicho que 4754 jóvenes fueron asesinados por los militares de esa manera durante el gobierno del presidente Álvaro Uribe. Sin embargo, Ómar Eduardo Rojas, un teniente coronel retirado de la Policía, afirma en un libro publicado a comienzos del 2018 que los falsos positivos en Colombia podrían ser más de 10 000.

Modus operandi

Los medios colombianos bautizaron estos asesinatos de civiles a manos de militares como “falsos positivos” —el término correcto es el de ejecuciones extrajudiciales— un generoso eufemismo que sirvió para que los colombianos pensaran que los “falsos positivos” eran una especie de error minúsculo como el que se da en los exámenes de embarazo y se olvidaran de lo que en realidad eran: una práctica macabra que se llevó a cabo durante el gobierno de Uribe en ciertas unidades militares en las que se asesinaron civiles para hacerlos aparecer como guerrilleros muertos en combate con el propósito de que los militares pudieran acceder a beneficios que incluían desde medallas hasta salidas dominicales.

El criterio con que eran escogidas las víctimas reflejaba el nivel de degradación de la guerra: los seleccionados eran, en su mayoría, jóvenes desempleados que se alimentaban del rebusque y que provenían de familias humildes de los barrios populares. Estos colombianos eran vistos por sus verdugos como desechables que podían ser objeto de limpieza social. Los jóvenes eran reclutados con falsas promesas de empleo y llevados a lugares remotos donde los despojaban de sus documentos antes de asesinarlos para luego hacerlos aparecer como guerrilleros muertos en combate. Con estas bajas reportadas, los militares podían acceder a una serie de premios debidamente establecidos mediante la política del *body counting*.

Los falsos positivos se produjeron en 27 de los 32 departamentos del país y en más de 180 unidades tácticas adscritas a casi la totalidad de las brigadas que integraban las siete divisiones existentes en ese momento. Este sistema de premios perverso fue creado al amparo de la política de seguridad democrática del gobierno de Álvaro Uribe, una estrategia diseñada por Marta Lucía Ramirez, su primera ministra de Defensa[16].

En el papel, que todo lo resiste, se decía que el objetivo final de la política de seguridad democrática era asegurar el imperio de la ley en todo el territorio nacional, proteger a todos los colombianos, estimular el pluralismo y fortalecer el Estado de derecho. Sin embargo, en la práctica, la guerra contra las Farc se salió de madre.

Una de esas primeras directivas creó un sistema de "condecoraciones de servicios distinguidos" que incentivaba a los militares a que tuvieran más bajas en sus operaciones militares. Esta fue firmada por el general Martín Orlando Carreño, jefe del Ejército entre 2003 y 2004. Más tarde, en noviembre del 2005, el entonces

16 Ramírez será la vicepresidente del nuevo gobierno de Iván Duque, ganador de las elecciones del 2018, triunfo que significó la vuelta del uribismo al poder luego de ocho años de oposición.

ministro de Defensa Camilo Ospina firmó otra directiva en la que tasó los premios de acuerdo con el número de bajas. Si usted era comandante de división y quería ser merecedor a la medalla de orden público, la codiciada gris, como se le conoce a esta presea en el ámbito castrense, tenía que conseguir trescientas bajas; si era comandante de brigada, con seis batallones de más de mil hombres bajo su mando, la podía obtener con ciento cincuenta bajas y si era comandante de batallón con cincuenta. "Las bajas no es lo más importante, es lo único" decía una de las tantas directivas que han sido denunciadas por Human Rights Watch.

La manera de medir el éxito en la guerra contra las Farc se empezó a calcular por el número de bajas y el propio presidente Uribe se convirtió en el principal impulsor de esta política. Cada semana se desplazaba a los diferentes batallones con el propósito de verificar personalmente el número de bajas reportadas en las operaciones militares. Yo tuve la oportunidad de asistir a uno de esos consejos de seguridad que Uribe hacía a puerta cerrada cada semana en las diversas unidades militares y lo vi preguntarle con la lista en mano a los oficiales por las bajas, como si estuviera indagando por los novillos de la finca. Los oficiales le respondían dándole el parte de guerra y solo le cambiaba el semblante cuando veía que el número de muertos en combate caía de un mes a otro. Cuando no podía ir a las brigadas, el presidente llamaba a los comandantes a preguntarles por las operaciones militares y por el número de bajas. No solo se volvió normal privilegiar las muertes en combate sobre las capturas sino que se tornó habitual que los comandantes salieran a animar a la tropa por la radio empuñando la bandera del *body counting*.

La llegada del general Mario Montoya a la jefatura del Ejército en febrero del 2006, un oficial muy cercano al presidente Uribe, fortaleció aún más la política del conteo de bajas. Desde que era comandante de la Cuarta Brigada en Medellín (2001-2003),

Montoya era conocido por la manera desabrochada de exigirles bajas a las tropas y cuando Álvaro Uribe lo nombró comandante del Ejército, en febrero del 2006, sus arengas a través de la radio presionando a sus tropas a que privilegiaran el conteo de muertos en combate, se convirtieron en el motor de esta política. Por lo menos una vez al día el comandante salía por la radio a hablar con las diversas unidades y no perdía oportunidad de incentivar las bajas. El coronel González del Río, condenado por falsos positivos, asegura que le escuchó al general Montoya pronunciar esta frase: "No quiero regueros de sangre, quiero ríos de sangre. Quiero resultados".

En sus comunicaciones por la radio el general Montoya exaltaba a las brigadas que mostraban esos "ríos de sangre" y cuestionaba duramente a las que tenían pobres resultados. Estos mensajes diarios fueron creando dentro del Ejército la noción de que quien producía menos bajas era un oficial que eludía al enemigo y que estaba realizando mal su trabajo. "¿Acaso usted le puso el freno de mano a su brigada, coronel?", eran las preguntas que les hacía con frecuencia el general Montoya a los comandantes que reportaban menos bajas. Cuando los comandantes respondían que no las reportaban porque en su región no había problemas de orden público, Montoya de inmediato les recordaba que la manera de medir el éxito contra las Farc era mostrando bajas.

En una ocasión el general González, jefe del comando conjunto del Caribe cuando Montoya era el comandante del Ejército, les dijo en actitud exultante a sus hombres que "él quería era ver el estadio de fútbol Atanasio Girardot de Medellín, lleno a reventar de bajas". Se volvió regular que los comandantes incentivaran a las tropas a que produjeran bajas a cambio de permisos, un premio que para los soldados, los cabos y los sargentos que llevaban meses de asedio guerrillero en la selva sin ver a sus familias, era su tiquete para salir del infierno.

"Al comparar a los comandantes por el número de bajas se comenzó a incentivar la necesidad de producir bajas a como diera lugar", me confesó un oficial retirado que recuerda ese momento del país con gran pesadumbre. "Esa manera de incentivar las bajas se volvió perversa: en ese momento nos degradamos como ejército porque no estábamos ante un conflicto real sino que lo estábamos inventando".

Ni el presidente Uribe, ni el general Montoya ni los demás comandantes partidarios del *body counting*, dieron nunca la orden de matar a civiles para hacerlos aparecer como muertos en combate. Pero la forma en que incentivaron las bajas convirtiéndolas en la única manera de medir la guerra contra las Farc terminó abriendo la puerta de los falsos positivos.

Cuando Juan Manuel Santos llegó al Ministerio de Defensa, en el 2006, ya la alta oficina de derechos humanos de la ONU en sus informes del 2004 y del 2005 había alertado al gobierno del presidente Uribe sobre el repentino aumento de las ejecuciones extrajudiciales en Colombia. Sin embargo estos informes fueron ignorados por Uribe, quien acababa de ser reelegido en primera vuelta por una mayoría abrumadora gracias a sus éxitos en la lucha contra las Farc.

Juan Manuel Santos, consciente de que tenía que ir con cautela en un tema tan delicado, optó inicialmente por negar en público las denuncias, pero en privado —una órbita en la que Santos navega siempre muy bien— decidió tomar muy en serio el tema. Casi que a espaldas del presidente Uribe y del comandante del Ejército Mario Montoya, un oficial que tenía línea directa con el presidente, Santos encargó a su recién posesionado viceministro de Defensa, Sergio Jaramillo, que asumiera las riendas de tan espinoso tema y le hiciera un diagnóstico lo más pronto posible.

La primera medida que adoptaron fue suspender el sistema de beneficios que privilegiaba las bajas de guerrilleros en combate por una que premiara más las desmovilizaciones y las capturas, un cambio que fue registrado en palacio con cierta preocupación porque iba en contra de la doctrina del *body counting* tan defendida por Uribe. Tampoco les gustaron las medidas dirigidas a fortalecer la cultura de los derechos humanos que de la mano de las Naciones Unidas impuso Sergio Jaramillo en las unidades militares: se crearon una serie de protocolos dirigidos a fortalecer la doctrina de los derechos humanos y semanalmente hacía comparecer a los oficiales de las unidades cuestionadas a que explicaran su versión de lo sucedido; sesiones que habían dejado en Santos y Jaramillo más preguntas que respuestas.

A pesar de este cambio de indicadores de éxito y de las medidas adoptas por el ministro de Defensa Juan Manuel Santos y por su viceministro Sergio Jaramillo, los falsos positivos no se frenaron sino que se incrementaron. Según informes de Human Rights Watch, los falsos positivos que venían en ascenso desde el 2002 y que se habían disparado en el 2004, tuvieron su pico más alto en el 2006, el primer año de Santos como ministro de Defensa. La Fiscalía colombiana calcula que en ese año se registraron 274 falsos positivos y que en el 2007 la cifra se trepó a 505, el año que tuvo el mayor número de ejecuciones extrajudiciales.

El presidente Uribe, molesto con los informes, les salió al paso a varios de los defensores de los derechos humanos que insistían en sus denuncias sobre falsos positivos y los careó. “Ahora, la estrategia guerrillera es otra”, dijo en un duro pronunciamiento en junio de 2007. “Cada vez que se le da una baja a la guerrilla ahí mismo se movilizan sus corifeos en el país y en el extranjero para decir que fue una ejecución extrajudicial”.

En medio de este ambiente ríspido, en agosto del 2007 un funcionario de las Naciones Unidas pidió de urgencia una reunión con el entonces ministro de Defensa Juan Manuel Santos y el comandante general de las Fuerzas Armadas porque debía transmitirles una información delicada. Cuando Santos llegó con su comitiva a su despacho, el funcionario de las Naciones Unidas, algo nervioso, les presentó a un soldado de la Brigada XIV de Puerto Berrío, una de las unidades con más falsos positivos en su haber.

Su historia era aterradora: él pertenecía a una pequeña unidad militar casi secreta que tenía como función buscar muchachos de origen humilde para asesinarlos y presentarlos luego como guerrilleros caídos en combate. Estando de licencia su unidad asesinó a su padre de 67 años sin saber que se trataba de su progenitor y lo presentó como un "falso positivo". Cuando regresó a la brigada y se enteró de lo ocurrido tomó la decisión de dejar el Ejército y contarle al mundo lo que estaba sucediendo.

La historia era desgarradora pero resultó poco creíble a los ojos de Santos y del comandante de las Fuerzas Militares. A ninguno de los dos les cabía en la cabeza que el Ejército estuviera matando a gente inocente a través de unidades secretas y mucho menos que una de las víctimas fuera precisamente el padre de uno de los miembros de esa supuesta unidad secreta. Aunque ninguno de ellos le creyó al soldado, el ministro de Defensa Santos decidió pedirle al inspector general del Ejército que investigara el caso. Al cabo de unos días le llegó el reporte: de acuerdo con la investigación preliminar, el soldado no estaba diciendo la verdad porque tenían evidencias de que su padre era en realidad un guerrillero.

Después de este informe en que el inspector general desmentía la denuncia, los interesados en seguir ocultando los falsos positivos se envalentonaron. Al sargento Alexander Rodríguez, quien en diciembre del 2007 fue a la Fiscalía a denunciar un nuevo caso de ejecuciones extrajudiciales en la Brigada XV, la misma que meses después terminaría asesinando a Fair Leonardo y a diez jóvenes de Soacha, le salió caro su arrojo. En lugar de que lo felicitaran por su rectitud y valentía, fue llamado a calificar servicios mientras que el comandante de la unidad, el coronel Santiago Herrera, responsable de los asesinatos que él había denunciado, era promovido por el general Montoya como su ayudante personal. Si le hubieran prestado atención a la denuncia que hizo en ese momento el sargento Rodríguez, probablemente Fair Leonardo, así como los otros diez jóvenes de Soacha, estarían vivos.

Cuando Luz Marina Bernal finalmente encontró el cuerpo de su hijo desparecido en Ocaña y se empezó a desatar el escándalo, Santos vio que de nuevo se le abría un margen para enderezar el barco sin desatar la ira de los dioses y decidió ordenarle al comandante de la Brigada XV que se presentara en Bogotá. El oficial negó todos y cada uno de los señalamientos y les aseguró que las denuncias contra él eran falsas porque un secuestrado que acaba de ser liberado en esa zona había identificado a Fair Leonardo como el secuestrador encargado de recibir el pago del rescate.

Santos le ordenó a su comandante general que verificara personalmente esta versión. A la mañana siguiente llamó por teléfono al secuestrado en frente del general Montoya pero se encontró con que el hombre no tenía ni idea de lo que le estaba hablando. En ese momento Santos se dio cuenta de que había llegado la hora de separarse de la doctrina del *body counting* que tanto defendía el presidente Uribe.

El mismo día en que las madres de Soacha aparecieron por televisión denunciando lo que habían hecho con sus hijos, Juan Manuel Santos salió a dar una rueda de prensa rodeado por todo el mando militar, consciente de que sus palabras iban a disgustar al presidente Uribe.

Su percepción de que esta política de incentivar las bajas estaba convirtiéndose en un estímulo perverso ya había sido motivo de fricciones con el presidente, sobre todo desde que en una reunión con el alto mando en el club de suboficiales Santos les había comunicado que en su ministerio la doctrina del *body counting* no iba más. "La doctrina va a cambiar y vamos a invertirla para privilegiar las capturas sobre las bajas", les dijo. "Los Estados Unidos perdieron la guerra del Vietnam por la doctrina del *body counting* porque esos muertos se les fueron convirtiendo en mártires y eso le restó legitimidad a esa guerra".

Sus palabras llegaron a oídos del presidente Uribe y no fueron bien recibidas porque se entendieron como un espaldarazo a las denuncias de las madres de Soacha que Uribe consideraba infundadas y como una talanquera a la guerra contra las Farc.

En esa rueda de prensa Santos no defendió a los militares ni demeritó las denuncias como lo había hecho antes cuando las primeras evidencias sobre este horror comenzaron a salir a la luz pública. Tampoco dijo que este era un problema de unas manzanas podridas. Confiando en que era el camino correcto, anunció la creación de una comisión interna con el propósito de investigar la veracidad de estas denuncias. Esa comisión estaría liderada por el general Carlos Suárez, un veterano militar, tropero, de carácter recio.

La investigación a cargo de este general sería de carácter operacional y administrativa —no penal— y debía entregar el informe en dos semanas.

A los pocos días de que Santos anunciara esta investigación interna, el fiscal Mario Iguarán, un gris abogado que había llegado a la Fiscalía sin más mérito que el de haber sido el viceministro de Justicia del gobierno de Álvaro Uribe, le salió al paso a Santos y desestimó las dudas e inquietudes sembradas en su discurso. El fiscal afirmó que tenía información que le permitía asegurar que los once jóvenes de Soacha eran unos delincuentes muertos en un combate con el Ejército. El presidente Uribe, sustentado en los hallazgos del fiscal, salió a los medios a reforzar esa hipótesis y acallar cualquier duda que hubiera dejado el discurso de Santos. Si el ministro no pensaba bien su próxima jugada podía perder todas sus fichas.

La comisión dirigida por el general Suárez tuvo que iniciar su investigación administrativa en medio de este clima adverso. Suárez en ese momento se desempeñaba como jefe de operaciones especiales del comando conjunto de las Fuerzas Militares y había sido el auriga de la exitosa Operación Jaque que liberó a Íngrid Betancourt y a otras catorce personas que estaban en manos de las Farc, un rescate realizado sin derramar ni una gota de sangre. El día que le dieron esta nueva misión supo que estaba entrando en aguas tormentosas pero como él no era un general que se amilanara por ir en contra de la corriente, la asumió con la entereza que lo caracterizaba.

Durante los diez días siguientes Suárez se desplazó en compañía de un pequeño grupo de asesores a todas las unidades militares denunciadas por falsos positivos. Estuvo en la Brigada XIV de Medellín, en la Brigada XV donde se encontraron los once jóvenes de Soacha en una fosa común vestidos de guerrilleros; estuvo en la Brigada de Puerto Berrío donde el inspector general había desmentido el caso del sargento que denunció el asesinato de su padre por parte de una unidad militar dedicada a buscar jóvenes desadaptados para hacerlos aparecer como falsos positivos.

Sin mucho esfuerzo el general fue encontrando las huellas indelebles de los falsos positivos. Sus hallazgos fueron tan demoledores que hasta él mismo se arrepintió de haber creído en algún momento que sus pesquisas iban a probar que en su institución no había lugar para semejante barbarie.

En el caso del soldado cuyo padre había sido asesinado por sus compañeros para hacerlo aparecer como un guerrillero encontró varias irregularidades administrativas: no existía ningún informe de inteligencia militar que sustentara el vínculo del difunto con la guerrilla y tampoco encontró la orden de la operación. Tampoco le fue difícil probar que en el caso de los once jóvenes muertos en Ocaña no se habían seguido los protocolos militares establecidos para esas operaciones militares. Sobre las víctimas reseñadas como guerrilleros no existía evidencia de que pertenecieran a ninguna estructura guerrillera ni a ninguna banda de extorsionistas y según sus pesquisas se trataba a lo sumo de marihuaneros sin trabajo y de ladronzuelos de espejos de carro. En el caso de Fair Leonardo, su retraso mental no le daba ni para lo uno ni para lo otro.

El general Suárez también descubrió alteraciones en las escenas del momento del deceso de varias de las personas reportadas como caídas en combate y que a muchos de los cadáveres les habían puesto las botas y los trajes de camuflado después de producido su deceso.

La comisión Suárez estableció por los menos diecisiete casos de posibles ejecuciones extrajudiciales; en ellos encontró que las operaciones militares no estaban respaldadas por un informe de inteligencia, como mandaban los protocolos militares, y que el nombre de los informantes a los que se les había pagado por la información no aparecía referenciado; las órdenes para el uso de las armas en varias de esas operaciones habían sido firmadas después de los presuntos combates y que las operaciones militares que eran ficticias aparecían firmadas por los comandantes de la unidad militar; en algunos casos se encontró que la plata de las recompensas se las entregaban a informantes falsos, lo que dejó la sospecha de militares lucrándose del dinero de las recompensas, un escenario macabro que hizo estremecer la piel curtida del general Suárez quien creía haber visto ya todos los horrores de la guerra.

El informe Suárez no solo descubrió las fallas administrativas que habrían permitido los falsos positivos sino que mostró los desmadres de una guerra que se continuó librando con la misma intensidad pese a que su enemigo estaba ya arrinconado. De acuerdo con el informe, los falsos positivos no se produjeron en zonas con gran presencia de las Farc, ni en el suroriente del país donde se combatió duramente a esa guerrilla en los últimos veinte años, sino en las zonas de más tráfico de droga. "En muchos casos era evidente que esas falsas operaciones se hacían también para movilizar las tropas de un lugar a otro con el propósito de liberar corredores y permitir que los narcos pudieran sacar sus cargamentos", me confiesa el general Suárez en la biblioteca de su apartamento en Bogotá, diez años después de haber entregado el informe que partió en dos la historia reciente de las Fuerzas Militares colombianas. Según el informe de Suárez, los soldados no solo se ganaron premios matando a civiles inocentes sino que se enriquecieron ilícitamente. "La guerra no puede hacerse para satisfacer un bárbaro placer", dice *El derecho de gentes*, un libro que vi en el escritorio del general las dos veces que fui a entrevistarme con él.

Como resultado de esa investigación administrativa se implementaron quince recomendaciones que molestaron aún más a los sectores recalcitrantes que vieron en ese timonazo de Santos una cortapisa a la lucha contra las Farc. Se dispuso que el levantamiento de los cadáveres debería hacerse solo por los fiscales —y no por el Ejército— y se crearon dos figuras nuevas en las brigadas: la del inspector delegado que no estaba en la línea de mando y la de un asesor jurídico al que el comandante de la brigada podía consultar para saber si sus operaciones estaban o no de acuerdo con el Derecho Internacional Humanitario.

Al cabo de tres semanas, y sabiendo lo que se le venía encima, el general Suárez le entregó el informe al ministro Santos en el que recomendaba la salida de 27 oficiales por irregularidades administrativas. Santos le dio el visto bueno al informe y llamó de inmediato al presidente Uribe, quien le dijo que fuera a su despacho a explicarle los hallazgos. A la media hora, Juan Manuel Santos, en compañía del comandante de las Fuerzas Armadas y de su viceministro Sergio Jaramillo entraban al despacho del presidente. Con don de mando, una característica que a Santos se le iría evaporando a lo largo de su gobierno, le explicó a Uribe los resultados de la comisión y la necesidad que había de hacer profundos cambios.

—Presidente, nosotros hemos considerado que hay que retirar a 27 oficiales —le dijo en un tono firme, como si sintiera que estaba pisando terrenos movedizos.

—¿Está seguro de que estos son los que son? —le respondió el presidente Uribe realmente atribulado.

—Sí, estoy seguro —le respondió Santos con un aplomo que dejó sin margen de maniobra al mandatario.

La decisión no era nada fácil: se trataba del retiro de manera discrecional de tres de sus generales más cercanos y más exitosos en la lucha contra las Farc; de la salida de once de los coroneles más laureados en el combate contrainsurgente y de una purga en casi toda la línea de mando de dos divisiones y una brigada del Ejército.

Al otro día el presidente Uribe anunció la salida de los 27 oficiales, rodeado de su ministro de Defensa Juan Manuel Santos y de todo el mando militar.

A regañadientes, el presidente Uribe tuvo que aceptar que las madres de Soacha habían tenido la razón desde el principio. "Estos hallazgos muestran que en algunas instancias ha habido negligencia, falta de cuidado con los procedimientos que tienen que observarse", afirmó Uribe. "Eso ha permitido que algunas personas puedan estar implicadas en crímenes resultado de la confabulación entre delincuentes e integrantes del Ejército".

Santos no paró ahí: por intermedio del comandante general de las Fuerzas Armadas le hizo saber al general Mario Montoya que él también tenía que irse. A los pocos días, el general de los litros de sangre presentó su carta de renuncia, pero unas semanas después el presidente Uribe lo nombró como su nuevo embajador en República Dominicana, pese a los cuestionamientos que ya tenía sobre sus espaldas en materia de derechos humanos.

Para el 2008 los falsos positivos bajaron a 156 casos y en el 2009, hubo solo siete casos registrados. Aunque los tribunales colombianos han condenado a cientos de soldados involucrados en ejecuciones extrajudiciales, no se ha avanzado en las investigaciones contra los altos mandos del Ejército presuntamente responsables, varios de los cuales han sido ascendidos de rango permitiendo que ocupen importantes cargos en la fuerza pública[17].

En 2012 los seis militares que participaron en el asesinato de Fair Leonardo fueron condenados por el delito de homicidio agravado pero fueron absueltos por el de desaparición forzada. Luz Marina decidió apelar la decisión con el argumento de que lo que le habían hecho a su hijo era un crimen de lesa humanidad. En 2013 el tribunal condenó a los seis solados no solo por homicidio agravado sino por el delito de desaparición forzada.

Ese día Luz Marina le hizo la promesa a su difunto hijo de que lo que le restara de vida lo iba dedicar a apoyar a las personas que habían padecido violaciones a sus derechos humanos. "Yo te parí para mi vida —se dijo a sí misma— pero tú me pariste para la lucha".

El acuerdo de paz estableció que todos los militares detenidos e investigados por los falsos positivos deben pasar a ser juzgados por el nuevo tribunal de justicia transicional que se conoce como la JEP. Esos uniformados, al igual que las Farc, tendrán derecho

17 Desde que se destapó el escándalo hasta junio del 2018, no hay ningún general condenado.
Esto fue lo que dijo un informe de HRW sobre los falsos positivos en Colombia: "Entre 2002 y 2008, la ejecución de civiles por brigadas del ejército fue una práctica habitual en toda Colombia. Soldados y oficiales, presionados por superiores para que demostraran resultados positivos e incrementaran el número de bajas en la guerra contra la guerrilla, se llevaban por la fuerza a sus víctimas o las citaban en parajes remotos con promesas falsas, como ofertas de empleo, para luego asesinarlas, colocar armas junto a sus cuerpos e informar que se trataba de combatientes enemigos muertos en enfrentamientos. Estos casos de 'falsos positivos', cometidos a gran escala durante siete años constituyen uno de los episodios más nefastos de atrocidades masivas ocurridos en el hemisferio occidental".

a recibir los beneficios que ofrece esta justicia creada para cerrar el conflicto, que impone sanciones más leves y les permite a los detenidos que hayan cumplido más de cinco años en la cárcel salir con libertad condicional.

Los únicos militares que no pueden ir a la JEP son aquellos que se hubiesen podido enriquecer indebidamente, como podría ser el caso de muchos militares que terminaron lucrándose de los falsos positivos. Esta prohibición que quedó incluida en el Acuerdo de Cartagena y que se hizo aún más explícita en el pacto del Teatro Colón, era precisamente la que buscaban levantar varios militares del alto mando —comandados en ese momento por un general investigado por falsos positivos—, aquella vergonzosa noche de los generales en que el fantasma de los falsos positivos casi estrangula al presidente Santos.

El Ejército colombiano le ganó la guerra a las Farc en el terreno militar pero con los falsos positivos perdió la batalla de la legitimidad, que era el gran objetivo de la política de seguridad del presidente Uribe.

Sin la perseverancia de Luz Marina Bernal el país se habría demorado mucho más tiempo en destapar el escándalo de los falsos positivos y sin el timonazo que dio Santos para frenarlos, esta práctica dantesca habría sobrevivido por más años. Los dos, sin embargo, ni siquiera se conocen.

En un hermoso salón enmarcado por frisos de colores pastel que relataban la historia de Noruega, Santos hizo su discurso de aceptación del Premio Nobel de la Paz. La ceremonia se llevó a cabo en la alcaldía de Oslo, una ciudad pequeña de escasos seiscientos cuarenta mil habitantes. El acto fue sobrio y extrañamente emotivo, cosa muy poco usual en los actos públicos presididos por Santos.

Como ya lo había prometido, el presidente les dedicó el premio a las víctimas de la guerra. En medio del discurso les pidió a todas ellas que se pusieran de pie para que el mundo pudiera aplaudir su coraje y valentía. Íngrid Betancourt, quien estuvo seis años secuestrada por las Farc, fue una de las primeras que se paró, evidentemente conmovida. A su lado también lo hizo su amiga de cautiverio, Clara Rojas, quien tuvo un hijo durante su secuestro. Lo mismo hizo Piedad Córdoba, secuestrada por los paramilitares y el novelista Héctor Abad, cuyo padre, un reconocido profesor y promotor de los derechos humanos, fue asesinado por los paramilitares. Muy cerca de ellos, de pie y con las lágrimas en los ojos, estaba Leyner Palacio, el único entre las cinco víctimas nominadas por el parlamentario noruego que fue invitado en la comitiva presidencial para asistir a esta ceremonia.

Aplaudido de manera avasalladora, un Santos complacido se despojó de sus pesados karmas y se dejó llevar por ese aluvión de reconocimientos que el mundo le hacía y que su país hasta ahora le había negado.

Sin embargo, detrás de esta merecida euforia que lo hacía ver poderoso e imbatible, subyacía una debilidad que le era cada vez más difícil de disfrazar. Esa paz que el mundo entero aplaudía en Oslo, en Colombia era una criatura endeble que había nacido con fórceps luego de que los que se oponían a su nacimiento la hubiesen derrotado en las urnas por cincuenta mil votos. Los síntomas de esa paz acorralada se veían en esta ceremonia, así para muchos de los espectadores no fueran evidentes. Fuimos pocos los que notamos que de todas las víctimas que habían acompañado a Santos a Oslo, ninguna era de falsos positivos, una prueba irrefutable de que esta guerra terminó degradando a las fuerzas del Estado tanto como a la guerrilla. Tampoco fueron invitadas las Farc, otro de los grandes ausentes de este acto. Aunque los medios colombianos no le dieron importancia al hecho insólito de que las Farc, que eran su contraparte en la mesa de La Habana, no hubiesen estado presentes en la ceremonia de entrega del premio, muchos medios internacionales sí registraron su ausencia. Varios de los periodistas extranjeros que cubrían el evento me comentaron lo inexplicable que había sido para ellos que las Farc no hubieran estado presentes en la ceremonia. "Es como si este acuerdo de paz fuera solo de uno", me comentó uno de ellos.

A los miembros del Secretariado de las Farc también les sorprendió que no los invitaran a Oslo. Hasta el último momento esperaron la llamada del presidente pero nunca llegó. Un año después del premio le pregunté a Santos por qué no había invitado a su contraparte y me respondió —algo incómodo con la pregunta— que las invitaciones no las había hecho él sino el gobierno noruego. Pero cuando le pregunté a representantes del gobierno noruego por qué no habían invitado a las Farc, ellos me dijeron que era tradición del premio permitirle al galardonado hacer la lista de sus invitados. Supe que los noruegos tuvieron listo un avión para llevar a las Farc a Oslo hasta el último minuto y finalmente nunca despegó de Bogotá. "Si Santos hubiera llevado a las Farc a Oslo para mostrarlas como héroes de la paz, el uribismo lo hubiera crucificado", fue la respuesta que me dijo uno de los asesores del presidente.

Lo obvio y lo lógico era haber invitado a las Farc. Pero tanto le pesaba a Santos la pérdida del plebiscito que no pudo hacer lo correcto. Probablemente sus asesores tuvieron razón al evitar esta foto de Santos y Timochenko en Oslo. Sin embargo, su decisión de no invitar a las Farc causó un gran desconcierto en el gobierno noruego.

La pérdida del plebiscito tuvo muchos efectos que afectaron la legitimidad del nuevo acuerdo. Uno de ellos fue que convirtió a las Farc en un socio impresentable, casi que tóxico, con el que Santos se vio abocado a encontrarse siempre en la trastienda. Tras la derrota del plebiscito esta paz nunca volvió a ser de dos, sino de uno, de Santos.

Esa noche Oslo se vistió de fiesta para recibir a su nuevo nobel de paz. Una marcha de antorchas se inició desde el centro de la cuidad hasta la pequeña plaza que había enfrente del hotel en donde estaba hospedado Juan Manuel Santos. Cuando la marcha llegó a su destino, el nobel de paz en compañía de sus tres hijos salió a un balcón especialmente iluminado para la celebración y fue vitoreado por una muchedumbre emocionada que lo miraba con respeto y admiración, dos cosas que le eran esquivas en Colombia. Luego de esta ceremonia Santos bajó al primer piso del *lobby* del hotel y fue asediado por los medios internacionales como si fuera un *rockstar*. Todo lo que lo que no le pasaba en su país le empezó a suceder en Oslo. Los noruegos se apostaban a la salida del hotel para pedirle autógrafos y los colombianos que vivían en Noruega, muchos de los cuales habían terminado asilados por cuenta de la guerra, se le acercaban con lágrimas en los ojos a agradecerle por haberse empecinado en hacer la paz. Incluso algunos transeúntes pasaban a darle ánimo para que no desfalleciera. "Santos, siga adelante, no se deje de Uribe", le decían.

Al otro día de la ceremonia, todos los medios del mundo tuvieron a Santos en su portada; el nobel concedió entrevistas a los más importantes diarios del mundo y apareció en todos los programas de debate político de Noruega. En todas esas apariciones se le sintió holgado y especialmente fluido, como si estos momentos de tregua fueran un remanso para el descanso del guerrero.

Pero ni siquiera en esos instantes en los que sentía que por fin tocaba el mundo con las manos pudo sustraerse del desafío que tenía encima: estaba abocado a imponer la implementación de un acuerdo de paz en medio de un país dividido y con una oposición henchida por el triunfo del No.

En la entrevista con la cadena Al Jazeera le preguntaron si creía que Álvaro Uribe iba a ser un obstáculo para implementar el acuerdo de paz y Santos, a lo mejor sintiéndose blindado con tanta admiración, respondió con una frase provocadora: "El expresidente dice que yo me volví comunista, que soy miembro de las Farc, que el premio Nobel fue comprado con intereses petroleros, pues él está diciendo muchas cosas que yo no sé si lo hacen un obstáculo para la paz o no", respondió.

El comentario pasó totalmente inadvertido por los medios internacionales que no cesaban de perfilarlo como un gran estadista, pero no para los medios colombianos inmersos también en la polarización. Santos se descompuso cuando una periodista de un medio crítico con el proceso de paz y con su Gobierno le preguntó su opinión sobre una declaración, hecha días antes por Álvaro Uribe, en la que el expresidente decía que él había recibido el Nobel por un favorecimiento a una empresa petrolera de Noruega. La pregunta no solo desencajó a Santos, sino a la primera ministra noruega que estaba a su lado ofreciendo la rueda de prensa. El presidente reaccionó de inmediato, claramente malhumorado, y regañó en público a la periodista, actitud que causó malestar entre los periodistas colombianos que habían acordado hacer la pregunta por lo pertinente que les parecía. Tal fue la conmoción que produjo este episodio en Colombia que provocó una declaración del Centro Democrático en la que negaban que el expresidente hubiese hecho esa afirmación (que sí dijo). "Falta a la verdad el presidente Santos al afirmar que el expresidente Uribe ha dicho que el Nobel de Paz fue comprado. La única mención que ha hecho sobre ese premio se puede leer en su cuenta de twitter el día 7 de octubre de 2016". Ese día el expresidente Uribe *felicitó* a su enemigo con este trino: "Felicito el nobel para el presidente Santos, deseo que conduzca a cambiar acuerdos dañinos para la democracia".

Mientras Santos era alabado en Oslo por un acuerdo de paz y este era reconocido por toda la comunidad internacional como el mejor acuerdo posible, en su país, donde él había conseguido frenar la guerra, era acusado de maquiavélico, de censurador de periodistas y de castrochavista, una dicotomía que acompaña hasta hoy su figura política.

Su tragedia es parecida a la de Mijaíl Gorbachov, el líder de la Unión Soviética que acabó con el comunismo y con la Guerra Fría. Los dos son injustamente odiados en su país y amados por el resto del mundo.

Capítulo 19

La salida

Son las cuatro de la tarde de un 9 de abril del 2018 en Modelia, un barrio del suroriente de Bogotá. Agentes del CTI de la Fiscalía acaban de allanar la oficina de Jesús Santrich.

No es un exguerrillero cualquiera: este hombre de baja estatura y de piel cetrina, que a tantos colombianos ha indignado, formó parte del grupo negociador de las Farc en La Habana y en el momento de su captura es uno de los diez exguerrilleros electos en los comicios legislativos del 11 de marzo, una de las justas electorales más pacíficas de nuestra historia y en las que por primera vez las Farc se estrenó como partido político.

Santrich, un abogado e historiador hijo de dos profesores de filosofía, es de todos los dirigentes de las Farc el de mayor rigor intelectual pero también el que más rechazo produce entre ciertos sectores de la sociedad colombiana que aún no se sienten cómodos con la aterrizada de las Farc a la política. Su actitud radical, de marxista inamovible, más su facha de militante ochentero que acompaña de un manto beduino, que usa como bufanda, lo convirtieron, tras la desmovilización de esa guerrilla, en uno de los dirigentes más representativos del nuevo partido político que nacía producto del acuerdo. Las bases exguerrilleras lo veneran como su faro ideológico, pero ante los demás colombianos es innecesariamente agresivo y se le nota que guarda un odio acendrado, muy parecido al que él genera con sus cínicos reparos y su poca capacidad de autocrítica entre amplios sectores de la opinión pública.

En cumplimiento de los acuerdos, a cada miembro del equipo negociador de las Farc se le había asignado un grupo de escoltas de la Policía para su protección. Así que en el momento del allanamiento se encuentran sus escoltas, los agentes del CTI de la Fiscalía y cerca de veinte personas más, en su mayoría mujeres que trabajan en la elaboración de proyectos productivos en las zonas donde había campamentos guerrilleros. La mayoría de estos proyectos estaban frenados, no solo por demoras del Gobierno y por las trabas en el proceso de adquisición de las tierras necesarias para iniciarlos, sino porque las Farc habían tenido un aterrizaje forzoso en su nueva vida de ciudadanos: la guerra quedaba atrás pero tenían que enfrentar —de buenas a primeras— las dificultades que impone un Estado paquidérmico, lleno de cláusulas que todo el mundo viola y que requieren de unas habilidades que la selva nunca les exigió. Algo de heroico hay en ese nuevo desafío que se impusieron el día que dejaron atrás las armas, y que se personifica cuando se ve a los excomandantes que libraron una guerra infernal, encorbatados y afeitados, doblegados ante los trámites burocráticos o haciendo fila para ser admitidos en nuestro disparatado sistema de salud.

Las mujeres que están en la oficina de Jesús Santrich, varias de las cuales son exguerrilleras, reaccionan al ver la manera violenta como entran los agentes del CTI de la Fiscalía. Sin entender nada de lo que está sucediendo oponen resistencia, mientras que a Santrich —que es invidente, pues padece el síndrome de Leber que afecta los nervios ópticos— los escoltas de la Policía lo llevan a tientas hasta su oficina con el propósito de protegerlo.

El allanamiento es cinematográfico pero inoficioso: siendo Santrich un protegido por la Policía, sus propios escoltas habrían podido capturarlo y entregárselo a la Fiscalía sin necesidad de este aparatoso operativo de allanamiento que por poco termina en un desastre. Tras un momento de tensión entre los agentes y las mujeres, que desde el inicio del operativo consideraron totalmente inapropiado el trato que les dieron, los de la Fiscalía llegan hasta la oficina y arrestan a Jesús Santrich.

Solo dos horas después de haber iniciado el allanamiento, los agentes le muestran a Santrich la orden de captura con fines de extradición. La circular roja de la Interpol dice que lo busca la justicia estadounidense por conspirar en el envío de diez toneladas de cocaína hacia los Estados Unidos en compañía de otros dos sujetos entre los cuales se encuentra Marlon Marín, un sobrino de Iván Márquez que nunca perteneció a las Farc y que tras la desmovilización había empezado a frecuentar a su tío con el propósito de asesorarlo en la búsqueda de proyectos productivos. El presunto delito habría sido cometido después de la firma de los acuerdos, lo que indicaría que Santrich habría incumplido lo asumido en materia de narcotráfico y que podía ser extraditado.

Antes de que termine el allanamiento el presidente Santos sale en televisión en compañía del fiscal general Néstor Humberto Martínez anunciando la captura de Santrich. "Si hay pruebas irrefutables no me va a temblar la mano para extraditarlo", afirma con una rigidez en las cejas, propia de quien ha aprendido a esconder la profundidad de sus heridas en la dureza de sus gestos.

Al otro día los medios revelan parte de las pruebas que había recopilado la DEA. Entre ellas, una foto de un cuadro pintado por Santrich en el que se podía leer una dedicatoria escrita por el exguerrillero a Rafael Caro Quintero, jefe del cartel de Sinaloa, así como una serie de audios y de videos. Según la Fiscalía, estas son solo una pequeña parte de las cientos de pruebas que tiene la DEA en sus manos para incriminar a Jesús Santrich.

Entre los cargos que se le imputan hay unos de tal tamaño que parecen imposibles: se afirma que Santrich es miembro de una organización mafiosa dueña de aviones para llevar y repartir droga por todo Estados Unidos; asimismo, la cifra presuntamente acordada —diez toneladas de cocaína— parece una cantidad más digna de un narco como Pablo Escobar que de un exguerrillero amnistiado. Pero sobre todo el hecho de que esta captura se diera precisamente la semana en que el presidente Donald Trump visita por primera vez Colombia es una coincidencia demasiado perfecta para no pensar que detrás hay gato encerrado.

A pesar de todas las dudas que rodean este episodio, la captura de Santrich produce un duro golpe al acuerdo de paz en un momento especialmente delicado: lo pactado no solo está siendo cuestionado por la feroz oposición uribista, sino por los campesinos y los exmiembros de la guerrilla, que se quejan de la lentitud en la implementación de los acuerdos. La captura de Santrich con fines de extradición por el delito de narcotráfico es además la noticia que estaba esperando el uribismo para afincar, aún más, su tesis de que las Farc no estaban cumpliendo sus compromisos, que siguen delinquiendo y que no han entregado todas sus armas.

Santos siente que la cuerda se tiempla. Él siempre creyó que en la medida en que se fuera acercando el final de su mandato sus niveles de popularidad iban a aumentar impulsados por las drásticas reducciones en los índices de la violencia y que iba a salir del poder en hombros por haber hecho la paz. Sin embargo, poco a poco se enfrenta a la fatalidad de ver que su sueño no se va a cumplir. “Se nota que está contando los días que le quedan para salir de palacio", es el comentario que escuché por esos días de boca de algunos de sus más cercanos colaboradores.

El presidente se entera de la noticia de la captura de Santrich ese mismo día por la mañana, a eso de las seis de la madrugada, cuando los agentes de la Fiscalía se alistaban para el operativo, que inicialmente estaba previsto para las doce y media, hora en la que Santrich saldría de un restaurante de la calle 72 con carrera once. Aunque es muy temprano, el fiscal Néstor Humberto Martínez llama al presdiente, necesita hablar con él de manera urgente. A Santos esto le inquieta, pues la noche anterior se había reunido con él en la casa privada durante más de tres horas y pensaba que todos los temas estaban evacuados.

Es el mes de abril y Santos ya está de salida. Acaba de desarmar su biblioteca y convive con su soledad en una poltrona de la sala contigua. La sala es impersonal, gris, triste como los últimos días de su mandato. Siente que está perdiendo su toque de estratega y con el paso de los días le cuesta más trabajo lograr que su bancada en el Congreso apruebe las reformas derivadas del acuerdo. "Ya no tenía más mermelada que dar", me dijo uno de sus congresistas a principios del 2018, cuando ya era evidente que no iban a pasar las grandes reformas. La mayoría de ellas —como la del agro y la que buscaba reformar la política dándole curules especiales a las personas que hubieran sido víctimas del conflicto—, se hundieron en el segundo semestre del 2017, y lo único importante que logró sacar adelante fue la ley que creaba el tribunal de justicia transicional, que casi no pasa en el Congreso porque Cambio Radical, el partido del que había sido su vicepresidente y mayor aliado hasta hace algunos meses, se opuso hasta último momento a que los empresarios que hubieran financiado grupos paramilitares tuvieran que ir de manera obligatoria ante el tribunal.

La víspera de la captura de Santrich, el fiscal Néstor Humberto Martínez fue a la casa privada a contarle los hallazgos de la investigación sobre cómo administraban los dineros destinados para el posconflicto, un escándalo que había estallado semanas antes y que tenía muy alarmados a los países europeos que donaron parte de esos recursos. Hablaron de varios temas pero, como en las novelas negras, el fiscal se abstuvo de contarle al presidente sobre la operación que en ese momento se adelantaba contra Jesús Santrich. Santos, por su parte, estaba muy interesado en conocer el destino de esos dineros que opacaban el proceso de implementación de los acuerdos. Dicha implementación resultó ser una tarea titánica y en muchos sentidos agridulce. Por cuenta de los éxitos en el desminado más niños podían llegar a sus casas sin que se les desmembrara una pierna al estallar una mina camino a la escuela; los colombianos que no conocían el país por fin tenían la opción de quebrar el muro citadino y recorrer sin inhibiciones los cultivos de papa en Boyacá, las selvas tupidas del Pacífico, las playas inhóspitas de Necoclí, dormir en una hamaca en la alta Guajira o comerse simplemente una oblea de verdad en Curití. Con todo, las cosas no andaban: los proyectos productivos para la base guerrillera y los planes de desarrollo para las zonas afectadas por la violencia estaban frenados, afectados por una falta de coordinación entre todas las nuevas agencias que se habían creado para asumir el tremendo desafío que les imponía el posconflicto. Su gran fragilidad era la sustitución de cultivos ilícitos, una batalla difícil de ganar en una guerra que el mundo estaba perdiendo y que él mismo había descrito como una "bicicleta estática". La política de sustitución de cultivos era de nuevo un punto de fricción con el gobierno estadounidense, sobre todo desde que aumentaron considerablemente las hectáreas cultivadas de coca.

Para la oposición uribista el hecho de que Colombia estuviera nadando otra vez en coca era culpa del acuerdo. La suspensión de las fumigaciones aéreas con glifosato por motivos de salud pública, luego de un fallo de la Corte, fue interpretada por el uribismo como una concesión a la guerrilla. Según ellos, esa decisión le había permitido a las Farc incentivar a su base campesina a cultivar coca con el objeto de beneficiarse del paquete de subsidios que se daría a los cocaleros para sacarlos de la ilegalidad, una vez se firmara el acuerdo. En cambio, para el Gobierno el incremento de los cultivos de coca tenía que ver no solo con esa jugada de las Farc, sino con la baja en los precios de los *commodities* que forzó a muchos campesinos que estaban trabajando en la minería ilegal a volver al cultivo de coca. Santos en este momento tiene cerca de 132 000 familias que han firmado pactos para erradicar manualmente las ramas de coca, pero la mitad de ellas todavía no tiene qué sembrar.

Néstor Humberto Martínez se había convertido en uno de los pocos visitantes que todavía frecuentaba la casa privada en este lánguido final de su gobierno en el que los domingos en la tarde se vuelven cada vez más solitarios. Martínez es un prestigioso abogado, dueño de uno de los bufetes más exitosos del país. A última hora, y por presión del vicepresidente Germán Vargas Lleras, Santos lo incluyó en la terna que presentó ante la Corte Suprema de Justicia, que es el tribunal que elige al fiscal en Colombia, un cargo que aquí tiene casi más poder que el que detenta el presidente[18]. Este alto tribunal terminó eligiéndolo en julio del 2016, pese a que a varios columnistas lo habían cuestionado por sus posibles conflictos de intereses. Sus estrechos vínculos con el Grupo Aval —un importante grupo económico de propiedad de Luis Carlos Sarmiento al que pertenecía Corficolombiana, cuya filial Epysol era socia de Odebrecht en una megaconcesión vial—, habían sido objeto de varios debates del senador de la oposición Jorge Enrique Robledo. De esa concesión vial, según sus denuncias, habrían salido cerca de treinta millones de

18 En Colombia el fiscal no pertenece a la rama ejecutiva como sucede en los países donde hay sistema acusatorio sino que es un híbrido elegido por la Corte Suprema de Justicia de una terna presentada por el presidente.

dólares de los cincuenta que Odebrecht pagó en sobornos. El senador denunció también un posible cruce de intereses en otra investigación que adelantaba la Fiscalía contra la multinacional brasileña por la presunta financiación ilegal de las dos campañas presidenciales del 2014: la que le dio el triunfo a Santos, en la cual Néstor Humberto Martínez tuvo como misión recoger fondos, y la del candidato uribista Óscar Iván Zuluaga[19].

En sus duros debates el senador Robledo resaltó la inconveniencia de que un fiscal con tantos conflictos de intereses como Néstor Humberto Martínez estuviera a cargo de la investigación de Odebrecht y se indignó de que el país permitiera este tipo de cruces, pero sus denuncias cayeron en el desierto. A pesar de estos conflictos de intereses el presidente creyó que Martínez podía ser un aliado en el proceso de paz dadas las posiciones que le había visto asumir en el corto tiempo que estuvo a su lado como ministro de la Presidencia.

Néstor Humberto se posesionó como fiscal a comienzos de agosto del 2016, un mes antes de que se firmara el acuerdo de paz en Cartagena. "Voy a ser el fiscal de la institucionalidad y del posconflicto", dijo en su discurso de posesión. Sin embargo, cuando se perdió el plebiscito y el acuerdo quedó en el limbo, el nuevo fiscal empezó a hacer una serie de reparos que siempre exponía adjetivándolos de "gravísimos", que alarmaron especialmente a los empresarios que, con fórceps, entraron a la paz. Para Néstor Humberto Martínez en el acuerdo no quedaba claro qué pasaba con los reinsidentes, ni con los delitos como el de la desaparición forzada y no se sabía qué iba a pasar con los guerrilleros que no entraban a la JEP. La mayoría de estos reparos —que más que gravísimos eran obvios—, fueron debidamente aclarados a

19 Días antes de su salida del poder, la comisión de acusaciones de la Cámara archivó la investigación contra Santos por la presunta financiación de sus campañas con dineros de Oderbrecht.

lo largo del primer semestre del 2017 pero Néstor Humberto, al ver que esas salidas aumentaban sus réditos en los cuarteles del No y en la oposición uribista, empezó también a cuestionar duramente el cumplimiento de los acuerdos por parte de las Farc. El día que esta guerrilla entregó la lista de bienes con los que se debería reparar a las víctimas, el fiscal le escribió una carta al ministro del Interior diciendo que lo que había recibido era "inútil e improcedente". Las Farc entregaron bienes por cerca de 342 700 000 dólares, una cifra que estaba muy lejos de la tasada por la revista *The Economist*, meses atrás, cuando avaluó la fortuna de las Farc en diez mil millones de dólares, una cifra tan absurda que produjo la salida del funcionario que suministró esa información a la revista. Entre los bienes reportados por las Farc había veinte mil cabezas de ganado, dos mil quinientos millones en efectivo, 267 520 gramos de oro, 241 560 hectáreas de tierra y armas de largo alcance que ellos avaluaron en doscientos diez mil millones más dieciséis mil millones que había en caletas; en total esta cifra supera el billón de pesos. Sin embargo, el fiscal solo hizo énfasis en los traperos y escobas y exprimidores de jugo reseñados por las Farc en la lista y que no tenían ningún valor. Aunque varios de sus reparos eran unas exigencias insólitas para una guerrilla que había vivido cincuenta años en la ilegalidad —como pretender que las tierras entregadas tuvieran cédula catastral o que los carros tuvieran placas—, su carta indignó a muchos sectores del país que vieron en esta entrega de bienes una burla a las víctimas. Cayó tan mal este reporte de las Farc que se pasó por alto que era la primera vez que un acuerdo de paz le exigía a una guerrilla entregar sus bienes para reparar a las víctimas.

En privado el fiscal no perdía la oportunidad de decir que las Farc no estaban cumpliendo el acuerdo, que no habían entregado sus bienes, que no habían colaborado con los Estados Unidos entregándole rutas del narcotráfico. Sin embargo, todos los casos de testaferratos de las Farc que él mismo denunció públicamente con gran vehemencia se han ido cayendo en los estrados judiciales por falta de pruebas. Para algunos sectores de la opinión, estas salidas se entendieron como una actitud política del fiscal en contra de los acuerdos de paz.

A las siete de la mañana del 9 de abril, el fiscal Néstor Humberto Martínez llegó de nuevo a la casa privada y por la cara que traía se podía advertir que el tema que iba a tratar había surgido en los últimos minutos. Sin mayor preámbulo le notificó al presidente Santos que se encontraba en marcha una operación para capturar a Jesús Santrich con fines de extradición por narcotráfico.

Quienes hablaron con el presidente en las horas siguientes lo vieron tan desconcertado con la noticia como indignado por la forma como había sido "notificado" de un hecho tan delicado. En el pasado, cuando se trataba de extradiciones que podían tener un impacto más allá de lo normal, se acostumbraba —por cortesía con el gobierno colombiano, que es uno de sus aliados estratégicos de la región— que el embajador estadounidense llamara al presidente colombiano para informarle con antelación lo que se venía. En esta ocasión no hubo ninguna llamada ni ningún aviso. Por la manera como fue notificado por el fiscal, casi que en el último instante, era imposible no tener la sensación de que la DEA no confiaba en Santos y que había decidido adelantar una operación de gran envergadura a espaldas del propio presidente de la república.

El viernes anterior a esta captura, el presidente Santos y su canciller María Ángela Holguín estuvieron conversando largamente con el embajador Kevin Whitaker, planeando la visita del presidente Trump, la primera que hacía a Colombia desde su llegada al poder. Abordaron temas ríspidos como la negativa de los

Estados Unidos a que Colombia entrara a la Organización para la Cooperación y el Desarrollo Económicos (OCDE) en represalia por la decisión de abrir el acceso a ciertos medicamentos. El presidente le dijo al embajador en esa reunión que él no iba a cambiar esa política y que esperaba que los Estados Unidos finalmente levantara el veto porque Colombia era su socio estratégico. "Es mejor que no venga si sigue insistiendo en esa posición", le dijo el presidente al embajador, consciente del riesgo que asumía en esa jugada.

Luego tocaron la difícil situación en Venezuela, un problema al que Santos le había dedicado mucho tiempo durante estos últimos meses que le quedaban en el poder. "Venezuela es un avión que se quedó sin gasolina", me dijo en la última conversación que tuvimos. "Uno puede hacer un aterrizaje mortal o uno suave y exitoso. Yo prefiero el segundo", me respondió tras recordarme que en la visita que había hecho a Colombia el vicepresidente Mike Pence él le había dejado muy claro que su gobierno no estaba interesado en ninguna intervención militar.

En ningún momento de esa larga reunión el embajador estadounidense mencionó que estuviera en marcha una operación de entrampamiento[20] contra Jesús Santrich. Solo al final, Whitaker hizo un brusco cambio de tercio que a muchos de los asistentes les pareció un tanto traído de los cabellos y le preguntó al presidente si seguía firme en su posición frente a la extradición de los miembros de las Farc que hubieran delinquido después de la firma del acuerdo.

20 Una operación de entrampamiento se define como aquella en la que la fuerza pública coerciona o induce a alguien a cometer un crimen. Las operaciones de entrampamiento son comunes en Estados Unidos, pero en Colombia este delito no está tipificado.

—Mi posición sigue siendo la misma que quedó firmada en el acuerdo —le respondió un tanto extrañado por el abrupto cambio de tema.

Por la noche del sábado, el presidente estuvo en la casa de Álvaro Leyva con Iván Márquez y Timochenko en una cena a la que asistieron su hermano Enrique y el senador Iván Cepeda, a quien le acababan de diagnosticar un devastador cáncer de colon.

La reunión se inició a las seis y cuarto de la tarde y duró hasta las tres y media de la madrugada. Era la primera vez que se reunían privadamente desde las elecciones del 11 de marzo en donde las Farc habían sacado menos de ochenta mil votos, una derrota que los había sorprendido más a ellos que al país. La exigua votación había incrementado la división interna entre un ala radical representada por Iván Márquez y Jesús Santrich y otra más moderna y abierta liderada por el exjefe de las Farc, Timochenko. Los radicales se habían impuesto en la asamblea de su recién creado partido y su primera victoria la obtuvieron al derrotar al grupo liderado por Timochenko que insistía en que un partido nuevo merecía un nuevo nombre. Márquez, pero sobre todo Santrich, sostenían que el cambio de nombre era una mala señal para la base guerrillera que se sentía orgullosa de su pasado heroico y revolucionario.

Por cuenta de Santrich, las Farc —Fuerzas Armadas Revolucionarias de Colombia— mantuvieron su acrónimo pero bajo otro significado, prácticamente imperceptible para la mayoría de los colombianos. De ahora en adelante Farc significaría Fuerza Alternativa Revolucionaria del Común, pero para los colombianos que los recordaban con dolor seguirían siendo las Farc de antes, las que mataron, las que secuestraron.

Esta decisión de hacer un partido que le hablara solo a las bases guerrilleras y no al país, aumentó aún más el clima adverso con el que las Farc fueron recibidas. El 20 de enero del 2018, el día que Timochenko presentó su candidatura presidencial, la ceremonia fue tan lánguida como su semblante esa mañana, pues no terminaba de recuperarse de una enfermedad pulmonar que casi lo fulmina. Un mes y ocho días después tuvo que retirar su candidatura que no sobrevivió a la polarización política. Los militantes uribistas, primero intentaron agredirlo en su carro y luego casi lo linchan al término de un acto de campaña. Timochenko dijo en un comunicado que su retiro era motivado por serios quebrantos de salud, pero en el fondo su decisión había sido forzada por la fuerza de los hechos: ni ellos ni el país estaban aún listos para asumir los desafíos de la reconciliación.

La cena en la casa de Álvaro Leyva era prácticamente la última oportunidad que tenían las Farc para oír del propio presidente de qué manera iba blindar los acuerdos ante la posibilidad, casi ya inevitable, de que el uribismo volviera al poder. La realidad se imponía: en las elecciones del 11 de marzo la oposición escogió al candidato Iván Duque en una consulta en la que votaron casi seis millones de colombianos y desde entonces este novato-revelación, empezó a trepar en las encuestas.

Las Farc tenían muchas incertidumbres: necesitaban agilizar la elaboración de los proyectos productivos para la base guerrillera en estos últimos meses de Gobierno; se necesitaba aumentar el cubrimiento de la salud y les inquietaba cómo funcionaría su seguridad personal en un nuevo Gobierno. A pesar de que la Justicia Transicional consiguió pasar en el Congreso, seguían en una difícil incertidumbre jurídica pues quedaba pendiente el código de procedimiento que Santos les aseguró se aprobaría.

De un momento a otro ambas partes empezaron a reconstruir los momentos cruciales de este proceso que maduró a empellones en medio de un país dividido. Sin ambages, sin caretas y sobre todo sin estratagemas, se acordaron de los primeros contactos que hicieron en la selva a finales del 2012, cuando la posibilidad de un diálogo con las Farc se veía remota; rememoraron los viajes secretos a

La Habana que terminaron con la firma de la agenda y los momentos críticos que casi hacen naufragar el proceso de paz; en medio de anécdotas que hasta ahora salían a flote, trajeron a colación el día en que se supo del ataque de las Farc a los soldados en el Cauca, el secuestro del general que le dio por irse vestido de civil por el río Atrato y el momento en que finalmente se encontraron Santos y Timochenko en La Habana luego de casi dos años de negociaciones. El presidente tuvo la franqueza de reconocer ante las Farc sus momentos de flaqueza y aceptó que una de las decisiones más difíciles que había tenido que tomar en el proceso había sido ordenar el bombardeo que terminó con la vida de Alfonso Cano. "Fue uno de las decisiones más difíciles", le respondió a Timochenko cuando este aprovechando el momento le hizo el reclamo.

Esa noche, ambas partes por fin hablaron sin recato y por fin fueron una sola mesa. A su manera cada orilla reconoció que este proceso de paz los había transformado, cambiado, así no se volvieran a ver nunca más en su vida. Sin presentir que aún faltaba lo peor, se despidieron como si ya fueran viejos conocidos.

Un día antes de que lo capturaran, alguien alertó a Santrich de lo que se venía e inmediatamente la DEA decidió adelantar el operativo. Es este el momento en que el fiscal notifica al presidente de la república que la operación contra Santrich se está llevando acabo. La Fiscalía no logra capturarlo a la salida del restaurante a las doce y media del día. Se les pierde. Santrich reaparece a las cuatro horas entrando a su oficina. La Fiscalía se recompone y a los pocos minutos lanza el operativo final. Allana la casa.

El presidente Santos, fiel a su talante impenetrable, no le demuestra ningún signo de asombro al fiscal cuando le notifica la inminente captura de Santrich. Sin embargo, cuando Néstor Humberto sale de la casa privada, el presidente Santos llama furioso al director de la Policía. Con intenciones de pedirle la renuncia le pregunta por qué no le avisaron de la orden de captura con fines de extradición contra Santrich, un trámite que normalmente se hace a través de su institución.

—Esta orden no fue tramitada por la Policía, presidente —le responde el general, ofuscado por la furia de Santos—, se tramitó por la Oficina de Asuntos Internacionales de la Fiscalía.

El hallazgo desconcierta aún más al presidente porque revela que había la intención de mantenerlos a la Policía y a él al margen.

A los dos días de la captura yo misma hablé con el fiscal.

—¿Por qué le notificó al presidente Santos a última hora una operación que ya llevaba más de seis meses en curso? —le pregunté.

—Yo sí le informé al presidente desde hace varios meses que la Fiscalía tenía una investigación andando contra Marlon Marín, el sobrino de Iván Márquez, pero no le conté que la DEA tenía otra contra Santrich porque era una investigación que estaba en desarrollo y no la podía comprometer.

—¿Y no le pareció que debía hacerlo teniendo en cuenta las repercusiones que esto podía tener en el futuro del acuerdo de paz?

—Ya te dije —me respondió seguro de sus palabras—que no podía comprometer la investigación y que le informé al presidente de la operación solo horas antes porque la DEA decidió adelantar el operativo luego de que se supo que Santrich había sido alertado de que lo iban a allanar.

La extradición de Santrich por narcotráfico no era una extradición cualquiera, e independientemente de si eran o no ciertas las pruebas contra Santrich sus efectos iban a remover el acuerdo. La manera como se tratara este episodio era crucial para no acabar con los esfuerzos de paz. Por orden constitucional, cuando hay un proceso en curso, que puede afectar sustancialmente el orden público, se le debe informar al presidente con la debida antelación. Pero nada había sido normal en este incidente.

La actitud del embajador norteamericano ameritó un agrio intercambio de *whatsapps* con la ministra de Relaciones Exteriores María Ángela Holguín, a quien le pareció irrespetuosa la manera como el embajador había sobrepasado al presidente y le reclamó que no le hubiera dicho nada en la reunión que habían tenido días antes.

Santos, que era siempre el rey de las jugadas, terminó fuera de base por cuenta de una jugada superior. Nunca se le había visto más frágil ni más sometido a sus fantasmas.

La más estupefacta con este capítulo fue la comunidad internacional que ha sido un baluarte en la defensa del proceso de paz en Colombia. A la mañana siguiente, el vicepresidente Óscar Naranjo invitó a un grupo de embajadores de la Unión Europea para que el fiscal les explicara los pormenores de la captura. Sorpresivamente, Néstor Humberto Martínez llegó a la reunión acompañado del embajador estadounidense.

El fiscal reveló la existencia de una foto de Iván Márquez, en la que aparece con un libro que le dedica a Rafael Caro Quintero, el jefe del cartel de Sinaloa, el mismo narcotraficante al que Santrich le dedica un cuadro.

Los diplomáticos quedaron atónitos.

La posibilidad de que no fuera Santrich el único en la fila india de la extradición obligó a Iván Márquez a salir de Bogotá para buscar refugio en las selvas del Caquetá por temor a ser sorprendido en un operativo similar. Cuando llega al campamento, conoce la noticia de que su sobrino Marlon es un infiltrado de la DEA. Desde la selva Márquez pide la liberación de su amigo Santrich diciendo que su captura es un montaje y un incumplimiento de los acuerdos, por su parte, Timochenko emite un comunicado reposado en el que hace un llamado a que se cumpla la ley y a que se pongan los intereses generales por encima de los particulares.

Néstor Humberto Martínez sostiene en los medios que no hay ninguna investigación en contra de Iván Márquez, pero la sensación que queda en el ambiente es lo contrario. La situación escala de tal manera que María Ángela Holguín decide llamar a Washington a indagar si detrás de este episodio está la mano del gobierno de Donald Trump, pero no la encuentra. "Esto parece venir más de la embajada en Bogotá que de Washington", me dice algunos días después una alta fuente de palacio.

Trump estuvo en la cumbre de Lima, pero no vino finalmente a Colombia porque una nueva crisis en Siria lo forzó a cancelar el viaje. Meses después Colombia entra a la OCDE.

Abril, mayo, junio y julio. Santos ve pasar los últimos meses rebuscando la fe, mientras sus socios políticos, uno a uno, lo abandonan. El día 17 de ese mes, en medio de cajas de cartón llenas de documentos y de cosas a medio empacar, Santos observa por la televisión la cara triunfante de Iván Duque, el candidato de Álvaro Uribe, mientras ofrece su discurso de victoria. Él, que se ganó entre sus opositores la fama de traidor, termina su faena en el poder como los héroes de las tragedias shakespearianas, traicionado por sus más cercanos colaboradores quienes corren a abrevar en las aguas de su feroz opositor.

Recuerdo la cara de Santos la última vez que la vi. Su mirada reflejaba una conciencia reposada en un espejo de aguas quietas. "Cualquier presidente que llegue no va a poder deshacer los acuerdos. Están blindados", me dijo.

Epílogo

En estos seis años he sido testigo de lo que nunca pensé presenciar: vi cómo la guerrilla más antigua y feroz del continente dio el paso a la arena de las ideas, del debate y de las reglas; vi a los generales más guerreros sentarse con sus enemigos históricos y a los jefes de las Farc avergonzarse ante sus víctimas; en la selva, vi a piquetes de soldados que dejaban pasar a los guerrilleros camino a su desarme y saludarse como si ya no fueran un blanco de guerra sino simples seres humanos; vi a los soldados del Ejército trabajar en conjunto con los guerrilleros de las Farc para localizar y desactivar las minas puestas por ellos.

En zonas donde hasta los buitres acabaron con cualquier vestigio de esperanza, vi a campesinos resilientes empezar desde cero. Conocí a cocaleros, a líderes de comunidades afro y a excombatientes, todos con un deseo genuino y arrollador por vincularse a un país que se acostumbró a la guerra televisada. Vi todo eso. Pero también vi a jóvenes entusiasmados por salir de sus estrechos perímetros —en Montes de María, en Tumaco, en San Vicente del Caguán—, siguiendo las huellas del desastre, estupefactos. Vi a funcionarios aparentemente indolentes dormir en una hamaca y entrar en contacto con la fibra de personas que reclamaban sus tierras.

Sentí a un país que quería cambiar. Entrevisté a guerrilleras que me decían que querían ser doctoras, biólogas, ambientalistas. A militares que empezaban a proyectar su vida a veinte, treinta, cuarenta años; la vejez era ahora algo posible. A dirigentes que querían entrar a la política para hacer las reformas honestas estancadas por la guerra y a empresarios hablando de la desigualdad social y de la inequidad.

El acuerdo de paz que tanto nos divide fue lo que les abrió la puerta a este mundo nuevo. Y a Santos hay que reconocerle su perseverancia y valentía en abrirla. Se equivocó en muchas de sus apuestas y tanto se arrimó al fuego que casi se quema. Pero por cuenta de este pacto Colombia es hoy un país más tolerante, menos egoísta, en el que cabe el disentimiento y en el que se puede ser, incluso, de izquierda sin temor a caer asesinado. A Santos se le puede cuestionar por sus formas, por sus obsesiones, por sus vanidades, pero el país que nos deja no solo es más pacífico sino mucho más democrático que el de hace ocho años, cuando nos anunció su propósito de poner fin a una de las guerras más largas del planeta.

Este pacto atemoriza a muchos colombianos que todavía viven bajo el síndrome de Estocolmo, secuestrados por la mentalidad del conflicto. El acuerdo no solo desactivó la guerra con las Farc sino que rompió el acomodamiento político en el que se había asentado la cultura putrefacta de la guerra. Los acuerdos operaron como un mecanismo disruptor que sacudió lo que estaba mal aferrado y lo que se resistía a ser renovado. Los que querían que todo siguiera igual quedaron en evidencia y los que querían cambios se hicieron oír. Se abrieron las compuertas para que entraran nuevos liderazgos y nuestra democracia por fin dejó de ser previsible. “El hecho de que un exguerrillero como Gustavo Petro haya logrado posicionarse como una opción viable nos demuestra que en Colombia sí se puede llegar al poder sin necesidad de recurrir a la lucha armada", me dijo Pablo Catatumbo.

Es difícil ser optimista en un país al que le ha costado tanto salir de la guerra. Pero lo soy. El pesimismo se lo quiero dejar a los cobardes que les asusta la paz porque solo han conocido la guerra; que le temen al porvenir de lo nuevo, de lo diferente, de lo que punza y de lo que, de pronto (como Gustavo Petro) incomoda. Yo en cambio prefiero la fragilidad de lo desconocido, de una paz llena de incertidumbres que la certeza de los odios viscerales profundos y las confrontaciones armadas. Prefiero un país consciente de su historia y no uno que viva espaldas a ella. Prefiero, si el lenguaje me lo permite, un país de verdad.

Yo no le temo a la paz, así no le conozca su cara ni me sea familiar su entorno. Yo no la he vivido. Yo le temo volver a lo que éramos, un país ajustado a la fuerza, intolerante y cruel.

Son muchas las incertidumbres que se ciernen sobre el futuro de este acuerdo. La batalla por la paz hasta ahora comienza.

María Jimena Duzán

(Bogotá, 14 de diciembre de 1960) es una periodista y politóloga colombiana. Se ha desempeñado en varios de los más importantes medios de comunicación del país como *El Espectador*, *El Tiempo* y la revista *Semana*. Ha escrito para medios internacionales como *The Wall Street Journal*, *Newsday* y *Marie Claire* y durante tres años se desempeñó como cónsul de Colombia en Barcelona.

Es autora de *Crónicas que matan* (Aguilar, 1994) y de *Mi viaje al infierno* (Aguilar, 2010), entre otros títulos en los que reflexiona sobre la realidad política colombiana. En 2005 recibió el Premio de Periodismo Simón Bolívar como periodista del año. En 2008 regresó a la revista *Semana* y a la par de su labor como columnista de opinión, conduce y dirige el programa de debate político *Semana en vivo*.